増補改訂版 「日本語能力試験」対策
日本語総まとめ N1
NIHONGO SO-MATOME

佐々木仁子　松本紀子

文法
ぶんぽう

|文法|Grammar|语法|문법|

この本で使用しているマーク

- **！** 注意しましょう
- **ダメ** このような使い方はだめです
- **OK** このような使い方はいいです
- **れい** 例文以外のよく使われるフレーズ
- **慣用句** 慣用的な表現
- **もっと!** このような使い方もあります
- ☞ p.X Xページを見てください

はじめに

この本は
▶「日本語能力試験」N１合格を目指す人
▶ 中級が終わって上級レベルの勉強を始めた人
▶ 日常生活でよく使われる文型を学びたい人
のための文法学習書です。

◆この本の特長◆

・日本語能力試験 N1 レベルの文法項目（文型や接続表現）を、形や接続が似ている文型と一緒に学びます。
・タイトルや見出しにも学習する内容を取り入れています。繰り返し読むことで自然に文型が身につきます。
・例文の音声を聞くことができるので、読み方や発音も確認できます。
・１週間に１回分、テストがついているので、理解の確認ができます。
・英語・中国語・韓国語の訳がついているので一人でも勉強できます。
・模擬試験が２回分あるので、より実際のテストに近い形で確認ができます。

「習うより慣れる」ことで表現を身につけていきましょう。

2022年5月
佐々木仁子・松本紀子

This is a grammar drill book for:
- those who are seriously studying for the new JLPT Level N1,
- those who have finished the intermediate level study and wish to review them,
- those who wish to learn useful sentence patterns which are used in your daily life.

◆ The special features of this book ◆
- You will study grammatical items at the JLPT N1 level along with many commonly confused sentence patterns and conjunctive expressions.
- The words in the titles and the headlines are included in the exercises in each section. Therefore you will naturally learn the sentence patterns as you are repeatedly exposed to them,
- You can check the reading and pronunciation by listening to the audio of example sentences.
- The inclusion of a weekly test will enable you to regularly check your learning,
- The English, Chinese, and Korean translations will enable you to study alone.
- You can test your ability with the two JLPT practice exams.

We hope you will learn the expressions by becoming familiar with them rather than memorizing them.

此书是专为以下学习者编著的语法学习书：
・希望通过新"日语能力考试"N1 的人
・中级大致学完后想复习的人
・希望学习日常生活中常用句型的人
◆此书的特长◆
・对于相当于日语能力考试 N1 水平的语法条目（句型及接续方式），能和形式及接续相似的句型一起学习。
・标题或题目中也包含了学习内容，能通过反复阅读自然地掌握句型。
・例句有音频，因此可以确认如何阅读和发音。
・每周都附有一次测验题，能确认掌握程度。
・附有英语、汉语、韩语的翻译，方便自学。
・由于有两套模拟考试，可以以更接近实际考试的形式测试水平。
通过"熟能生巧"掌握这些表达方式吧。

이 책은,
・신「일본어 능력시험」N1 합격을 목표로하는 사람
・중급의 공부를 한차례 끝내고 복습하고 싶은 사람
・일상생활에서 자주 사용되는 문형을 배우고 싶은 사람
을 위한 문법 학습서입니다.
◆이 책의 특징◆
・일본어 능력시험 N1 수준의 문법항목 (문형이나 접속표현) 을 형태나 접속이 비슷한 문형과 함께 학습합니다.
・타이틀이나 표제에도 학습할 내용을 담겨 있습니다. 반복해서 읽는 것으로 자연히 문형이 몸에 뱁니다.
・예문의 음성을 들을 수 있으므로, 읽는 방법이나 발음도 확인할 수 있습니다.
・일주일에 1 회분、테스트가 붙어 있어 이해도를 확인할수 있습니다.
・영어・중국어・한국어 번역이 붙어 있어 혼자서도 송부할 수 있습니다.
・모의 테스트가 2 회분 있으므로, 보다 실제 테스트에 가까운 형식으로로 실력을 확인할 수 있습니다.
「배우기보다 익숙해 져라」는 말이 있듯이 표현을 몸에 배도록 익힙시다.

目次

「日本語能力試験」N１について ……………………………………… 6

この本の使い方………………………………………………………… 8

第１週　努力してこそ合格できる……………………………………13
1日目　感謝こそすれ　　　　　2日目　できるものとして
3日目　彼のことだから　　　　4日目　私に言わせれば
5日目　難しいとみると…　　　6日目　何回読んだところで…
7日目　復習＋敬語① ／ まとめの問題

第２週　私なりに努力している…………………………………………31
1日目　会うなり　　　　　　　2日目　どんなに高かろうが
3日目　行こうか行くまいか
4日目　デザインといい、色といい
5日目　行きつ戻りつ　　　　　6日目　いつまで続くのやら
7日目　復習＋敬語② ／ まとめの問題

第３週　言うまでもなく、努力している……………………………49
1日目　毎日はしないまでも　　2日目　今日を限りに
3日目　兄弟といえども　　　　4日目　努力をもって
5日目　休めるかと思いきや　　6日目　散歩がてら
7日目　復習＋敬語③ ／ まとめの問題

第４週　努力なくして合格はない……………………………………67
1日目　やればできるものを　　2日目　大学教授ですら
3日目　家族ぐるみ　　　　　　4日目　この状況にあって
5日目　あなたならでは　　　　6日目　なんとかならないものか
7日目　復習＋敬語④ ／ まとめの問題

第5週　努力せずにはすまない・・・・・・・・・・・・・・・・・・・・・・・・・・・・・85

1日目　謝るだけではすまない　　　2日目　間に合いそうもない
3日目　すでに述べたごとく　　　　4日目　理由のいかんにかかわらず
5日目　見かけによらず　　　　　　6日目　ここに駐車するべからず
7日目　復習＋接続詞① / まとめの問題

第6週　以前にも増して努力している・・・・・・・・・・・・・・・・・・・・103

1日目　現状に即して　　　　　　　2日目　冗談のつもりで
3日目　狭いながらも　　　　　　　4日目　貧しさゆえに
5日目　趣味と実益を兼ねて　　　　6日目　結婚を前提として
7日目　復習＋接続詞② / まとめの問題

第7週　努力に努力を重ねている・・・・・・・・・・・・・・・・・・・・・・・121

1日目　考えに考えて　　　　　　　2日目　思い出すだに
3日目　仕事ぶり　　　　　　　　　4日目　聞くにたえない
5日目　痛くもなんともない　　　　6日目　彼には及ばない
7日目　復習＋接続詞③ / まとめの問題

第8週　結果はどうあれ、努力しよう・・・・・・・・・・・・・・・・・・・139

1日目　10年前ならいざ知らず　　　2日目　願ってやまない
3日目　用心するに越したことはない　4日目　延期を余儀なくされた
5日目　光栄の至り　　　　　　　　6日目　子どもじゃあるまいし
7日目　復習＋接続詞④ / まとめの問題

模擬試験・・157

第1回　　第2回

さくいん・・166

［別冊］　練習問題の訳 / まとめの問題、模擬試験の答え・解説

「日本語能力試験」N1について

● 試験日

年2回（7月と12月の初旬の日曜日）
※海外では、試験が年1回の都市があります。

● レベルと認定の目安

レベルは5段階（N1～N5）です。
N1の認定の目安は、「幅広い場面で使われる日本語を理解することができる」です。

● 試験科目と試験時間

N1	言語知識（文字・語彙・文法）・読解	聴解
	（110分）	（55分）

● 合否の判定

「得点区分別得点」と、それらを合計した「総合得点」の二つで合否判定を行います。得点区分ごとに基準点が設けられており、一つでも基準点に達していない場合は、総合得点が高くても不合格になります。

得点区分

N1	言語知識（文字・語彙・文法）	読解	聴解
0～180点	0～60点	0～60点	0～60点
総合得点	得点の範囲		

● N1「文法」の問題構成と問題形式

大問	小問数	ねらい
文の文法1 （文法形式の判断）	10	文の内容に合った文法形式かどうかを判断することができるかを問う
文の文法2 （文の組み立て）	5	統語的に正しく、かつ、意味が通る文を組み立てることができるかを問う
文章の文法	5	文章の流れに合った文かどうかを判断することができるかを問う

〈文の文法1〉の問題

次の文の（　　）に入れるのに最もよいものを、1・2・3・4から一つ選びなさい。

例）いまさら謝った（　　）、許されないだろう。

　　　1　ところで　　　2　といえども　　　3　にせよ　　　4　ばかりに

　　　　　　　　　　　　　　　　　　　　　　　　　　　　●②③④

〈文の文法2〉の問題

次の文の　★　に入る最もよいものを、1・2・3・4から一つ選びなさい。

例）宿題が出される ＿＿＿ ＿＿＿ ＿★＿ ＿＿＿ いつもギリギリになってしまう。

　　　1　終わらせようと　　2　たびに　　3　思いながらも　　4　早く

　　　　　　　　　　　　　　　　　　　　　　　　　　　　●②③④

〈文章の文法〉の問題

次の文章を読んで、 1 から 5 の中に入る最もよいものを、1・2・3・4から一つ選びなさい。

※ 500～700字程度の中文を読んで、文章の流れに合った語彙、接続詞、文末表現などを選びます。

試験日、実施地、出願の手続きのしかたなど、「日本語能力試験」の詳しい情報は、
日本語能力試験のホームページ https://www.jlpt.jp をご参照ください。

この本の使い方

How to use this book　本书的使用方法　이 책의 사용법

◆ 本書は、第1週〜第8週までの8週間で勉強します。日本語能力試験で出題される文法項目を、1日に3つ〜4つずつじっくり勉強していきます。

This book is to be used as a eight-week study guide. Each day, you will study three to five grammatical items found on the Japanese-Language Proficiency Test (JLPT).

本书分8周（第1周〜第8周）学习，每天各学习3〜4个日语能力考试中会出题的语法项目，踏踏实实地学下去。

본책은 제1주〜제8주까지 8주동안 공부합니다. 일본어능력시험에 출제된 문법항목을 하루에 3~4개씩 꼼꼼하게 공부해 갑니다.

◇ 例文の音声を聞くことができます。ダウンロードについてはp.10を見てください。

You can listen to audio of sample sentences. See p. 10 for information about downloads.

您可以收听例句的语音。关于下载请查看第10页。

예문 음성을 들을 수 있습니다. 다운로드 정보는 10페이지를 확인하세요.

◇ 各ページのタイトルにも学習する文法項目が含まれています。しっかり読んで覚えましょう。

The title of each page contains the day's grammatical items. Read and learn them well.

各页标题都含有要学的语法条目。读一读，把它牢牢记住。

각 페이지의 타이틀에도 학습할 문법항목이 포함되어 있습니다. 제대로 읽고 외웁시다.

◇ まずここに書いてある問題を解いてみましょう。

Let's start by answering the questions here.

请先试着解答这里所写的问题。

우선 여기에 쓰여 있는 문제를 풀어 봅시다.

◇ 文法項目ごとに例文がついています。下線部に注意して読みましょう。
（＝　）は下線部の意味です。やさしい日本語で書いてあります。

Each grammatical item has its own example sentences. Pay close attention to the underlined parts. The sentences in brackets（＝　）repeat the same meanings using easier Japanese.

每个语法条目都带有例文。阅读时要注意下划线部分。
（＝　）是下线部分的含义。都是简单易懂的日语。

문법 항목마다 예문이 붙어 있습니다. 밑줄에 주의해서 읽읍시다.
（＝　）는 밑줄 친 부분의 뜻입니다. 쉬운 일본어로 써 있습니다.

8

◆ 各週の1日目から6日目までは形や使い方が似ている文法項目の学習です。7日目は1日目から6日目までの復習（＋敬語/接続詞）と「まとめの問題」で、その週で勉強したことを確認します。

Every week, from Day 1 to Day 6, you will study grammatical items which are similar in form and usage. Up to Day 7, you can review the week's study with a review of Days 1–6 (+honorifics or conjunctions) and summary questions.

每周从第1天到第6天学习形式及使用方法相似的语法条目。第7天为止，可以通过第1天到第6天的复习（+ 敬语 / 接续词）和"综合问题"，确认这一周学过的内容。

각주의 1일째부터 6일째까지는 형태나 사용법이 닮은 문법항목의 학습입니다. 7일째에는 1일째~6일째의 내용을 복습하고(＋높임말 / 접속사), '정리 문제'로 그 주에 공부한 내용을 확인할 수 있습니다.

```
┌─────────────────┐      ┌─────────────────┐
│   1日目～6日目    │      │      7日目       │
│  1日に3つ～4つずつ │  →   │ 復習（＋敬語／接続詞）と │  → 次の週へ
│   機能語を学習    │      │ まとめの問題で    │
│                 │      │ 力がついたか確認   │
└─────────────────┘      └─────────────────┘
```

◇ 例文の横に、接続や活用など、使い方がまとめてあります。（接続の表示方法はp.11参照）

Beside the example sentences, you will find a list of usage examples including conjunctions and conjugations. (See p.11 for an explanation of how connected phrases are displayed)

例句旁边总结包括接续形式、活用等的使用方法。（接续表示方法：p.11）

예문 옆에, 접속이나 활용 등, 사용법을 정리해 놓았습니다.（접속 표시 방법은 p.11）

53　我が国に限ったことではない

若者の言葉遣いが悪いのは、我が国に限ったことではない。
（＝我が国だけではない）

Nに限ったことで(は/も)ない
◆「Nに限らない」の硬い表現

It is not only in this country that young people do not know how to properly use the language.
年轻人语法混乱，并不只限于我们国家。
젊은이들의 말버릇이 나쁜 것은 우리나라에 한한 것이 아니다.

夏にインフルエンザがはやったのは、今年に限ったことではなく、去年も同様だった。
（＝今年だけのことではなく）

A flu broke out not only this summer but last summer as well.
夏天流感流行并非只是今年的事，去年也一样。
여름에 인플루엔자가 유행한 것은 올해에 한한 것만이 아니라, 작년도 마찬가지였다.

練習 I　正しいほうに○をつけなさい。

① 応援していたチームが試合に負けてしまって残念（a. な限りだ　b. に限る）。
② 新築の一戸建てを買った。今月（a. を限りに　b. に限り）このマンションともお別れだ。
③ 風邪をひいたときは、薬など飲むよりゆっくり寝る（a. に限る　b. 限りだ）。
④ 朝の電車が混んでいるのは、今日に（a. 限る　b. 限った）ことではない。
⑤ 宝くじに当たったなんて、なんともうらやましい（a. 限ったことではない　b. 限りだ）。

練習 II　下の語を並べ替えて正しい文を作りなさい。＿＿＿に数字を書きなさい。

⑥ そのドラマは、視聴率が ＿＿＿ ＿＿＿ ＿＿＿ ＿＿＿ 打ち切られることになった。
　1 を限り　　2 に　　3 伸びず　　4 10回目

⑦ 漢字が書けなくなったのは、＿＿＿ ＿＿＿ ＿＿＿ ＿＿＿ なってからずっとだ。
　1 パソコンを使うように　　2 最近
　3 ではなく　　　　　　　　4 に限ったこと

▶答えは p.55、正解文の訳は別冊 p.00

◇ 例文には英語・中国語・韓国語の訳がついています。

Examples have been translated into English, Chinese and Korean.
例句部分，附有英文、中文及韩文的翻译。
예문에는 영어・중국어・한국어 번역이 있습니다.

◇ 理解を確認するための練習問題です。答えは次の日の最後にあります。

These are drills to test your understanding. The answers are at the end of the following day's lesson.
练习题来检验是否已理解、掌握。答案在第二天的最后。
이해를 확인하기 위한 연습문제입니다. 답은 다음 날 마지막에 있습니다.

◇ 左ページ上の問題の答えです。

This is the answer to the question at the top of the opposite page.
这是左页上方问题的答案。
이것은 왼쪽 페이지 위에 있는 문제의 답입니다.

---

p.51 の答え：I－① a　② a　③ b　④ a　⑤ b
　　　　　　II－⑥ 2→1→4→3　⑦ 3→2→4→1

聞くに限る

◇ 前の日の「練習」の答えです。

These are the answers to the previous day's drills.
前一天的"练习"答案。　전날의 "연습"의 답입니다.

◆ 1日目～7日目まではN3以上の漢字の下にルビがついています。ルビを隠しながら読むと漢字を読む練習になるでしょう。
　7日目の「まとめの問題」と「模擬試験」は、日本語能力試験に合わせて、N1レベルより難しい漢字の上にルビをつけてあります。
The kana reading in the daily lessons is found underneath the kanjis which are at the N3 level or above.
The summary questions and practice test on Day 7 are tailored to the JLPT, with kana characters printed alongside kanji that are more difficult than the N1 level.
第1天到第7天部分的N3以上的汉字均附有注音假名。如果把注音假名隐藏起来读，就能练习阅读汉字。
第7天的"综合问题"和"模拟考试"会根据日语能力考试，在难于N1级别的汉字上标注注音假名。
1일째～7일째까지는 N1 이상의 한자의 밑에 읽기가 달려 있습니다. 읽기를 가리고 읽으면 한자를 읽는 연습이 될 것입니다.
7일째의 '정리 문제' 와 '모의고사' 의 경우, 일본어능력시험을 기준으로 N1 수준보다 어려운 한자에는 후리가나가 달려있습니다.

◆ 接続は、主な品詞・活用形のうち、よく使われるものだけ表示しています。実際に使われている接続の形すべてを表示しているわけではありません。
Of the major parts of speech and conjugated forms, only phrases that are often used with the grammar pattern will be given. It is not the case to include all the phrases that are actually used.
只有重点词和重点活用形才标有接续用法，并不是所有实际被使用的接续用法都会被标出来。
접속은, 주요 품사・활용형 중, 자주 쓰이는 것에만 표시했습니다. 실제로 쓰이고 있는 접속 형태 모두를 표시하지는 않았습니다.

◆ 「まとめの問題」と「模擬試験」は時間を計って、本当のテストのつもりで解きましょう。制限時間内に終わらない場合も最後まで続けましょう。
The summary questions and practice tests are timed, and you should try to solve them as if they were real tests. However, answer all the questions even if you are unable to finish within the time limit.
做"综合问题"和"模拟考试"时，请计算时间，当作真正的考试来解答。即使没能在规定的时间内完成，也坚持到最后吧。
'정리 문제' 와 '모의고사' 는 시간을 재면서 실제 시험처럼 풀어보세요. 제한시간 내에 끝내지 못하더라도 끝까지 풀어봅시다.

◆ 例文の音声は以下からダウンロードできます。
You can download audio of sample sentences from the link below.
例句的语音可以从以下链接下载。
예문 음성은 아래에서 다운로드 가능합니다.

・アスク出版のホームページ：https://www.ask-books.com/jp/so-matome-dl/
ASK Publishing website　ASK 出版的主页　ASK 출판 홈페이지

・Apple Podcast・Spotify に対応しています。
Compatible with Apple Podcast and Spotify.
也可以在 Apple Podcast 和 Spotify 中收听。Apple Podcast, Spotify 에서도 이용 가능합니다.

◆ 答え・解説または訳の場所は下の表の通りです。
The location of the answer, commentary, or translation is as shown in the table below.
解答，解说或者翻译的位置，如下表所示。
정답 및 해설 또는 번역이 기재된 곳은 아래 표와 같습니다.

	答え Answer 解答　정답	解説または訳 Commentary or translation 解说或者翻译　해설 또는 번역
1～6日目　練習	2ページ先	別冊
7日目　復習と「まとめの問題」	問題3の下	別冊
模擬試験	別冊	

接続の表示方法

How connected phrases are displayed　接续表示法　접속 표시 방법

〈　〉はほかの本で使用されているほぼ同じ意味の文法用語を表しています。
Terms in 〈　〉 brackets are grammatical terms of nearly the same meaning found in other books.
〈　〉表示其他书中使用的基本相同的语法。　< >는 다른 책에서 사용되고 있는 거의 같은 의미의 문법용어를 나타내고 있습니다.

■動詞〈verb〉

五段動詞 V-*u* 〈グループⅠ動詞／ –*u* verb〉　ex. 行く／読む

一段動詞 V-*ru* 〈グループⅡ動詞／ –*ru* verb〉　ex. 見る／寝る

不規則動詞 V-irr. 〈グループⅢ動詞／ irregular verb〉　ex. する／来る

解説文中の表示	活用形		V-*u*	V-*ru*	V-irr
Vる	基本形 辞書形	〈現在形／non-past〉 〈終止形／dictionary form〉	いく	みる	する　くる
Vない V~~ない~~	ナイ形	〈未然形／negative form〉	いかない いか	みない み	しない　こない し　こ
V~~ます~~	マス形	〈連用形／*masu* form〉	いき	み	し　き
Vて	テ形	〈*te* form〉	いって	みて	して　きて
Vた	タ形	〈過去形／past〉	いった	みた	した　きた
Vている	テイル形	〈*teiru* form〉	いっている	みている	している　きている
Vば	バ形	〈仮定形／*ba* form〉	いけば	みれば	すれば　くれば
Vよう	意向形	〈volitional/tentative〉	いこう	みよう	しよう　こよう
Vれる	可能形	〈potential〉	いける	みられる	できる　こられる
Vられる	受身形	〈passive〉	いかれる	みられる	される　こられる
Vさせる	使役形	〈causative〉	いかせる	みさせる	させる　こさせる
命令形	命令形	〈imperative〉	いけ	みろ	しろ　こい

圕：普通形（上記の辞書形／ナイ形／タ形　ex. いく／いかない／いった／いかなかった　など）

表示の例

V/A/na/N 圕 せいで
⚠ na <s>だ</s> なせいで／N <s>だ</s> のせいで

○ するせいで／しないせいで／したせいで
　しなかったせいで
　高いせいで／高くないせいで
　高かったせいで／高くなかったせいで
　ひまなせいで／ひまじゃないせいで
　ひまだったせいで／ひまじゃなかったせいで
　雨のせいで／雨じゃないせいで
　雨だったせいで／雨じゃなかったせいで　など

× ひまだせいで／雨ださいで

動詞・い形容詞・な形容詞・名詞の普通形に接続するが、名詞は「名詞＋だ」ではなく「名詞＋の」、な形容詞は「な形容詞語幹＋だ」ではなく「な形容詞語幹＋な」になる。

These expressions, 「せいで」, for example, come after verbs, *i*-adjectives, *na*-adjectives, and nouns. With nouns, it is preceeded by *-no* (not *-da*) while with *na* adjective stems, it is preceeded by *-na* (not *-da*).

接动词・形容词・形容动词・名词的普通型，名词不是「名词＋だ」而是「名词＋の」，形容动词不是「形容动词词干＋だ」而是「形容动词词干＋な」。

동사・い형용사・な형용사・명사의 보통형에 접속하지만, 명사는 「명사＋だ」가 아닌 「명사＋の」, な형용사는 「な형용사 어간＋だ」가 아닌 「な형용사어간＋な」가 된다.

11

■い形容詞 〈形容詞、-i adjective〉

解説文中の表示	活用形	い形容詞	
Aくない	ナイ形〈未然形／negative form〉	たかくない	うつくしくない
Aくて	テ形〈te form〉	たかくて	うつくしくて
Aい	辞書形〈終止形／dictionary form〉 基本形〈現在形／non-past〉	たかい	うつくしい
Aかった	タ形〈過去形／past〉	たかかった	うつくしかった
Aければ	バ形〈仮定形／ba form〉	たかければ	うつくしければ

🔲：普通形（上記の辞書形／ナイ形／タ形）
　　　ex. たかい、たかくない、たかかった、たかくなかった　など

■な形容詞 〈形容動詞、-na adjective、-na noun〉

解説文中の表示	活用形	な形容詞
na/na~~だ~~	語幹〈root／stem〉	ひま
naな	基本形〈現在形／non-past〉	ひまな
naでない	ナイ形〈未然形／negative form〉	ひまじゃない／ひまではない
naで	テ形〈te form〉	ひまで
naだ	辞書形〈終止形／dictionary form〉	ひまだ
naだった	タ形〈過去形／past〉	ひまだった
naなら	バ形〈仮定形／ba form〉	ひまなら

🔲：普通形（上記の辞書形／ナイ形／タ形）
　　　ex. ひまじゃない、ひまだ、ひまだった、ひまじゃなかった　など

■名詞 〈noun〉

※ 接続を解説するために、名詞は名詞に助詞「だ」や助詞「の」を付けた形で示しています。
In order to explain the connected words, nouns are shown in the form used with the auxiliary verb *da* and the particle *no*.
为说明接续形式，名词用名词＋「だ」或「の」的形式表示。
접속을 해설하기 위해, 명사는 명사에 조동사「だ」나 조사「の」를 붙인 형태로 표시하고 있습니다.

解説文中の表示	活用形	名詞
N/N~~だ~~/N~~する~~	語幹〈root／stem〉	あめ　※N~~する~~＝スル名詞（ex. 勉強、説明）
Nの	基本形〈現在形／non-past〉	あめの
Nでない	ナイ形〈未然形／negative form〉	あめじゃない／あめではない
Nで	テ形〈te form〉	あめで
Nだ	辞書形〈終止形／dictionary form〉	あめだ
Nだった	タ形〈過去形／past〉	あめだった
Nなら	バ形〈仮定形／ba form〉	あめなら

🔲：普通形（上記の辞書形／ナイ形／タ形）
　　　ex. あめだ、あめじゃない、あめだった、あめじゃなかった　など

第1週

努力してこそ合格できる

今週の表現

1日目
- 親になってこそ
- 苦労こそあれ
- 感謝こそすれ
- 見た目こそ悪いが…

2日目
- そんなことするくらいなら
- 君ぐらいのものだ
- できるものとして
- 10月に行うものとする

3日目
- 慌てることのないように
- 状況を知ることなしに
- 彼のことだから
- この話は聞かなかったことにしてください

4日目
- 問題だとされる
- 学生時代のことが思い出される
- 感心させられる
- 私に言わせれば

5日目
- 忙しいとみえて
- 大きい地震が来るとみられる
- 難しいとみると
- 歩いて行くとすれば

6日目
- 危ないところを
- 2、3時間というところだ
- 何回読んだところで
- 忘れようとしたところで

第1週 努力してこそ合格できる

1日目 感謝こそすれ

No.01

学習日　月　日（　）

1　親になってこそ

親になっ**てこそ**、親の苦労や気持ちがわかるものだ。
（＝親になってからはじめて）

Only after you have your own child, can you understand how difficult it is to raise a child.
只有自己当了父母，才能体会父母的辛苦和心情。
부모가 되고나서야말로 부모의 고생이나 기분을 아는것이다．

生活費を自分で稼い**でこそ**、自立していると言える。
（＝稼ぐようになってはじめて）

You can say that you are independent only after you begin to earn a living.
只有自己挣生活费，才能称得上是自立。　생활비를 자신이 벌고나서야말로 자립하고 있다고 말할 수 있다．

> Ｖてこそ
> （＝Ｖて はじめて）
> ◆過去のことには使えない
> ダメ　親になってこそ母の苦労がわかった。
> → 親になっ**てこそ**母の苦労がわかる。

2　苦労こそあれ

苦労**こそあれ**、介護の仕事はやりがいがある。（＝苦労はあるけれど）

Nursing care is worth doing even though it is very hard.
虽然辛苦，但看护工作很有意义。　고생은 있을지언정 노인개호 일은 보람이 있다．

彼の日本語は小さい間違い**こそあれ**、ほとんど完璧だ。（＝小さい間違いはあるけれど）

Although he makes small mistakes, his Japanese is almost perfect.
他的日语尽管有些微小错误，但几乎完美无缺。　그의 일본어는 조금 틀리는 것은 있지만 거의 완벽하다．

> Ｎこそ　　┌あれ
> naでこそ　└あるが

3　感謝こそすれ

あなたには感謝**こそすれ**、恨んでなどいません。
（＝感謝はしているけれど、絶対に）

Despite what happened, I appreciate your kindness and I have no ill feelings.
对你只有感谢，根本不会恨你。　당신에게는 감사할지언정 원망 같은 건 없습니다．

白髪はふつう増え**こそすれ**、減ることはない。
（＝増えることはあるが、絶対に）

Normally gray hair never decreases, it only increases.
白发一般情况只会越来越多，不会减少。　백발은 보통 느는 것은 있지만 줄어드는 경우는 없다．

> Ｖ~~ます~~こそすれ
> Ｎこそすれ
> ◆後文が「絶対～ではない」ということの強調

4 見た目こそ悪いが…

父の料理は見た目こそ悪いが、とてもいい味をしている。
(＝悪いのは見た目だけで)

Nこそ ～が… / ～けれど…
◆強調

My father's dishes don't look nice but they are delicious.
爸爸做的饭虽然外观差，但味道相当好。 아버지의 요리는 보기에는 나쁘지만, 무척 맛이 좋다.

このキノコは色と形こそきれいだが、毒があって食べることはできない。
(＝色と形はきれいだが)

The colour and shape of this mushroom are beautiful but it is poisonous and cannot be eaten.
这种蘑菇虽然颜色和形状漂亮，但有毒，不能吃。 이 버섯은 색과 형태야말로 예쁘지만 독이 있어서 먹을 수 없다.

練習Ⅰ 正しいほうに〇をつけなさい。

① その国で生活 (a. してこそ b. したこそ)、文化がわかるというものだ。

② 程度の違いこそ (a. あれ b. すれ)、悪いことをしたのは皆同じだ。

③ 彼は字 (a. こそ b. こそすれ) 汚いが、いい文章を書く。

④ ここは (a. 不便な b. 不便で) こそあれ、緑が多くていいところだ。

⑤ 文章は理解 (a. こそされて b. されてこそ)、意味がある。

練習Ⅱ 下の語を並べ替えて正しい文を作りなさい。___に数字を書きなさい。

⑥ 君のやったことは、___ ___ ___ ___ ではない。

　1 非難される　　2 すれ　　3 ほめられこそ　　4 もの

⑦ その２つの ___ ___ ___ ___ 中身に大きな違いはない。

　1 製品は　　2 名前　　3 違うが　　4 こそ

▶答えは p.17、正解文の訳は別冊 p.2

第1週 2日目 努力してこそ合格できる

できるものとして

No.02

学習日　月　日（　）

5　そんなことするくらいなら

そんなことをする<u>くらいなら</u>、死んだほうがましだ。
（＝そんなことをするのはとてもいやだ。それなら…）
I would rather die than do that.
如果要干这种事情，还不如死了好。　그런 것을 할 정도라면 죽는것이 낫다．

友達を傷つける<u>くらいなら</u>、自分が我慢したほうがいい。
（＝傷つけるのはとてもいやだ。それなら…）
I would rather tolerate it than hurt my friend's feelings.
如果要伤害朋友，还不如自己忍耐。　친구에게 상처를 줄 정도라면 자기가 참는 편이 좋다．

> Vるくらいなら
> Vるぐらいなら
>
> ◆とてもいやだという気持ち
> れい　Vるくらいなら～ほうがましだ
> 　　　Vるくらいなら～ほうがいい
> 　　　Vるくらいなら～なさい

6　君ぐらいのものだ

彼が仕事を辞めないように説得できるのは、<u>君ぐらいのものだ</u>。
（＝君しかいない）
You are the only one who can talk him out of quitting work.
能劝他不要辞去工作的人，只有你了。　그가 일을 그만두지 않도록 설득할 수 있는 것은 너정도이다．

君が受かるのは、このランクの大学<u>ぐらいのものだ</u>。（＝このランクの大学しかない）
You can only aim for the universities at this level.
你能考上的顶多是这个层次的大学。　내가 붙는 것은 이 랭크의 대학정도이다．

> （～のは）Nくらい ┐のものだ
> （～のは）Nぐらい ┘なものだ

7　できるものとして

中級漢字はできる<u>ものとして</u>、上級漢字のクラスを取った。（＝できると考えて）
I took the advanced kanji class assuming that I was beyond the intermediate level.
觉得中级汉字已经掌握了，所以选择了高级汉字班。
중급 한자는 할 수 있는 것으로 치고 상급 한자의 클래스를 들었다．

田中さんはもう来ない<u>ものとして</u>、始めましょう。（＝来ないと考えて）
Let's presume Tanaka-san is not coming and start without him.
就当田中不会来了，咱们开始吧。　다나카씨는 이제 오지 않는 것으로 치고 시작합시다．

> V/A/na/N⦿ものとして
> ❗ naだ→である／な
> 　Nだ→である

8　10月に行うものとする

採用試験は、毎年10月に行うものとする。（＝行う、と決める）
We administer the employment examination every October.
录用考试定于每年10月进行。　　채용 시험은 매년 10월에 행하는 것으로 한다.

契約の延長は、双方の同意によるものとする。
（＝同意による、と決める）
The extension of the contract must be agreed by both parties.
规定合同的延长需要双方的同意。　계약 연장은 쌍방의 동의에 의한 것으로 한다.

> Vるものとする
> ◆契約書などに多く出てくる表現

練習 I　正しいほうに○をつけなさい。

① たぶん行けないと思うので、私はいない (a. ものとして　b. 人として) 話を進めてください。

② 愛する人が病気で苦しむのを見るくらいなら、(a. 見ないほうがましだ　b. 自分が病気になったほうがいい)。

③ 転勤でそんな田舎に行かされる (a. くらいなら　b. ものだから)、会社を辞めたほうがいい。

④ ぼくが買える家は、これ (a. ぐらいにしたものだ　b. ぐらいのものだ)。

⑤ 契約の期限が来た場合には、新たに契約書を交わす (a. ものになる　b. ものとする)。

練習 II　下の語を並べ替えて正しい文を作りなさい。＿＿に数字を書きなさい。

⑥ 昨日授業で教えた ＿＿ ＿＿ ＿＿ ＿＿、次に進みます。
　　1　もの　　　　2　ことは　　　3　として　　　4　わかった

⑦ そんなことを ＿＿ ＿＿ ＿＿ ＿＿ ほうがましだ。
　　1　させられる　2　参加しない　3　なら　　　　4　くらい

▶答えは p.19、正解文の訳は別冊 p.2〜3

p.15の答え：I－①a　②a　③a　④b　⑤b
　　　　　　II－⑥3→2→1→4　⑦1→2→4→3

第1週 3日目 努力してこそ合格できる

No.03

彼のことだから

学習日　月　日（　）

Q.（　）に入るのは？
もう暗くなった（　）だから、帰ったほうがいいよ。

こと　そう　だけ　彼

9　慌てることのないように

災害が来ても慌てることのないよう、日頃から準備しておこう。
（＝慌てないように）

Vることのないよう（に）

We should be prepared for a disaster so that we can deal with it when it comes.
为了能在灾害来临之时不慌乱，我们还是平时做好准备吧．　재해가 와도 당황하는 일이 없도록 평소부터 준비해 두자．

今後、このような犯罪と関わることのないように注意してください。（＝関わらないように）

Please make sure you do not get involved in this kind of crime again.
今后请注意不要再和这样的犯罪有关系．　앞으로 이와 같은 범죄에 연루되는 일이없도록 주의하세요．

10　状況を知ることなしに

今の状況を知ることなしに、未来を予測することはできない。
（＝知らないで／知ることなく）

Vることなしに（は）

It isn't possible to predict the future unless we understand the present situation.
如果不了解现在的状况，就不能预测未来．　지금의 상황을 알지 못하고 미래를 예측할 수는 없다．

過去の事例を見ることなしに、解決方法は見えてこないだろう。（＝見ないで／見ることなく）

It will not be possible to find a solution without reviewing the past cases.
如果不看过去的事例，就不能找到解决办法．　과거의 사례를 보지 않고는 해결방법이 보이지 않을 것이다．

11　彼のことだから

❶ よくできる彼のことだから、合格は間違いないでしょう。
（＝彼はよくできるから、きっと）

❶Nのことだから
◆推量が続く

He will surely pass the exam because he is so bright.
像他那样能干的人，合格肯定没问题吧．　그 사람은 잘 하니까 합격은 틀림없을거예요．

❷ 全員そろったことだから、時間前だけれど始めましょうか。
（＝全員そろったから）

❷V/A/na/N普
❗naだな／である
　Nだである
ことだから
ことだし

It is not time yet but since everyone is here, let's start.
因为大家都聚齐了，虽然还不到时间，咱们开始吧．　전원이 모였으니까 아직 시간 전이지만 시작할까요？

もう誰も来ないことだし、店を閉めよう。（＝もう誰も来ないから）

We'll have no customers so let's close the store.
已经没有人再来了，咱们关店吧．　이제 아무도 오지 않으니 가게를 닫자．

12　この話は聞かなかったことにしてください

この話は聞かなかったことにしてください。
（＝聞かなかったのと同じように扱ってください）

Please pretend that you did not hear that.
这件事请当作没听到过。　이 말은 안 들은 것으로 해 주세요.

彼は、大学を卒業したことになっているけれど、実際は
中退したらしい。（＝卒業したと言われているけれど）
He tells everyone that he graduated from university but I gather he dropped out.
他名义上大学毕业了,听说实际上是中途退学。　그는 대학을 졸업한 것으로 되어 있지만, 실제는 중퇴한 것 같다.

```
Vた         ┐
Aかった      │ (という)ことにする
na(だ)      │ (という)ことになる
N(だ)       ┘
```
◆事実とは反対に扱うという意味

練習Ⅰ 正しいほうに○をつけなさい。

① お互いが助け合うこと（a. なしに　b. だから）、人間は生きていけない。

② 明るい彼女のこと（a. にして　b. だから）、どこへ行ってもすぐ友達ができるだろう。

③ 兄が書いたレポートを、自分が（a. 書いたことにして　b. 書くことなしに）提出した。

④ 道に（a. 迷うことのないように　b. 迷うことなしに）、前もって地図で場所を確かめておいた。

⑤ 彼女は今まで苦労（a. する　b. した）ことなしに生きてきた。

練習Ⅱ 下の語を並べ替えて正しい文を作りなさい。＿＿に数字を書きなさい。

⑥ ケチで有名な彼 ＿＿ ＿＿ ＿＿ ＿＿ 貸してくれないだろう。
　1　だって　　　2　だから　　　3　のこと　　　4　百円

⑦ その2つの関連性を ＿＿ ＿＿ ＿＿ ＿＿ のは困難だ。
　1　こと　　　2　証明する　　　3　なしに　　　4　解決する

▶答えは p.21、正解文の訳は別冊 p.3

---

p.17の答え：Ⅰ－①a　②b　③a　④b　⑤b
　　　　　　Ⅱ－⑥2→4→1→3　⑦1→4→3→2

第1週 4日目 努力してこそ合格できる

私に言わせれば

🔊 No.04

学習日　月　日（　）

13　問題だとされる

この国には、よい指導者がいないのが一番の問題（だ）とされている。
（＝一番の問題だと言われている）

V/A/na/N普
N
na
 ｝ とされる

The biggest problem in this country is that there are no good leaders.
在这个国家里，没有好的领导人被认为是最大的问题。
이 나라에는 좋은 지도자가 없는 것이 가장 문제가 되어 있다.

この物質は植物の生長を促進するとされる。（＝促進すると言われる）

This substance is believed to promote plant growth.
这个物质被认为会促进植物的生长。　이 물질은 식물의 생장을 촉진한다고 되어 있다.

14　学生時代のことが思い出される

この曲を聴くと、学生時代のことが思い出される。
（＝学生時代のことを自然と思い出す）

This song reminds me of my student days.
只要听到这个曲子，就会想起学生时代的事。　이 곡을 들으면 학창시절의 일이 생각난다.

彼にひどいことを言ってしまったことが悔やまれる。
（＝言ってしまったことを悔やんでいる）

I regret saying such a terrible thing to him.
真后悔对他说了那么过分的话。　그에게 심한 말을 해 버린 것이 후회된다.

（〜が）Vられる《自発の受身形》
◆意志と関係なく、ひとりでに
　その状態になるという意味
れい 〜と考えられる
　　　懐かしく思われる
　　　完成が待たれる
　　　息子の将来が案じられる

15　感心させられる

彼の仕事ぶりには感心させられる。（＝感心している）

I am impressed with his work.
真是佩服他的工作状态。　그 사람이 일하는 모습에는 감동을 받는다.

隣の家の騒音に悩まされている。（＝悩んでいる）

I am troubled by the noise next door.
被邻家的噪音困扰。　옆집 소음에 골치가 아프다.

Vさせられる
《自発の使役受身形》
れい 考えさせられる
　　　感じさせられる

16 私に言わせれば

彼は天才と言われているが、私に言わせれば、単なる努力家だ。
（＝私の意見では）

> Nに言わせれば
> Nから言わせれば
>
> ◆N＝人

Some people think he's a genius, but I would say he is just a hard worker.
他是公认的天才，但如果让我来说，只不过是努力罢了。 그는 천재라고 하지만, 내가 보기엔 단순한 노력가이다.

A「もう私も60歳を過ぎて、年をとりましたよ。」
B「いえ、うちの親に言わせれば、まだまだ若いそうですよ。」（＝私の親の意見では）

"I am already over 60 years old. I am old." "Not at all. My parents think you're still young."
"我也已经过60了，都老了。" "没有，要让我父母来说呀，这还年轻着呢。"
「벌써 나도 60세를 넘어 나이를 먹었습니다.」「아니에요, 저희 부모님이 그러시는데 아직 젊다고 합니다.」

練習 Ⅰ 正しいほうに○をつけなさい。

① 新しいロケットの完成が（a. 待たされます b. 待たれます）。

② 彼は社会人として必要（a. とされている b. にしている）知識に欠ける。

③ 我々の世代の人間に（a. 言わせれば b. 言われれば）、彼の行動は普通ではない。

④ それは、死について真剣に（a. 考えされる b. 考えさせられる）映画だった。

⑤ この新薬は、効果はあるが副作用が強い（a. ことにされている b. とされている）。

練習 Ⅱ 下の語を並べ替えて正しい文を作りなさい。＿＿に数字を書きなさい。

⑥ 若者の海外移住が ＿＿ ＿＿ ＿＿ ＿＿ そうだ。

　1　ことで　　　2　その国の将来が　　　3　増加している　　　4　案じられている

⑦ 彼の ＿＿ ＿＿ ＿＿ ＿＿ ただの甘えだ。

　1　私に言わせれば　　　　　　　　2　やる気がないように
　3　言葉からは　　　　　　　　　　4　感じられたが

▶答えは p.23、正解文の訳は別冊 p.3～4

p.19の答え：Ⅰ－①a　②b　③a　④a　⑤a
　　　　　　Ⅱ－⑥3→2→4→1　⑦2→1→3→4

考えさせられる

第1週 5日目 努力してこそ合格できる

難しいとみると…

🔊 No.05

学習日　　月　　日（　）

Q.（　）に入るのは？
彼は、外国人だ（　）、だれにでも英語で話しかける。

17　忙しいとみえて

田中さんは忙しいとみえて、このごろ電話もしてこない。
（＝忙しいようで）

V/A/na/N曾と［みえて／みえる］

Tanaka-san seems to be very busy, that is maybe why he has not called.
田中看来很忙，最近连电话都不打。　다나카 씨는 바쁜 듯 요즘 전화도 하지않는다.

それを聞いて、彼はしばらく声を出さなかった。かなり驚いたとみえる。（＝驚いたようだ）

He didn't say a word after he heard about it. He must have been very surprised.
听了这个，他好久没出声。看上去相当吃惊。　그것을 듣고 그 사람은 잠시 아무 말도꺼내지 않았다. 상당히 놀란 것 같다.

18　大きい地震が来るとみられる

この地域では、今後も大きい地震が来るとみられている。
（＝来ると考えられている）

V/A/na/N曾とみられる

This area is expected to have a major earthquake again in the future.
人们认为，在这个地区今后也会发生大的地震。　이 지역에는 앞으로도 큰 지진이 올 것으로 보인다.

その会社の再建は難しいとみられる。（＝難しいと思われる）

It looks very difficult to rebuild the company.
那个公司的重建被认为很难。　그 회사의 재건은 어려울 것으로 보인다.

19　難しいとみると

彼は問題がちょっと難しいとみると、自分で考えないで人に聞く。
（＝難しいと思うと）

V/A/na/N曾とみると

As soon as he finds a question a little difficult, he asks others for help without trying to solve it by himself.
他一旦发现问题有点难，就不再自己考虑，而是问别人。　그는 문제가 조금 어렵다고 보면 스스로 생각하지 않고 다른 사람에게 묻는다.

彼は、店員が韓国人だとみると、必ず韓国語で話しかける。
（＝韓国人だとわかると）

As soon as he notices that the sales clerk is Korean, he switches to Korean.
他只要发现店员是韩国人，肯定会用韩语搭话。　그 사람은 점원이 한국인으로 보이면반드시 한국어로 말을 건다.

彼女は、男の人にお金がないとみると、急にその人に興味がなくなるようだ。
（＝お金がないことがわかると）

As soon she notices that a man has no money, she loses interest.
她一发现男人没有钱，好像马上对那人失去了兴趣。　그 여자는 남자에게 돈이 없는 것 같으면, 갑자기 그 사람에게 흥미가 없어지나 보다.

20　歩いて行くとすれば

そこまで歩いて行くとすれば、30分くらいかかるだろう。
（＝もし歩いて行ったら）

V/A/na/N習 ┌とすれば
　　　　　 └とすると
　　（＝～としたら）

It'll take about half an hour if you walk.
如果走着去那里的话，大约需要30分钟。　거기까지 걸어서 간다고 한다면 30 분 정도 걸릴 것이다．

その話が本当だとすると、大変なことだ。（＝もし本当なら）

If that is true, we are in trouble.
如果那件事是真的，那就麻烦了。　그 이야기가 정말이라면 큰일이다．

練習Ⅰ　正しいほうに○をつけなさい。

① もし車を買い換える（a. とすれば　b. とみると）、次はドイツの車がほしい。

② 彼女は苦労した（a. として　b. とみえて）、実際の年齢より老けて見える。

③ 彼女の普段の成績から、合格は間違いないと（a. みられている　b. みえている）。

④ 彼は、女性が地方出身だ（a. とみると　b. とすれば）すぐに声をかける。

⑤ 彼が犯人（a. だとすると　b. だとみえて）、犯罪を犯した動機は何だろう。

練習Ⅱ　下の語を並べ替えて正しい文を作りなさい。＿＿に数字を書きなさい。

⑥ 景気は回復しつつ ＿＿ ＿＿ ＿＿ ＿＿ 人は少ないと思う。
　　1　が　　　　2　実感している　　3　ある　　　　4　とみられている

⑦ 傷が ＿＿ ＿＿ ＿＿ ＿＿ 場合があるので、しばらくは薬を続けてください。
　　1　菌は　　　2　治った　　　　3　まだ残っている　4　とみえても

▶答えはp.25、正解文の訳は別冊p.4

p.21の答え：Ⅰ－①b　②a　③a　④b　⑤b
　　　　　　Ⅱ－⑥3→1→2→4　⑦3→2→4→1

とみると

第1週 努力してこそ合格できる
6日目 何回読んだところで…

21 危ないところを

交通事故で命が危ないところを、その医者に助けてもらった。
(＝命が危ない状況だった。そのとき)

I was saved by the doctor when I was in critical condition due to a traffic accident.
因交通事故生命垂危時被医生救活了。 교통사고로 목숨이 위험한 것을 그 의사에게 도움을 받았다.

すぐにお礼の電話をしなければいけないところを今になってしまい、申し訳ありません。
(＝電話をしなければいけない状況なのに)

I apologize for not having given you a thank-you call sooner.
虽然应该马上打电话致谢，但一直拖到现在，真是对不起。 곧 감사의 전화를 하지 않으면 안되는 것을 지금이 되 버려서 죄송합니다.

> V/A普
> naな　ところを
> Nの

22 2、3時間というところだ

勉強時間は2、3時間というところだ。(＝だいたい2、3時間ぐらいだ)

I study about 2 or 3 hours (every day).
学习时间顶多就2、3个小时。 공부 시간은 2,3시간 정도이다.

A「例の書類はできましたか。」
B「はい、あとはもう一度見直せばいいといったところです。」
(＝だいたいもう一度見直せばいいという状態です)

"Is the document we talked about ready?" "Yes, almost. I just have to review it again."
"那个资料做好了吗？""是的。然后顶多再改一次就行了。" "예의 서류는 됐습니까." "네, 이제는 다시 한 번 확인하면 됩니다."

> N/[文]　というところだ
> 　　　　といったところだ
> ◆Nは数量が入ることが多い

23 何回読んだところで

何回読んだところで、意味は全くわからない。(＝たとえ何回読んでも)

I can't understand it no matter how many times I read it.
不管读多少次，还是完全不懂意思。 몇 번 읽어서는 의미를 전혀 모른다.

そんな多額の借金は、家を売ったところで、到底返せない。
(＝たとえ売っても)

Even if we sell this house, we won't be able to repay such a huge debt.
这么大额的借款，就算是把房子卖了也偿还不起。 그렇게 큰 빚은 집을 판다 한들 도저히 갚지 못한다.

> Vたところで…ない
> 例　いくらVたところで
> 　　どんなにVたところで
> ◆悪い結果・状態が続くことが多い

24 忘れようとしたところで

これは忘れようとしたところで、忘れられない出来事だ。
（＝忘れようとしても）

| V/A/na/N簡 | としたところで / としたって |

This is an incident I will never forget even if I try hard.
这是一件想忘也忘不掉的事情。이것은 잊으려 해도 잊을 수 없는 일이다.

今から急いだとしたって間に合わないだろう。（＝急いだとしても）

We won't make it even if we hurry now.
就算现在加急也来不及了吧。 지금부터 서두른다 해도 시간에 대지 못할 것이다.

練習Ⅰ 正しいほうに○をつけなさい。

① どんなに（a. 走るところを　b. 走ったところで）、絶対に間に合わないだろう。

② お忙しい（a. ところを　b. ところで）お集まりいただき、ありがとうございます。

③ A「毎日、何時間ぐらい寝るの？」
　　B「だいたい5時間（a. というところだ　b. ところだ）ね。」

④ 彼の借金は、休みなく毎日働いた（a. ところを　b. ところで）、返せるような額ではない。

⑤ あの頑固な父にタバコをやめさせよう（a. にしたって　b. としたって）、無駄だよ。

練習Ⅱ 下の語を並べ替えて正しい文を作りなさい。____に数字を書きなさい。

⑥ どんなにやった ____ ____ ____ ____ 変えることはできない。

　　1　ところで　　　2　後悔した　　　3　ことを　　　4　過去を

⑦ トイレはもちろんキッチンもついていて、この車は ____ ____ ____ ____ です。

　　1　といった　　　2　まさに　　　3　走る家　　　4　ところ

▶答えはp.27、正解文の訳は別冊p.4〜5

p.23の答え：Ⅰ—①a　②b　③a　④a　⑤a
　　　　　　Ⅱ—⑥3→4→1→2　⑦2→4→1→3

第1週 7日目 努力してこそ合格できる
復習＋敬語①

学習日　　月　　日（　）

Q. 下線部を言い換える場合、a bのどちらが正しいですか。（答えは p.30）

1日目 ▶p.14,15

1. **親になってからはじめて**、親の苦労や気持ちがわかるものだ。
   a　親になることこそ　　b　親になってこそ

2. 父の料理は**悪いのは見た目だけで**、とてもいい味をしている。
   a　見た目こそ悪いが　　b　見た目が悪いこそすれ

2日目 ▶p.16,17

1. 彼が仕事を辞めないように説得できるのは、**君しかいない**。
   a　君ぐらいのものだ　　b　君ぐらいのものではない

2. 中級漢字は**できると考えて**、上級漢字のクラスを取った。
   a　できたものなら　　b　できるものとして

3日目 ▶p.18,19

1. 災害が来ても**慌てないよう**、日頃から準備しておこう。
   a　慌てることのないように　　b　慌てないことのように

2. 今の状況を**知らないで**、未来を予測することはできない。
   a　知ることなしに　　b　知らないことにして

4日目 ▶p.20,21

1．彼にひどいことを言ってしまったこと**を悔やんでいる**。
   a　が悔やまされる　　b　が悔やまれる

2．彼は天才と言われているが、**私の意見では**、単なる努力家だ。
   a　私に言わされれば　　b　私に言わせれば

5日目 ▶p.22,23

1．田中さんは**忙しいようで**、この頃電話もしてこない。
   a　忙しいとみえて　　b　忙しいとみられて

2．そこまで**もし歩いて行ったら**、30分くらいかかるだろう。
   a　歩いていくとみると　　b　歩いていくとすれば

6日目 ▶p.24,25

1．勉強時間は**だいたい2、3時間ぐらいだ**。
   a　2、3時間としたところだ　　b　2、3時間というところだ

2．今から**急いだとしても**間に合わないだろう。
   a　急いだとしたって　　b　急いだとするところで

敬語①　貴・尊・高　－尊敬語－

貴　貴社（＝御社）：貴社のご発展を祈ります。（＝あなたの会社）
　　＊商用文によく使う。
　　貴校：貴校を志望した理由は……（＝あなたの学校）
　　＊面接や願書を書くときによく使う。

尊　尊父：御尊父によろしくお伝えください。（＝あなたのお父さん）
　　＊「御」をつけることが多い。

高　高説：御高説を拝聴いたしました。（＝あなたの話）
　　＊「御」をつけることが多い。

これらは、相手に関する語について、尊敬の意味を表します。

---

p.25の答え：Ⅰ－①b　②a　③a　④b　⑤b
　　　　　　Ⅱ－⑥3→2→1→4　⑦2→3→1→4

第1週 7日目 努力してこそ合格できる

まとめの問題

制限時間：20分
1問4点×25問
答えはp.30、解説は別冊p.5〜6
点数／100

問題1 次の文の（　）に入れるのに最もよいものを、1・2・3・4から一つ選びなさい。

① 彼のゴルフの腕はなかなかのものだが、プロの（　　）、まだまだだ。
　1　私が言うのは　　2　私から言わせれば　3　私に言われると　4　私から言っては

② まじめな彼女（　　）、無断で休むということはないでしょう。
　1　としているから　2　としたところで　3　に言わせれば　4　のことだから

③ ぼくの貯金は（　　）、増えることはない。
　1　減ることにして　　　　　　　2　減らずとみえて
　3　減ることのないように　　　　4　減りこそすれ

④ 無駄な道路工事をする（　　）減税してほしい。
　1　くらいなら　2　ものならば　3　とみると　4　こそあれ

⑤ 練習（　　）、どんなスポーツも上達することはない。
　1　することなしに　　　　　　2　しなかったことにして
　3　するとみえずに　　　　　　4　しないところを

⑥ 今年は消費税の値上げはない（　　）が、来年あたりはあるかもしれない。
　1　とされている　　　　　　　2　とさせられている
　3　ものになっている　　　　　4　ものだとしたところ

⑦ その会社は業績が悪い（　　）、あちこちの支店を閉店した。
　1　とみえて　　2　とみられて　3　とさせて　4　とさせられて

⑧ 仕事といっても、月に2、3回（　　）ところです。
　1　ぐらいなら　2　とみる　3　こその　4　という

⑨ このきゅうりは、（　　）味は抜群にいい。
　1　形が悪いこそあれ　　　　　2　形の悪さこそすれ
　3　形こそ悪いが　　　　　　　4　形こそ悪さあれ

⑩ この仕組みを（　　）無駄だよ。この会社は君が思う以上に保守的だから。
　1　変えようとしたって　　　　2　変えようとみると
　3　変えることなしに　　　　　4　変えるとされても

11 今時、こんな古い洗濯機を使っているのは、うち（　　　）。
　1　ぐらいのところだ　　　　　　　2　ぐらいのものだ
　3　ぐらいだとしている　　　　　　4　ぐらいだとされている

12 高速料金の割引で、今度の連休は例年以上に渋滞する（　　　）。
　1　ものとしている　　　　　　　　2　ところだとみえる
　3　とみられている　　　　　　　　4　としたところだ

13 契約書は双方がそれぞれ保管する（　　　）。
　1　ようとする　　2　ものとする　　3　ぐらいになる　　4　こととみる

14 過去の失敗は過ぎたものとして（　　　）。
　1　どうしても覚えているものだ　　2　思い出そうとしても思い出せない
　3　思い出さずにはいられない　　　4　忘れてしまうほうがいい

15 寝ないでやったところで、（　　　）。
　1　疲れすぎて熟睡できないだろう
　2　それを完成させるのは不可能だろう
　3　もう少し長く続けることができるだろう
　4　なんとかそれを仕上げることができるだろう

問題2　次の文の　★　に入る最もよいものを、1・2・3・4から一つ選びなさい。

16 ＿＿＿　＿＿＿　★　＿＿＿　かなりの額になるだろう。
　1　その分を貯めた　　2　ことにして　　3　とすれば　　4　外食した

17 その政治家は、国民の信頼を　＿＿＿　＿＿＿　★　＿＿＿　ことを約束した。
　1　ことの　　2　裏切ったりする　　3　心がける　　4　ないように

18 彼は簡単だと　＿＿＿　＿＿＿　★　＿＿＿　、不可能としか思えない。
　1　言うが　　2　私に　　3　やったことがない　　4　言わせれば

19 留学生の多くが、程度の違い　＿＿＿　＿＿＿　★　＿＿＿　。
　1　とみえる　　　　　　　　　　　2　に悩まされている
　3　言葉の問題　　　　　　　　　　4　こそあれ

20 うちの息子は、＿＿＿　＿＿＿　★　＿＿＿　ようで困ったものだ。
　1　天気が悪い　　2　気が失せる　　3　とみると　　4　学校へ行く

問題3 次の文章を読んで、[21]から[25]の中に入る最もよいものを、1・2・3・4から一つ選びなさい。

　相撲の世界は大変厳しいものである。日本古来の伝統を重んじる縦社会の中で、しきたりを学びながら激しい稽古を積む[21]、上に上がっていくことはできない。

　しかし、全体で700名余りいる力士の中で「関取」と呼ばれる十両格以上に上がれる者はわずか1割[22]。それでもこの関取[23]、世間で一人前の力士として認められるのである。

　中には、そんな下働きや苦労を何年もする[24]別の道を選んだほうがいいと、途中でその道をあきらめてしまう者も少なくない。年配の人に言わせれば、そのくらいの苦労は何でもないと一蹴されそうだが、現代の若者にとっては想像以上のつらい生活なのだろう。

　だからこそこういった困難を乗り越えて、関取の地位を手にした力士には本当に[25]。

（注1）十両：相撲の階級の一つで幕内に次ぐ位置　（注2）一蹴される：はねつけられる

[21] 1　にしたって　　2　ものとなく　　3　とみると　　4　ことなしに

[22] 1　としているものだ　　　　2　といったところだ
　　 3　とさせられている　　　　4　ということにしている

[23] 1　になってこそ　2　にしたらこそ　3　のことだから　4　とされているから

[24] 1　くらいなら　　2　ものとして　　3　ところで　　　4　ところを

[25] 1　感心される　　　　　　2　感心させられる
　　 3　感心だとされている　　4　感心とされている

復習（p.26〜27）の答え：
| 1日目 | 1. b　2. a | 2日目 | 1. a　2. b | 3日目 | 1. a　2. a |
| 4日目 | 1. b　2. b | 5日目 | 1. a　2. b | 6日目 | 1. b　2. a |

まとめの問題（p.28〜30）の答え：
問題1　[1]2　[2]4　[3]4　[4]1　[5]1　[6]1　[7]1　[8]4　[9]3　[10]1
　　　　[11]2　[12]3　[13]2　[14]4　[15]2
問題2　[16]1（4→2→1→3）　[17]4（2→1→4→3）　[18]2（1→3→2→4）
　　　　[19]2（4→3→2→1）　[20]4（1→3→4→2）
問題3　[21]4　[22]2　[23]1　[24]1　[25]2

第2週

私なりに努力している

今週の表現

1日目
- ☐ 電話**なり**メール**なり**
- ☐ できない**なら**できない**なりに**
- ☐ 会う**なり**

2日目
- ☐ 先生**であれ**、学生**であれ**
- ☐ 雨が降**ろうが**雪が降**ろうが**
- ☐ どんなに高**かろうが**

3日目
- ☐ うれしい**というか**、残念**というか**
- ☐ 降**ろうと**降る**まいと**
- ☐ 行**こうか**行く**まいか**
- ☐ 来る**にせよ**来ない**にせよ**

4日目
- ☐ お菓子**だの**ジュース**だの**
- ☐ デザイン**といい**、色**といい**
- ☐ 子どもが子ども**なら**、親も親だ
- ☐ 子ども**といわず**、大人**といわず**

5日目
- ☐ こんなに雪が降**っては**
- ☐ 鏡を見**ては**
- ☐ 食べ**ては**寝て、食べ**ては**寝て
- ☐ 行き**つ**戻り**つ**

6日目
- ☐ いい**とも**悪い**とも**言えない
- ☐ なかっ**たら**なかっ**たで**
- ☐ 喜んでいい**のやら**悲しんでいい**のやら**
- ☐ いつまで続く**のやら**…

第2週 1日目 私なりに努力している

会うなり No.07

学習日　月　日（　）

Q.（　）に入るのは？
弟は、家に帰る（　）、パソコンの電源を入れる。

なり　／　とたん　／　として　／　すぐに

25　電話なりメールなり

電話**なり**メール**なり**で、彼に連絡してください。
（＝電話でもメールでもどの方法でも）

Please get in touch with him by phone or e-mail (or whatever).
打电话也好，发邮件也行，请跟他联系。　전화든 메일이든 그에게 연락해 주세요.

もう使わないなら、人にあげる**なり**捨てる**なりした**ほうがいいと思う。（＝人にあげるとか、捨てるとか、なんとかした）

I think it's better to give it away or throw it out (or do whatever) if you are no longer using it.
如果不用了，我觉得最好是给人或者扔掉。　이제 사용하지 않는다면 다른사람에게 주든가 버리든가 하는 것이 좋다고 생각한다．

会社が倒産した。家のローンもあるし、朝も夜もバイトする**なり（なんなり）して**、なんとかこの危機を乗り越えなくてはいけない。（＝バイトしたりして）

My company has gone bankrupt. Since I have a mortgage, I'll have to find a full-time job or a bunch of part-time jobs (or whatever) and work night and day.
公司倒闭了。还有房贷，不管是从早到晚打工还是通过什么方式，总之必须要越过这个危机。
회사가 도산했다．집의 대부도 있고, 아침 저녁으로 아르바이트를 하든 무엇을 하든 해서 어떻게든 이 위기를 넘기지 않으면 안된다．

> N₁なりN₂なり
> V₁るなり（V₂るなり）する
> れい　電話なりなんなり
> 　　　人にあげるなりなんなり
> 慣用句　なんなりと
> 　　　（＝なんでも）
> 　　　〜なりなんなり

26　できないならできないなりに

できない**なら**できない**なりに**、無理をしないで少しずつやりましょう。（＝できないならできる範囲で）

If you can't do it well at this pace, don't rush and do it at your own pace.
如果做不到那就做不到，不要勉强，一点点做吧。
할 수 없으면 할 수 없는 대로 무리를 하지 말고 조금씩 합시다．

貧しい**なら**貧しい**なりの**生活をしなければならない。
（＝貧しいならできる範囲の）

If you are poor, you must live within your means.
如果贫穷就必须过与之相应的穷日子。　가난하면 가난한 대로의 생활을 하지 않으면 안된다．

結婚式に出席する**なら**、それ**なりの**服装をするべきだ。（＝それにふさわしい）

If you attend the wedding, you should dress up for the occasion.
如果参加结婚典礼，应该穿上合适的服装。　결혼식에 출석한다면 그나름의 복장을 해야 한다．

あなたが会社を辞めた理由は私**なりに**理解しています。（＝私が考える範囲で）

I think I understand the reason why you quit the job.
你辞职的理由，我从自己的角度也能理解。　당신이 회사를 그만둔 이유는 내 나름대로 이해하고 있습니다．

> （Vるなら）Vる
> （Aいなら）Aい　　なりに
> （naなら）na　　　なりのN
> （Nなら）N
> れい　やるならやるなりに
> 　　　小さいなら小さいなりに
> 　　　ダメならダメなりに
> 　　　子どもなら子どもなりに

27 会うなり

田中さんは私に<u>会う**なり**</u>泣き出した。（＝会うと同時に／会ったとたんに）

Ｖるなり

Tanaka-san started crying as soon as she saw me.
田中一遇上我，马上就哭起来了。　다나카 씨는 나를 만나자마자 눈물을 터트렸다.

部長は<u>電話を切る**なり**</u>、部屋を出て行った。（＝電話を切ると同時に／電話を切ったとたんに）

The manager left the room as soon as he hung up the phone.
部长挂断电话后，马上离开了房间。　부장님은 전화를 끊자마자 방을 나가버렸다.

練習 I 正しいほうに○をつけなさい。

① 彼ったら、家に（a. 帰った　b. 帰る）なり、パソコンの前に座るんだから……。

② 私は素人だが、この詩を自分（a. なりに　b. なりして）解釈してみた。

③ 顔色が悪いですよ。(a. 座るなり横になるなり　b. 座りつつ横になりつつ)、楽にしてください。

④ 窓を開けた（a. なり　b. とたん）、変な虫が入ってきた。

⑤ 最終電車に乗り遅れても、タクシーに（a. 乗るなり歩くなり　b. 乗らないなら乗らないなり）して必ず家に帰ってきなさい。

練習 II 下の語を並べ替えて正しい文を作りなさい。＿＿に数字を書きなさい。

⑥ 高得点を ＿＿ ＿＿ ＿＿ ＿＿ の準備が必要だ。

　　1 狙う　　　　2 なり　　　　3 それ　　　　4 なら

⑦ ＿＿ ＿＿ ＿＿ ＿＿ ならお申し付けください。

　　1 なんなり　　2 雑用　　　　3 必要　　　　4 なり

▶答えは p.35、正解文の訳は別冊 p.6

第2週 2日目 私なりに努力している

どんなに高かろうが

🔊 No.08

学習日　月　日（　）

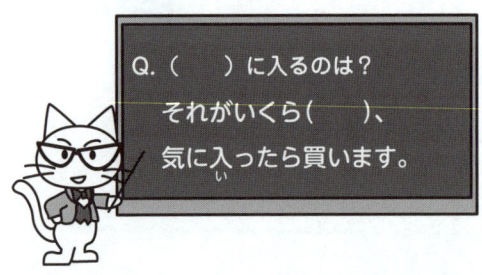

28　先生であれ、学生であれ

先生であれ学生であれ、この規則には従わなければならない。
（＝先生でも学生でもだれでも）

You must follow the rules regardless of whether you are a teacher or student.
不论是老师还是学生，必须遵守这个规则。　선생님이든 학생이든 이 규칙에는 따르지 않으면 안된다．

彼がだれであれ、特別扱いするのはおかしい。（＝彼がだれでも）
It is wrong to give him special treatment even if he is someone important.
不论他是谁，特殊对待太奇怪了。　그가 누구든 특별취급 하는 것은 이상하다．

【aであれbであれ】
N/naであれ
〔慣用句〕だれであれ
　　　　どこであれ
　　　　何であれ

29　雨が降ろうが雪が降ろうが

雨が降ろうと雪が降ろうと明日の集まりには必ず行くよ。
（＝雨が降っても雪が降っても）

Come rain or snow (or whatever), I'll definitely come to the gathering tomorrow.
不论是下雨还是下雪，明天的聚会肯定会去。　비가 내리든 눈이 내리든 내일 모임에는 반드시 간다．

私は肉だろうが魚だろうが、なんでも食べます。（＝肉でも魚でも）
I'll eat meat, fish, or anything.
不管是鱼还是肉，我什么都吃。　나는 고기든 생선이든 무엇이나 먹습니다．

新品であろうと、中古であろうと、そんな型の古いパソコンは買うべきではないと思う。（＝新品でも中古でもどちらの場合でも）
I don't think you should buy such an old model whether it's new or secondhand.
不论是新品还是二手货，我认为不应该买这种旧型号的电脑。
신품이든 중고이든 그런 형태의 낡은 컴퓨터를 사서는 안된다고 생각한다．

明日、時間があろうとなかろうと、連絡だけは入れてください。（＝時間があってもなくても）
Please contact me tomorrow even if you are busy.
明天不论有没有时间，都要跟我联系一下。　내일 시간이 있든 없든 연락만큼은해 주세요．

【aうとbうと】
【aうがbうが】
Vよう
Aかろう
na/Nだろう　　が
na/Nであろう　　と
〔慣用句〕
～だろうとなかろうと

30 どんなに高かろうが

必要だから、<u>どんなに高かろうが</u>それを買わなくてはいけない。（＝どんなに高くても）

I must buy it no matter how expensive it is because I need it.
因为需要，不论多么贵，都必须买这个。
필요하니까 아무리 비싸도 그것을 사야 한다.

あなたが<u>どんなに謝ろうとも</u>、今回は許さない。（＝どんなに謝っても）

I won't forgive you this time no matter how much you apologize.
不论你怎么道歉，这次决不原谅。　당신이 아무리 사과해도 이번은 용서할 수 없다.

あなたが<u>何歳であろうが</u>関係ない。仕事ができればいい。（＝何歳でも）

I don't care how old you are as long as you can do the job.
不管你多少岁都没关系。只要能干工作就行。　당신이 몇 살이든 관계없다. 일을 할 수 있으면 된다.

私が<u>何をしようが</u>勝手だ。あなたに言う必要はない。（＝何をしても）

It's not your business. I don't need to tell you what I am going to do.
不管我干什么都是我的自由，没必要跟你说。　내가 무엇을 하든 마음대로이다. 당신에게 말할 필요는 없다.

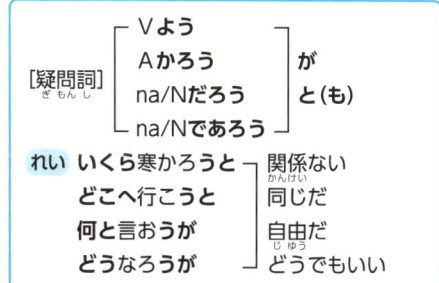

| [疑問詞] | Vよう / Aかろう / na/Nだろう / na/Nであろう | が / と（も） |

れい　いくら寒かろうと ┐ 関係ない
　　　どこへ行こうと　├ 同じだ
　　　何と言おうが　　├ 自由だ
　　　どうなろうが　　┘ どうでもいい

練習 I　正しいほうに○をつけなさい。

① 彼は、(a. 早朝だろうが夜中だろうが　b. 早朝だろう夜中だろう) かまわず電話をかけてくる。

② この部屋でどんなに (a. 騒ごうとも　b. 騒ぐであれ)、外からは何も聞こえません。

③ たとえ (a. 雨であろうと雪であろうと　b. 雨が降るが雪が降るが)、明日の試合は予定どおり行います。

④ どの大学 (a. であると　b. であれ)、進学先が決まってほっとした。

⑤ (a. 何だろうが　b. 何をしようと) 君の自由だが、他人に迷惑をかけることは許されない。

練習 II　下の語を並べ替えて正しい文を作りなさい。＿＿に数字を書きなさい。

⑥ あの夫婦が ＿＿ ＿＿ ＿＿ ＿＿、子どもはかわいそうだと思う。

　　1 知った　　2 なろうが　　3 どう　　4 ことではないが

⑦ ＿＿ ＿＿ ＿＿ ＿＿ には変わりはない。

　　1 なかろうと　2 人を傷つけたこと　3 故意　4 であろうと

▶答えは p.37、正解文の訳は別冊 p.6～7

p.33 の答え：I －①b　②a　③a　④b　⑤a
　　　　　　II －⑥1→4→3→2　⑦2→4→1→3

第2週 3日目 私なりに努力している

行こうか行くまいか

No.09

学習日　月　日（ ）

Q.（　）に入るのは？
原因が（　）、この痛みをすぐに取ってもらいたい。

何かあれ　　何にせよ　　何もしろ　　何かな？

31　うれしいというか、残念というか

私は合格したが、親友は不合格だった。うれしいというか、残念というか、
複雑な気持ちだ。（＝うれしいと言えるし、また残念とも言える。とにかく）

I passed the entrance exam but my best friend did not. I'm not sure if I am happy or not.
I have mixed feelings. 尽管我合格了，但好朋友没有合格。不知是高兴还是遗憾，心情很复杂。
나는 합격했지만 친구는 불합격이다. 기쁘다고 할지 유감이라고 할지, 복잡한 기분이다.

【aというかbというか】
A い
na　というか
N

そんなことをするとは、無茶というか、無知というか、彼のすることは理解できない。
（＝無茶と言えるし、無知とも言える。とにかく）

He did that? Is he confused or stupid? I don't understand what he does. 竟然干那种事情，不知该说是乱来还是无知，对他的行为无法理解。
그런 것을 하다니 터무니없다고 할지 무지하다고 할지, 그가 하는 일은 이해할 수 없다.

32　降ろうと降るまいと

雨が降ろうと降るまいと試合は行われます。
（＝雨が降っても降らなくても、どの場合でも）

There will be a game regardless of the weather.
不管下不下雨，比赛都将进行。비가 오든 오지 않든 시합은 열립니다.

VようとVるまいと
VようがVるまいが
❗ (ru-V)Vるまい／Vますまい
　 (u-V)Vるまい
　 くる→こまい／くるまい
　 する→しまい／すまい／するまい

私がいようがいまいが関係なく、彼らはけんかを始めた。
（＝いてもいなくても）

In spite of me being there, they started fighting.
不管我在不在场，他们就开始吵架。내가 있든 없든 상관없이 그들은 싸움을 시작했다.

33　行こうか行くまいか

台風のような雨だ。予定通り美術館に行こうか、行くまいか。
（＝行くか、行かないか、どちらにしようか）

It's raining hard like in a typhoon. Should I go to the museum as planned or not?
像台风似的暴雨。究竟是按照原定计划去美术馆呢？还是不去呢？
태풍과 같은 비다. 예정대로 미술관에 갈까, 가지 말까.

VようかVるまいか
❗ (ru-V)Vるまい／Vますまい
　 (u-V)Vるまい
　 くる→こまい／くるまい
　 する→しまい／すまい／するまい

彼と結婚しようかするまいか悩むくらいなら、やめたほうが
いい。（＝結婚するかしないかどちらにするか）

If you're having a hard time deciding to marry him, you'd better forget about it.
如果犹豫是否要和他结婚，那干脆别结了。그와 결혼을 할지 말지 고민할 정도면 그만두는 편이 낫다.

34 来るにせよ来ないにせよ

<u>来るにせよ来ないにせよ</u>、必ず連絡を入れてください。
（＝来る場合も来ない場合も）

Please make sure you inform us as to whether you will come or not.
不论是来还是不来，务必跟我联系。 오든 오지 않든 반드시 연락을 주세요.

<u>熱が下がったにせよ</u>、しばらく安静が必要です。（＝熱が下がった場合も）

You'll need to rest quietly in bed even though your temperature has come down.
尽管退烧了，还需要静养一段日子。 열이 내려갔다고 해도 당분간 안정이 필요합니다.

事故で車は前のほうがめちゃくちゃになったが、<u>何にしろ</u>、誰も けがをしなくてよかった。（＝どういう場合でも）

The front of my car got smashed up in the accident but, in any case, I was relieved that no one was hurt.
事故中汽车前脸已被毁得一塌糊涂了,不管怎样,幸好没有人受伤。 사고로 자동차는 앞쪽이 엉망이 되었지만, 어쨌든 아무도 다치지 않아서 다행이다.

【aにせよ(bにせよ)】
【aにしろ(bにしろ)】
V/A/na/N普に ┐ せよ
❗ naだに／Nだに ┘ しろ
🆗 何にせよ／にしろ
　　だれにせよ／にしろ
　　いつにせよ／にしろ
　　どこにせよ／にしろ

練習 I 正しいほうに○をつけなさい。

① あなたが反対（a. しようとしまいと　b. しようかするまいか）、私は一人で行くつもりです。

② 大学院へ（a. 行こうと行くまいと　b. 行こうか行くまいか）悩んだ末、いい仕事が見つかったので就職することにした。

③ 来週の会合に（a. 来るにしろ来ないにしろ　b. 来るというか来ないというか）、必ず資料に目を通してください。

④ 欠席（a. するにせよ　b. しようにしろ）、連絡はしてください。

⑤ それは、（a. 面白かろうと、珍しかろうと　b. 面白いというか、珍しいというか）、とにかく変わったものだ。

練習 II 下の語を並べ替えて正しい文を作りなさい。___に数字を書きなさい。

⑥ その新聞記者は、記事を掲載 ___ ___ ___ ___、掲載をやめた。

　1　しようか　　2　悩んだ　　3　あげく　　4　すまいか

⑦ もう社会人 ___ ___ ___ ___ に責任を持たなければいけない。

　1　だから　　2　にせよ　　3　自分の行動　　4　何をする

▶答えは p.39、正解文の訳は別冊 p.7

p.35 の答え：I－①a　②a　③a　④b　⑤b
　　　　　　 II－⑥3→2→1→4　⑦3→4→1→2

第2週 4日目 私なりに努力している
デザインといい、色といい

No.10

学習日　月　日（　）

Q.（　）に入るのは？
社員が社員（　　）、社長も社長だ。こんな会社には入りたくない。

であれ　なら　だろうと　じゃないから

35　お菓子だのジュースだの

私の毎月の小遣いは、お菓子だのジュースだので消えていく。
（＝お菓子やジュースやいろいろなもの）

My monthly allowance disappears because I spend it on snacks, soft drinks, that sort of thing.
我每月的零用钱都花在零食呀饮料呀什么的上面。
매달 내 용돈은 과자라든가 주스로 사라진다.

【aだのbだの】
V/A 普だの
na/naだった だの
N/Nだった だの

◆不満を言うときよく使う

彼は部屋が狭いだの、食事がまずいだのといつも文句を言っている。
（＝部屋が狭いとか、食事がまずいとか、ほかにもいろいろ）

He is always complaining about how small his room is, how terrible the food is, or something else.
他总爱发牢骚，什么房子太小啦，饭菜太难吃啦等等。　그는 방이 좁다느니, 식사가 맛없다느니로 항상 불평을 하고 있다.

彼は、風邪を引いただの、頭が痛いだのと言って、よく授業を休む。
（＝風邪を引いたとか、頭が痛いとか、ほかにもいろいろ）

He often skips classes saying he has a cold, a headache and etc..
他总是以感冒啦、头疼啦为理由，经常不上课。　그는 감기에 걸렸다느니, 머리가 아프다느니 하면서 자주 수업을 쉰다.

36　デザインといい、色といい

デザインといい、色といい、すごく気に入った靴があったんだけれど、サイズがなかった。（＝デザインも色も）

I liked the design and colour of the shoes but they didn't have ones in my size.
有一双鞋，不管是设计还是颜色都非常喜欢，但没有合适的号码。
디자인이든 색이든 무척 마음에 든 구두가 있었지만 사이즈가 없었다.

N₁といいN₂といい

◆あるものについての評価
N₁ という点から言っても
N₂ という点から言っても

運動といい勉強といい、僕は何をやってもダメだ。（＝運動も勉強も）

I'm not good at sports or study, or anything.
运动也好学习也罢，我干什么都不行。　운동이든 공부든, 나는 무엇을 해도 못한다.

37　子どもが子どもなら、親も親だ

子どもが子どもなら、親も親だ。（＝子どもも親も両方よくない）

That kid is terrible and so are his parents.
孩子有问题，那父母也不怎么样。　아이도 아이라면 부모도 부모다.

N₁が
N₁も　N₁なら、N₂もN₂だ

あのレストランは、味も味なら、サービスもサービスだ。（＝味もサービスも両方よくない）

That restaurant's food is terrible, and so is its service.
那家餐馆，味道不怎么样，连服务也不好。　저 레스토랑은 맛도 맛이라면 서비스도 서비스다.

38 子どもといわず、大人といわず

日本人は、子どもといわず、大人といわず、マンガをよく読む。
（＝子どもも、大人も、だれでも）

> N₁といわずN₂といわず
> ◆ N₁N₂の区別なく

Japanese kids and adults both love comics.
日本人不管是孩子还是大人，都爱读漫画。일본인은 아이든 어른이든 만화를 자주 읽는다.

私は、牛肉といわず、豚肉といわず、肉は食べません。（＝牛肉や豚肉だけでなく）

I don't eat beef, pork, or any other meat.
不论是牛肉还是猪肉，我什么肉都不吃。나는 소고기든 돼지고기든 고기는 먹지 않습니다.

最近の若者は、食事中といわず、テレビを見ている間といわず、いつでもスマホ※を手にしている。（＝食事中やテレビを見ている間だけでなく）

※スマホ：smartphone ／ 智能手机 ／ 스마트폰

Young people these days always keep their cell phones in their hands even when they are eating, watching TV and doing other things.
最近的年轻人，不论是吃饭的时候还是看电视的时候，总是手机不离手。
최근의 젊은이들은 식사 중이든 텔레비전을 보는 사이든 항상 휴대전화를 손에 들고 있다.

練習Ⅰ 正しいほうに○をつけなさい。

① 彼女はまだ若いけれど、(a. 経験といい能力といい　b. 経験だの能力だの) 申し分のない女性だ。

② 猫に（a. 顔なり手なり　b. 顔といわず手といわず）引っかかれてしまった。

③ こんなつまらない商品を、売るほうも売るほう(a. なら　b. だろうが)買うほうも買うほうだ。

④ 彼は、(a. ガムだのあめだの　b. ガムなりあめなり) 何かしら口に入れている。

⑤ A「あの人、田中さんのお母さんだよね。派手だね。」
　 B「(a. 娘が娘なら母親も母親だね　b. 娘といい母親といい親子なんだね)。」

練習Ⅱ 下の語を並べ替えて正しい文を作りなさい。____に数字を書きなさい。

⑥ 姉が、デザインが ____ ____ ____ ____ バッグをずっと使っている。

　1　くれた　　　　　　　　　　　　2　色が気に入らないだの
　3　古いだの　　　　　　　　　　　4　といって

⑦ 彼は学校の ____ ____ ____ ____ から、女の子に全然もてない。

　1　しない　　2　成績といい　　3　パッと　　4　容姿といい

▶答えはp.41、正解文の訳は別冊p.7〜8

p.37の答え：Ⅰ－①a ②b ③a ④a ⑤b
　　　　　　Ⅱ－⑥1→4→2→3　⑦1→4→2→3

なら

第2週 5日目 私なりに努力している
行きつ戻りつ

No.11

学習日　　月　　日（　）

39　こんなに雪が降っては

こんなに雪が降って**ては**、どこにも出かけられない。
（＝こんなに雪が降っていたら）

Vては
Aくては
N/naでは

I can't go out when it snows this much.
下这么大的雪的话，哪儿都去不了。　이렇게 눈이 내려서는 어디에도 나갈 수 없다.

今日は弟の誕生日だが、肝心の本人が病気**では**パーティーは延期するしかない。（＝病気なら）
Today's my younger brother's birthday, but since he is ill we have no other choice but to postpone the party.
今天是弟弟的生日，最关键的主角生病了的话，生日宴会只能延期。
오늘은 남동생의 생일이지만, 중요한 본인이 병이 나서는 파티는 연기할 수 밖에 없다.

40　鏡を見ては

彼女はニキビに悩んでいて、鏡を見**ては**ため息をついている。
（＝鏡を見るたびに）

V₁てはV₂
◆V₁→V₂の流れが何度も繰り返されることを表す

She is worried about her pimples and sighs every time she looks at herself in the mirror.
她苦恼于粉刺，只要照镜子就会唉声叹气。
그녀는 여드름으로 고민하여 거울을 보고는 한숨을 쉬고 있다.

子どものころ、弟とけんかし**ては**、母にしかられたものだ。（＝けんかするたびに）
When I was a kid, I used to be scolded by my mother whenever I had a fight with my younger brother.
记着小时候只要和弟弟吵架，就会被母亲训斥。　어렸을 때 남동생과 싸워서 부모에게 꾸중을 들었다.

41　食べては寝て、食べては寝て

食べ**ては**寝て、食べ**ては**寝てという生活を続けていたら、この半年で10キロも太ってしまった。（＝食べてそのあと寝る。それを繰り返す）

V₁てはV₂て、(V₁てはV₂て)
V₁てはV₂~~て~~、(V₁てはV₂~~て~~)

I just ate and slept for half a year and gained 10 kg.
持续着吃了睡、睡了吃的生活，结果这半年胖了10公斤。
먹고는 자고, 먹고는 자고하는 생활을 계속했더니, 이 반년만에 10 킬로그램이나 살이찌고 말았다.

久しぶりに山登りをした。歩い**ては**休み、していたので、頂上までたどりつくのにずいぶん長い時間がかかった。（＝歩いてすぐ休む。それを繰り返して）
I went to climb a mountain for the first time in a long while. It took me a long time to reach the summit as I stopped and rested frequently. 好久没有登山了。走会儿歇会儿，歇会儿走会儿，所以用了好长时间才到山顶。
오랫만에 등산을 했다. 걷다가 쉬고, 걷다가 쉬고 했더니 정상까지 도착하는데 상당히 오랜 시간이 걸렸다.

42 行きつ戻りつ

彼は花束を持って、彼女の家の前を<u>行きつ戻りつ</u>した。
（＝行ったり戻ったり）

> V₁ ~~ます~~つV₂ ~~ます~~つ
> ◆ V₁とV₂は反対の意味

He walked back and forth in front of her house carrying a bouquet.
他拿着花束，在她家门前走来走去。 그는 꽃다발을 들고 그녀의 집을 갔다 왔다를 반복했다.

昨日のマラソンでは、２人の選手が最後まで<u>抜きつ抜かれつ</u>トップ争いをしていた。
（＝抜いたり抜かれたり）

Two runners were competing for the first position throughout the yesterday's marathon.
在昨天的马拉松比赛中，两位选手直到最后都是你超我赶地争夺第一名。
어제 마라톤에서는 두 사람의 선수가 마지막까지 앞서거니 뒤서거니 톱의 자리를 경쟁했다.

練習Ⅰ 正しいほうに○をつけなさい。

① 今朝から雪が（a. 降るならやみ、降るならやみ　b. 降ってはやみ、降ってはやみ）を繰り返している。

② 彼と私は、学生時代、（a. 抜こうが抜かれまいが　b. 抜きつ抜かれつ）成績を争ったものだ。

③ 若いころは、お酒を（a. 飲んでは　b. 飲もうとして）踊ったものだ。

④ 学んだことを（a. 覚えるし忘れ、覚えるし忘れ　b. 覚えては忘れ、覚えては忘れ）を繰り返している。

⑤ 遅刻したと言っても、電車の事故（a. では　b. ならでは）仕方がない。

練習Ⅱ 下の語を並べ替えて正しい文を作りなさい。＿＿に数字を書きなさい。

⑥ この作文、ひどいね。間違いが ＿＿ ＿＿ ＿＿ ＿＿ 直してもよくならないよ。

　1　多く　　　　2　少しぐらい　　　3　ては　　　　4　こんなに

⑦ バーゲン会場は、＿＿ ＿＿ ＿＿ ＿＿ 息苦しくなるほどだった。

　1　押しつ押されつ　2　で　　　　　3　の　　　　　4　大混雑

▶答えは p.43、正解文の訳は別冊 p.8

---

p.39 の答え：Ⅰ－① a　② b　③ a　④ a　⑤ a
　　　　　　Ⅱ－⑥ 3→2→4→1　⑦ 2→4→3→1

悪くては

第2週 6日目 私なりに努力している　　🔊 No.12

いつまで続くのやら

学習日　月　日（　）

Q.（　）に入るのは？
彼の話はうそ（　）本当
（　）、よくわからない。
＊同じ言葉が入ります。

だし　　だの　　なのやら　　じゃない

43　いいとも悪いとも言えない

最近のゲームは、子どもに**いいとも悪いとも**言えない。あるものは脳の発達に効果があるらしい。
（＝いい・悪いと決めることはできない）

You can't say all the recent games are bad. Some seem to stimulate brain development.
最近的游戏，无法说对孩子好还是不好。听说有些东西有利于大脑发育。
최근의 게임은 아이에게 좋다고도 나쁘다고도 말할 수 없다. 어떤 것은 뇌의 발달에 효과가 있는 것 같다.

これは**本物とも偽物とも**判断ができない。（＝本物か偽物か）
I can't tell whether it is real or fake.
无法判断这究竟是真货还是赝品。 이것은 진짜인지 가짜인지 판단할 수 없다.

【aともbとも】
Nとも
V/A/na/N🔲とも
◆判定ができない／結果が出ない
慣用句 うんともすんともいわない。（＝何も言わない／何も音がしない）

44　なかったらなかったで

庭が**あったらあったで**、草むしりが大変だ。
（＝あるのはいいが、その場合は）
It's nice to have a garden but someone has to do the weeding.
院子是有了，但有院子后拔草也麻烦。정원이 있으면 있는대로 풀뽑기가 힘들다.

便せんが**なかったらないで**、コピー用紙でもかまいません。
（＝あったらいいが、ない場合は）
If there's no letter writing paper available, photocopy paper will do.
信纸如果没有就算了，用复印纸也没关系。
편지지가 없으면 없는대로 복사용지라도 상관없습니다.

VたらVたで
AかったらAかったで
AかったらAいで
naならnaで
NならNで
◆否定形も使う

45　喜んでいいのやら悲しんでいいのやら

喜んでいいのやら悲しんでいいのやら、最近仕事の依頼が多く、趣味の時間がまったくとれない。
（＝喜ぶべきなのか悲しむべきなのかどっちとも言えないが）
It's good to have people send me so many jobs, but on the other hand, I've got so many that I have no time for my hobbies.
不知是该高兴还是该悲伤，最近委托我的工作增多，根本没时间休闲。
기뻐해야 하는지 슬퍼해야 하는지 최근 일의 의뢰가 많아 취미시간을 전혀 가질수 없다.

【aのやらbのやら】
V/A 🔲のやら
naなのやら
◆aとbは反対の意味
　主観的で会話的な文に使う
れい　いいのやら悪いのやら
　　　あるのやらないのやら
　　　うそなのやら本当なのやら

46 いつまで続くのやら…

この不景気は<u>いつまで続くのやら</u>。（＝いつまで続くのかわからない）
I wonder how long this economic slump will continue.
这种不景气要持续到什么时候呢。 이 불경기는 언제까지 이어질지.

言葉も話せないのに、来年1年間オーストラリアに行くことにした。<u>どうなることやら</u>。（＝どうなるだろう）
I've decided to go to Australia next year for a year even though I don't speak the language, but I don't know what to expect.
语言都不通，还决定明年一年呆在澳大利亚。会怎么样呢?
말도 못하는데 내년 1년간 호주에 가기로 했다. 어떻게 될른지…

奥さんを病気で亡くした彼に、<u>どう声をかけたらいいものやら</u>。（＝どう声をかけたらいいのかわからない）
I don't know what to say to him. He lost his wife to an illness.
他妻子因病去世了，对他该说些什么好呢。 부인을 병으로 잃은 그에게 어떻게 말을 걸어야 할지…

```
[疑問詞]  V/A普 ─┐
         Aい    ├ のやら
         naな ─┘ ものやら
                  ことやら
例 何をしたらいいのやら
   どうすればいいのやら
   いつ帰れることやら
   いつになることやら
```

練習Ⅰ 正しいほうに○をつけなさい。

① 仕事がないので毎日友達と遊んでいる。(a. 暇なのやら忙しいのやら　b. 暇とも忙しいとも)。

② ペットは、(a. いるともいないとも言えなくて　b. いたらいたで) 大変だけれど、ペットのいない生活は考えられない。

③ 会社が倒産しそうだ。(a. 何する　b. どうなる) ことやら……。

④ 彼は (a. おとなしいとも消極的だとも　b. おとなしいのやら消極的なのやらと) 言えるが、とにかく口数が少ない。

⑤ (a. いやならいやで　b. いやともいやじゃないとも)、はっきり言ってください。

練習Ⅱ 下の語を並べ替えて正しい文を作りなさい。＿＿に数字を書きなさい。

⑥ ピザ屋のチラシ、どこにある？　＿＿＿ ＿＿＿ ＿＿＿ ＿＿＿。

　1　捨てた　　　2　でいいの　　　3　だけど　　　4　捨てたら

⑦ この仕事は、いつ ＿＿＿ ＿＿＿ ＿＿＿ ＿＿＿ もつかない。

　1　終わる　　　2　になったら　　3　見当　　　　4　ことやら

▶答えはp.45、正解文の訳は別冊p.8～9

なのやら

```
p.41の答え：Ⅰ－① b　② b　③ a　④ b　⑤ a
         Ⅱ－⑥ 4→1→3→2　⑦ 1→3→4→2
```

第2週 7日目 私なりに努力している
復習＋敬語②

学習日　　月　日（　）

Q. 下線部を言い換える場合、a bのどちらが正しいですか。（答えは p.48）

1日目　▶p.32,33

1. **できないならできる範囲で**、無理をしないで少しずつやりましょう。
   a　できないならできるなり　　b　できないならできないなりに

2. 田中さんは**会うと同時に**泣き出した。
   a　会うなり　　b　会ったなり

2日目　▶p.34,35

1. **先生でも学生でも**、この規則には従わなければならない。
   a　先生だろうか学生だろうか　　b　先生であれ学生であれ

2. 必要だから、**どんなに高くても**それを買わなくてはいけない。
   a　どんなに高くであれ　　b　どんなに高かろうが

3日目　▶p.36,37

1. **雨が降っても降らなくてもどの場合でも**、試合は行われます。
   a　雨が降ろうと降るまいと　　b　雨が降ろうと降るまいか

2. **来る場合も来ない場合も**、必ず連絡を入れてください。
   a　来るにせよ来ないにせよ　　b　来るというか来ないというか

4日目 ▶p.38,39

1. **デザインも色も**、すごく気に入った靴があったんだけど、サイズがなかった。
   a デザインといい、色といい、　　b デザインだの、色だの、

2. 私は、**牛肉や豚肉だけでなく**、肉は食べません。
   a 牛肉もいわず、豚肉もいわず　　b 牛肉といわず、豚肉といわず

5日目 ▶p.40,41

1. **こんなに雪が降っていたら**、どこにも出かけられない。
   a こんなに雪が降っては　　b こんなに雪が降ろうが

2. 彼は花束を持って、彼女の家の前を**行ったり戻ったり**した。
   a 行っては戻っては　　b 行きつ戻りつ

6日目 ▶p.42,43

1. **庭があるのはいいが、その場合は**、草むしりが大変だ。
   a 庭があったらあったで　　b 庭があったらあったでは

2. この不景気は**いつまで続くのかわからない**。
   a いつまで続くかやら　　b いつまで続くのやら

敬語② 弊・拙・愚 ―謙譲語―

弊 　**弊社**：弊社の社員は現在15人です。（＝我が社／当社／私の会社）
　　　弊店：弊店は日祝日が休業日となっております。（＝当店／私の店）
　　　＊「小社」「小店」とも言う。
　　　＊**弊校**（＝当校／我が校）　**弊誌**（＝当誌／私たちの雑誌）　**弊紙**（＝当紙／私たちの新聞）

拙 　**拙著**：おかげさまで拙著の増刷が決まりました。（＝私の著書）
　　　＊**拙宅**（＝私の家）

愚 　**愚妻**：愚妻が申しますには……。（＝私の妻）
　　　愚見：愚見を申しますと……。（＝私の考え）　＊**愚息**（＝私の息子）

これらは、自分に関する語につきます。

---

p.43の答え：Ⅰ－①a　②b　③b　④a　⑤a
　　　　　　Ⅱ－⑥4→1→2→3　⑦2→1→4→3

第2週 7日目 私なりに努力している
まとめの問題

制限時間：20分
1問4点×25問
答えはp.48、解説は別冊p.9〜10
点数　／100

問題1 次の文の（　）に入れるのに最もよいものを、1・2・3・4から一つ選びなさい。
※（　）が二つある場合は同じものが入ります。

1. 彼女は立派な家に住んでいるのに、掃除が大変（　　）キッチンが使いにくい（　　）と文句ばかり言っている。
   1　だろう　　　2　なり　　　3　だの　　　4　なのやら

2. その映画は、警官と犯人が（　　）の展開ではらはらするものだった。
   1　逃げつ逃れつ　　2　追いつ追われつ　　3　抜きつ抜かれつ　　4　従いつ従われつ

3. （　　）、顧客にこの件を説明すべきだった。
   1　社長だの社員だの　　　　2　社長となり社員となり
   3　社長とも社員とも　　　　4　社長であれ社員であれ

4. この旅館は、窓からの眺め（　　）料理（　　）、申し分がない。
   1　なり　　　2　だの　　　3　といい　　　4　のやら

5. 隣の公園で遊ぶ子どもの声がうるさくて仕方がないが、どこに苦情を（　　）わからない。
   1　言おうものなら　　　　2　言っていいものやら
   3　言うにしろ　　　　　　4　言うまいと

6. 両親が（　　）高校をやめて働くつもりだ。
   1　何と言おうが　　　　　2　何を言うつもりが
   3　何を言おうとしても　　4　何と言うまいか

7. 彼が金持ち（　　）、私には関係ありません。
   1　だろうがないだろうが　　2　であるとじゃないと
   3　だろうとないだろうと　　4　であろうとなかろうと

8. ここは不便で、どの駅に（　　）、徒歩で20分以上かかる。
   1　行くにせよ　　2　行くのやら　　3　行っては　　4　行くまいと

9. レポートを（　　）しているので、1時間たってもまだ1枚もできない。
   1　書くなり消し書くなり消し　　2　書いたが消し書いたが消し
   3　書くなら消し書くなら消し　　4　書いては消し書いては消し

10. この魚は生では食べられないから、煮る（　　）焼く（　　）してください。
    1　なり　　　2　といい　　　3　だろうと　　　4　とも

[11] 飲食店は、（　　　）の良さがあると思う。
1　小さいだの大きいだの　　　　2　小さいのやら大きいのやら
3　小さいなら何なり　　　　　　4　小さいなら小さいなり

[12] 息子の部屋は、壁（　　　）天井（　　　）、サッカーのポスターだらけである。
1　といおうか　　　　　　　　　2　ともいおうか
3　といわず　　　　　　　　　　4　ともいわず

[13] 家の壁紙を張り替えようと思う。自分でやる（　　　）人に頼む（　　　）、大変だ。
1　というか　　　　　　　　　　2　といわず
3　にせよ　　　　　　　　　　　4　まいと

[14] 自分の子どもが問題を起こして学校に呼び出されているのに、それを無視する親がいる。（　　　）。
1　子どもといわず親といわずだ　　2　子どもが子どもなら親も親だ
3　子どもといい親といいだ　　　　4　子どもだろうか親だろうか

[15] 客が来ようが来まいが、（　　　）。
1　料理を作るとも言えない　　　　2　料理を作ってもむだになるだろう
3　店を開けなければならない　　　4　店を開けようかと悩む

問題2　次の文の★に入る最もよいものを、1・2・3・4から一つ選びなさい。

[16] 練習が　_____　_____　★　_____　続けることが大切だ。
1　どんなに　　2　とも　　3　欠かさず　　4　つらかろう

[17] _____　_____　★　_____　から見れば幸せなことだと思う。
1　留学しようか　　　　　　　　2　働かなければならない者
3　迷うこと自体　　　　　　　　4　すまいか

[18] 家が広かったら　_____　_____　★　_____　と維持費がかかって大変だ。
1　何だの　　2　広かった　　3　電気代だの　　4　で

[19] 授業をサボっ　_____　_____　★　_____　ことが、懐かしく思われる。
1　たりした　　2　ては　　3　先生にしかられ　　4　あの頃の

[20] 彼は　_____　_____　★　_____　返事がうまい。
1　とれる　　2　肯定とも否定とも　　3　に対する　　4　質問

問題3 次の文章を読んで、21 から 25 の中に入る最もよいものを、1・2・3・4から一つ選びなさい。

　先日、同僚の奥さんが亡くなった。葬式に 21 迷ったが、部長が部を代表して出席するというので私は遠慮した。電話 22-a メール 22-b して、彼を励まそうかとも思ったが、今はどんな言葉も彼を元気づけることはできないだろうと思い、結局何もしなかった。しばらくぶりに彼が出社してきたときも、痛々しい姿をまともに見ることさえできなかった。彼も何も言わずに自分の机に向かったが、席に 23 「田中さんって、優しいですね。」とポツリと一言。振り返ってみると、彼の手には1本の栄養ドリンク。田中先輩がそっと差し入れてくれたものらしい。

　彼の気持ちを考えるとかわいそう 24-a 悲しい 24-b 、なんとも言えない気持ちでいっぱいになってしまい、結局何もできなかった私は、このことにハッとさせられた。この数日、彼のいない机を見ては心を痛めているだけの自分だったが、 25 、まず自分の気持ちを伝えるべきだったのではないかと、気付かされた出来事だった。

21　1　出席しようかするまいか　　　　2　出席しようがしまいが
　　3　出席しようとなかろうと　　　　4　出席しようともなかろうとも

22　1　aするなり／bするなり　　　　2　aするであれ／bするであれ
　　3　aしようというか／bしようというか　4　aであろうと／bであろうと

23　1　着くなり　　2　着いてなり　　3　着いたなり　　4　着いたなりに

24　1　aだといい／bといい　　　　　2　aだろうか／bだろうか
　　3　aといわず／bといわず　　　　4　aというか／bというか

25　1　何があれ　　2　何ともあれ　　3　何であれ　　4　何とあれ

復習（p.44〜45）の答え：
1日目　1. b　2. a　　2日目　1. b　2. b　　3日目　1. a　2. a
4日目　1. a　2. b　　5日目　1. a　2. b　　6日目　1. a　2. b

まとめの問題（p.46〜48）の答え：
問題1　1 3　2 2　3 4　4 3　5 2　6 1　7 4　8 1　9 4　10 1
　　　11 4　12 3　13 3　14 2　15 3
問題2　16 2（1→4→2→3）　17 3（1→4→3→2）　18 3（2→4→3→1）
　　　19 1（2→3→1→4）　20 2（4→3→2→1）
問題3　21 1　22 1　23 1　24 4　25 3

第3週

言うまでもなく、努力している

今週の表現

1日目
- 聞いてみた**までだ**
- 毎日はし**ないまでも**
- 言う**までもない**

2日目
- 残念な**限りだ**
- 今日を**限りに**
- 寝る**に限る**
- 我が国**に限ったことではない**

3日目
- こんなに高い**とは**驚きだ
- 教師**とはいえ**
- 兄弟**といえども**
- 遅れる**との**連絡があった

4日目
- 東京を**皮切りに**
- 努力**をもって**
- この1ヵ月**というもの**

5日目
- 部屋に入る**や否や**
- ベルが鳴る**が早いか**
- ゲームを始め**たが最後**
- 休める**かと思いきや**

6日目
- 覚える**そばから**
- 農業の**かたわら**
- 散歩**がてら**
- ご挨拶**かたがた**

第3週 1日目

言うまでもなく、努力している

毎日はしないまでも

No.13

学習日　　月　　日（　）

47　聞いてみたまでだ

ちょっと**聞いてみたまでです**。（＝聞いてみただけです。ほかの意味はありません）
I just wanted to ask.
只是稍微问一下。조금 물어 봤을 뿐입니다．

妻が反対だと言えば、**あきらめるまでだ**。（＝あきらめるしかない）
I'll have to give it up if my wife says no.
如果妻子说反对，就只能放弃。아내가 반대라고 하면 포기하면 그뿐이다．

給料が上がらないなら、会社を**やめるまでだ**。（＝やめるしかない）
I'll have to quit this job if I don't get a salary raise.
如果工资不涨，就只能辞职。급료가 오르지 않으면 회사를 그만두면 그뿐이다．

いくら高いパソコンを買っても、使わなければ**それまでだ**。（＝それだけで、何の役にも立たない）
No matter how expensive the computer you buy, if you don't use it, it's pointless.
不管你买多贵的电脑，如果不用的话也没有什么意义。아무리 비싼 컴퓨터를 구입해도 사용하지 않으면 그만이다．

> Vる／Vた　まで(のこと)だ
> それ／これ　までだ

48　毎日はしないまでも

❶ **毎日はしないまでも**、週に１回くらいは部屋の掃除をしよう。
（＝毎日じゃなくても、少なくとも）
I won't clean my room every day but I will at least once a week.
就算不每天打扫，咱们一周至少打扫一次房间吧。매일은 하지 않더라도 일주일에 한 번 정도는 청소를 하자．

顔を**見に来ないまでも**電話ぐらいしろ。（＝顔を見に来なくても）
Even if you don't come to see me in person, at least call me. (Even if you don't come to see me personally)
即使不来看我，也至少要打个电话。만나러 오는 것까지는 아니더라도 전화 정도는 해．（＝만나러 오지 않더라도）

❷ 母は**体を壊してまでも**、朝から晩まで働き続けた。
（＝体を壊す状態になるまで）
My mother worked day and night and sacrificed her health.
妈妈从早到晚不停地工作，甚至累坏了身体。엄마는 몸을 망가뜨려 가면서도 아침부터 밤까지 계속해서 일했다．

そのジャーナリストは**危険を冒してまでも**戦場に行こうとしている。（＝危険を冒して、それでも）
Despite it being risky, the journalist is going to the war zone.
那位记者甚至要冒着危险去战场。그 저널리스트는 위험을 무릅쓰고까지도 전쟁터에 가려고 하고 있다．

> ❶ Vないまでも
> ❷ Vてまでも

49 言うまでもない

日本が狭いということは、言うまでもない。
（＝言わなくてもみんなが知っている）

> Vるまでもない

It goes without saying that Japan is a small country.
不言而喻，日本国土狭小。 일본이 좁다는 것은 말할 것까지도 없다．

その件については、社長に許可を取るまでもない。（＝許可を取る必要はない）
You don't have to get the president's approval on this matter.
关于那件事，不必得到社长的许可。 이 건에 대해서는 사장의 허가를 얻을 것 까지도 없다．

アルコール検査をするまでもなく、彼が酔っ払っていることは明白だ。（＝検査をする必要がないほど）
He is definitely drunk. I don't think we even need to give him a Breathalyzer.
不用进行酒精检测，很明显他喝醉了。 알콜검사를 할 것까지 없고，그가 취해 있는 것은 명백하다．

練習Ⅰ 正しいほうに○をつけなさい。

① 来たくなければ来なくてもいい。ただ君が損を（a. する　b. しない）までだ。

② 親が出る（a. までもなく　b. までも）、子どもたちだけでその問題を解決した。

③ あの人とは話はしない（a. までもなく　b. までも）、挨拶ぐらいはしますよ。

④ いくらお金を稼いでも、死んでしまえば（a. それまでだ　b. それまでもない）。

⑤ これくらいの故障、修理を頼む（a. までのことだ　b. までもない）。僕が直してあげるよ。

練習Ⅱ 下の語を並べ替えて正しい文を作りなさい。＿＿に数字を書きなさい。

⑥ 上手になりたければ、＿＿ ＿＿ ＿＿ ＿＿ のことだ。

　1 練習　　2 ひたすら　　3 まで　　4 する

⑦ 彼の行為は、＿＿ ＿＿ ＿＿ ＿＿ と言えるだろう。

　1 犯罪　　2 まで　　3 法律を持ち出す　　4 もなく

▶答えは p.53、正解文の訳は別冊 p.10

第3週 2日目

言うまでもなく、努力している

今日を限りに

🔊 No.14

学習日　月　日（ ）

50　残念な限りだ

いとこの結婚式に出られないとは、残念な限りだ。（＝とても残念だ）
It's a shame I can't attend my cousin's wedding.
竟然无法参加表弟的结婚典礼，遗憾之至。　사촌의 결혼식에 나갈 수 없다니, 안타깝기 그지없다．

年を取って、お金もなく、家族もいないのは、心細い限りです。
（＝とても心細い）
I feel helpless being old, and not having money or a family.
上年纪了，又没有钱，又没有家人，心中充满了不安。
나이 들어, 돈도 없고 가족도 없는 것은 불안하기 그지없습니다．

> Aい限りだ
> naな限りだ
> れい　うらやましい限り
> 　　　うれしい限り
> 　　　寂しい限り
> 　　　心強い限り
> 　　　頼もしい限り

51　今日を限りに

今日を限りに甘いものをやめることにした。（＝今日を最後にして）
I've decided to quit eating sweets from today.
以今天为界，我打算不再吃甜食。　오늘을 기한으로 단것을 끊기로 했다．

3月限りでこのクラスはなくなります。（＝3月末までで）
This course will not be offered from April onwards.
到3月为止，这个班就没了。　3월을 기한으로 이 클래스는 없어집니다．

彼は声を限りに助けを求めた。（＝できるだけ大きな声で）　ダメ 声限り
He screamed at the top of his lung for help.
他声嘶力竭地求救。　그는 목청껏 도움을 구했다．

> Nを限りに
> N限りで
> ◆Nは主に時を表す語
> れい　本日を限りに
> 　　　今回を限りに
> 慣用句　声の限りに

52　寝るに限る

風邪を引いたときは、暖かくして寝るに限る。（＝寝るのが一番だ）
It is best to keep warm and rest when you catch a cold.
感冒的时候，最好是热乎乎地睡觉。　감기에 걸렸을 때는 따뜻하게 하고 자는 것이 최고다．

日本語学校を選ぶなら、この学校に限る。（＝この学校が一番だ）
When it comes to a Japanese language school, this one is the best.
如果要选择日语学校，这个学校最好。　일본어 학교를 고른다면, 이 학교가 최고다．

> Vる/Vないに限る
> Nに限る

53 我が国に限ったことではない

若者の言葉遣いが悪いのは、我が国に限ったことではない。
（＝我が国だけではない）

> Nに限ったことで(は/も)ない
> ◆「Nに限らない」の硬い表現

It is not only in this country that young people do not know how to properly use the language.
年轻人说话粗鲁，并不只限于我们国家。 젊은이들의 말씨가 나쁜 것은 우리나라에 한한 것은 아니다.

夏にインフルエンザがはやったのは、今年に限ったことではなく、去年も同様だった。
（＝今年だけのことではなく）

A flu broke out not only this summer but last summer as well.
夏天爆发流感并不只是今年的事，去年也一样。 여름에 인플루엔자가 유행한 것은 올해에한정된 것은 아니고, 작년도 마찬가지였다.

練習 I 正しいほうに○をつけなさい。

① 応援していたチームが試合に負けてしまって、残念（a. な限りだ　b. に限る）。

② 新築の一戸建てを買った。今月（a. を限りに　b. に限り）このマンションともお別れだ。

③ 風邪をひいたときは、薬など飲むよりゆっくり寝る（a. に限る　b. 限りだ）。

④ 朝の電車が混んでいるのは、今日に（a. 限る　b. 限った）ことではない。

⑤ 宝くじに当たったなんて、なんともうらやましい（a. 限ったことではない　b. 限りだ）。

練習 II 下の語を並べ替えて正しい文を作りなさい。＿＿に数字を書きなさい。

⑥ そのドラマは、視聴率が＿＿＿ ＿＿＿ ＿＿＿ ＿＿＿ 打ち切られることになった。

　1　を限り　　　2　に　　　3　伸びず　　　4　10回目

⑦ 漢字が書けなくなったのは、＿＿＿ ＿＿＿ ＿＿＿ ＿＿＿ なってからずっとだ。

　1　パソコンを使うように　　　2　最近
　3　ではなく　　　　　　　　　4　に限ったこと

▶答えは p.55、正解文の訳は別冊 p.10 ～ 11

---

p.51 の答え： I －①a　②a　③b　④a　⑤b
　　　　　　 II －⑥2→1→4→3　⑦3→2→4→1

第3週 3日目 言うまでもなく、努力している

兄弟といえども

No.15

学習日　月　日（　）

54　こんなに高いとは驚きだ

東京は家賃が高いと聞いていたが、こんなに高いとは驚きだ。
（＝こんなに高いなんて）

I heard that the rent in Tokyo was high but I never imagined that it would be this high.
早就听说东京房租贵，没想到竟然这么贵，太吃惊了。
도쿄는 집세가 비싸다고 들었지만, 이렇게 비싸다니 놀랍다.

才能のある彼が亡くなるとは、残念でならない。（＝亡くなるなんて）
It is so sad that such a talented person like him has died.
没想到那么有才的他去世了，真是无比遗憾。 재능이 있는 그가 죽다니, 안타깝기 그지없다.

V/A/na/N普とは
N/naとは
◆強調／驚き
れい　こんなに暇（だ）とは
　　　そのような人（だ）とは
　　　あんな場所だったとは

55　教師とはいえ

教師とはいえ、答えられないこともあります。（＝教師なのだが、それでも）
There are questions even teachers cannot answer.
虽说是老师，也有回答不上来的时候。 교사라고는 해도 대답할 수 없는 것도 있습니다.

不景気で客が少ないとはいえ、一人も来ないことは今までになかったことだ。
（＝客は少ないが、それでも）
Although we have fewer customers due to the poor economy, this is the first time our store has had no customers.
虽说因不景气客人少，但一个人也没有的情况是前所未有的。
불경기라서 손님이 적다고는 해도, 한 사람도 오지 않는 것은 지금까지 없었던 일이다.

V/A/na/N普とはいえ
N/naとはいえ

56　兄弟といえども

たとえ兄弟といえども、憎しみ合うこともある。（＝兄弟でも）
Even siblings sometimes hate each other.
就算是兄弟，也有互相憎恨的时候。 설사 형제라고 해도 서로 증오하는 경우도 있다.

広い土地があるといえども、田舎なので不動産の価値はない。（＝あるが）
I have a big chunk of land but it doesn't have much value because it's in the countryside.
虽说有大块土地，但因为是乡下，没有房地产价值。 넓은 토지가 있다고는 해도, 시골이어서 부동산의 가치는 없다.

当たらずといえども遠からず。（＝ぴったり当たっていると言えないが、ほとんど間違ってない）
That's pretty close.
虽不中，不远矣。 적중하지는 않더라도 크게 빗나가지는 않는다.

V/A/na/N普といえども
N/naといえども
れい　たとえ～といえども
　　　いくら～といえども

57 遅れる**との**連絡があった

田中さんから10分ほど遅れる**との**連絡がありました。
(＝10分ぐらい遅れるという)

Tanaka-san left a message that he would be 10 minutes late.
接到了田中的联系，说是要晚到10分钟左右。　다나카 씨로부터 10분 정도 늦는다는 연락이 있었습니다.

社長の話によると、来月から給料を1割カットする**とのことだ**。
(＝1割カットするそうだ)

According to what the president said, our salaries will be reduced by 10% from next month.
据社长说，从下个月开始工资要减去1成。　사장님의 말에 의하면 다음 달부터 급료를 1할 내린다고 한다.

[文]とのN
[文]とのことだ。

◆伝聞
◆N＝話、依頼、提案など

練習 I 正しいほうに○をつけなさい。

① 近所の人の話では、昨夜あの家でだれかが亡くなった（a. とのことだ　b. というらしい）。

② 入社したばかり（a. とは　b. とはいえ）、もう少しまともな挨拶ができないのだろうか。

③ 親（a. といえども　b. に限り）、子どもをしかるのに暴力はいけない。

④ 鈴木さんから、今日は風邪で休む（a. との　b. とはいう）電話がありました。

⑤ あんなに女らしく美しく見える人が、実は男だった（a. とは　b. とはいえ）……。

練習 II 下の語を並べ替えて正しい文を作りなさい。＿＿に数字を書きなさい。

⑥ ＿＿ ＿＿ ＿＿ ＿＿ をしてしまい、大変申し訳ありませんでした。
　1　知らなかったこと　2　失礼なこと　3　いえ　4　とは

⑦ 生活 ＿＿ ＿＿ ＿＿ ＿＿ に働かなくてはならない。
　1　といえども　2　のため　3　休まず　4　休日

▶答えはp.57、正解文の訳は別冊p.11

---

p.53の答え：I－①a　②a　③a　④b　⑤b
　　　　　　II－⑥3→4→1→2　⑦2→4→3→1

第3週 4日目 言うまでもなく、努力している

努力をもって
どりょく

🔊 No.16

学習日　　月　　日（　）

58 東京を皮切りに
とうきょう　かわき

今度の演奏会は、東京を皮切りに、全国10ヵ所で行われる。
えんそうかい　　　　　　　　　　　　　　ぜんこく　　　しょ
（＝東京を最初の場所として）
　　　　さいしょ

> Nを皮切りに（して）
> Nを皮切りとして

This round of concerts will take place in ten different locations, starting in Tokyo.
这次的演奏会，以东京为开端，要在全国10个地方举行。 이번 연주회는 도쿄를 시작으로 하여, 전국 10 개소에서 행해진다.

彼の店は大阪で成功したのを皮切りに、各地に次々と出店していずれも成功を収めた。
かれ　　　　おおさか　　せいこう　　　　　　　　　　　　かくち　　つぎつぎ　しゅってん　　　　　　　せいこう　おさ
（＝成功したのがきっかけとなって）

His store first succeeded in Osaka and later in other parts of the country.
他的店在大阪大获成功，以此为开端在各地接连开了多家店，都取得了成功。
그의 가게는 오사카에서 성공한 것을 시작으로 각지에서 잇달아 열어 전부 성공을 거두었다.

59 努力をもって
どりょく

❶ 熱意と努力をもって、仕事をしてください。（＝熱意と努力で）
ねつい
You are expected to work hard and enthusiastically.
请带着热情和努力工作。 열의와 노력으로 일해 주세요.

> ❶ Nをもって
> ◆N＝手段／方法
> 　　しゅだん　ほうほう

彼の実力をもってすれば、成功するだろう。（＝彼の実力でやってみれば）
かれ　じつりょく　　　　　　　　　　せいこう
He is sure to succeed because he is very capable.
如果以他的实力，应该会成功吧。 그의 실력이라면 성공할 것이다.

地震の恐ろしさを身をもって経験した。（＝自分自身で／実際に自分が）
じしん　おそ　　　　　み　　　　　けいけん　　　　　　じぶんじしん　　　じっさい
I experienced the fear of being in an earthquake firsthand.
亲身体验了地震的恐怖。 지진의 두려움을 몸소 경험했다.

これをもって、始まりのあいさつとさせていただきます。（＝これで）
This brings my opening speech to an end. Thank you.
请允许我以此作为开始的致词。 이것으로 시작 인사를 대신하겠습니다.

❷ 本日をもって、セールは終了となります。（＝本日で）
ほんじつ　　　　　　　　　しゅうりょう
The sale will finish today.
促销活动到今天为止。 오늘로 세일은 종료 되겠습니다.

> ❷ N〈期限〉をもって
> 　　　きげん
> （＝Nを限りに／N限りで☞p.52）
> れい　○月○日をもって

10月31日をもちまして、退職いたしました。（＝10月31日で）
　　　　　　　　　　　　たいしょく
I resigned as of October 31.
到10月31日，我就退休了。 10 월 31 일로 퇴직 하겠습니다.

56

60 この1ヵ月というもの

<u>この1ヵ月というもの</u>、シャワーを浴びるだけでお風呂に入っていない。（＝1ヵ月の間ずっと）

For the last month, I have only had showers, and no baths.
在这一个月里，我光冲淋浴，从未泡过澡。이 1개월 동안, 샤워만 하고 목욕은 하지 않았다.

結婚<u>してからというもの</u>、映画館で映画を見ていない。
（＝結婚してからずっと）

I haven't gone to a movie theater since I got married.
自从结婚以后，再也没在电影院看过电影。결혼하고 나서 영화관에서 영화를 보지 않았다.

(この/ここ)Nというもの
Vてからというもの

◆N＝期間

れい　ここ3日間というもの
　　　ここしばらくというもの

練習Ⅰ 正しいほうに〇をつけなさい。

① あの先生は僕が何を尋ねても、いつも誠意（a. をもって　b. をもちまして）答えてくれる。

② 私の父は定年退職（a. を皮切りに　b. してからというもの）、一日中テレビばかり見ている。

③ 当選者の発表は、商品の発送（a. をもって　b. を皮切りに）代えさせていただきます。

④ 一人暮らしを始めてから（a. というもの　b. といえども）、まともな食事をしたことがない。

⑤ 昨日の会議では、彼の発言（a. を皮切りに　b. というもの）反対意見が次々と出た。

練習Ⅱ 下の語を並べ替えて正しい文を作りなさい。＿＿に数字を書きなさい。

⑥ あの歌手は ＿＿＿ ＿＿＿ ＿＿＿ ＿＿＿ いるようだ。

　　1　人気が出て　　2　大きくなって　　3　からというもの　　4　態度が

⑦ ＿＿＿ ＿＿＿ ＿＿＿ ＿＿＿ も難しくないだろう。

　　1　その開発　　2　最新技術　　3　をもって　　4　すれば

▶答えはp.59、正解文の訳は別冊p.11～12

p.55の答え：Ⅰ－①a　②b　③a　④a　⑤a
　　　　　　Ⅱ－⑥1→4→3→2　⑦2→4→1→3

第3週 5日目 言うまでもなく、努力している
休めるかと思いきや

🔊 No.17

学習日　月　日（ ）

Q.（　）に入るのは？
彼はゲームを始めた（　　）、何時間もやり続ける。

が最後で / が最後に / が最後 / とたんに

61　部屋に入るや否や

その男の人は部屋に入るや否や、いきなり大声で怒鳴り始めた。
（＝入るのとほとんど同時に／入ったとたんに）

Vるや（否や）

The man started yelling right after he entered the room.
那个男人一进房间，突然开始大声怒喝。 그 남자는 방에 들어가자마자 갑자기 큰 소리로 고함치기 시작했다．

彼は、それを口に入れるや、吐き出した。（＝入れるのとほとんど同時に／入れたとたんに）
He spat it out as soon as he put it in his mouth.
他把那个刚放进嘴里，马上吐了出来。 그는 그것을 입에 넣자마자 토하기 시작했다．

その政治家は、形勢が不利と見るや、態度を一変した。
（＝不利だとわかってすぐ／不利だとわかったとたんに）
The politician changed his attitude as soon as he sensed that he was in the minority.
那个政治家一看形势不利，态度大变。 그 정치가는 형세가 불리하다고 보이자 태도가 일변했다．

62　ベルが鳴るが早いか

その学生は、授業の終わりのベルが鳴るが早いか、教室を出て行った。
（＝ベルが鳴るのとほとんど同時に／鳴ったとたんに）

Vるが早いか

The student left the classroom as soon as the bell rang at the end of the class.
下课铃声刚响，那个学生就出了教室。 그 학생은 수업이 끝나는 벨이 울리자마자 교실을 나가 버렸다．

そのタクシーは、信号の色が変わるが早いか、車を発進させた。
（＝変わるのとほとんど同時に／変わったとたんに）
The taxi took off as soon as the traffic light changed.
信号灯的颜色刚变，那辆出租车就启动开走了。 그 택시는 신호의 색이 바뀌자마자 차를 발진시켰다．

63　ゲームを始めたが最後

彼はゲームを始めたが最後、いつも朝までやり続ける。
（＝一度始めたらそのあとずっと）

Vたが最後
Vたら最後

Once he starts playing a game, he plays all night.
他如果开始玩电脑游戏就总是一直玩到早晨。 그는 컴퓨터로 게임을 시작하기만 하면 쭉, 항상 아침까지 계속했다．

父は、いったん寝たら最後、朝まで起きない。（＝寝たらそのあとずっと）
Once in bed, my father never wakes up until morning.
父亲一旦睡下，直到早晨都不会醒。 아버지는 일단 자면 쭉, 아침까지 일어나지 않는다．

64 休めるかと思いきや

やっとテストが終わって休める**と思いきや**、宿題をたくさん出された。（＝休めると思ったが、意外にもすぐに）

V/N/[文]🔊(か)と思いきや

I thought I could have a break when the test period was over, but I've got tons of homework.
本以为考试好不容易结束可以休息了，没想到又有好多作业。겨우 테스트가 끝나 쉴 수 있다고 생각했는데，숙제를 많이 냈다．

宝くじに当たった**かと思いきや**、番号を見間違えていた。
（＝一瞬当たったと思ったが）

I thought I won the lottery, but I got the number wrong.
本以为中彩票了，没想到把号码看错了。복권에 당첨되었다고 생각했는데，번호를 틀렸다．

練習Ⅰ 正しいほうに○をつけなさい。

① あの人はいつも電車に乗り込む（a. が最後　b. が早いか）、席を確保しようとする。

② 彼女は家に（a. 入る　b. 入った）や、いきなりトイレに駆け込んだ。

③ やっと富士山の頂上に着いた（a. と思いきや　b. が早いか）、まだ8合目だった。

④ 119番の通報を受ける（a. が最後　b. が早いか）、救急車は出動した。

⑤ 彼は普段はとてもおとなしいが、ひとたび（a. 怒ったら最後　b. 怒るが早いか）暴れて手がつけられなくなる。

練習Ⅱ 下の語を並べ替えて正しい文を作りなさい。＿＿に数字を書きなさい。

⑥ 年賀状の最後の1枚を ＿＿ ＿＿ ＿＿ ＿＿ 20枚も残っていた。

　1 かと　　　2 書き終わった　　　3 まだ　　　4 思いきや

⑦ 彼のブログは、＿＿ ＿＿ ＿＿ ＿＿ が相次ぐ。

　1 更新　　　2 反響　　　3 する　　　4 や

▶答えはp.61、正解文の訳は別冊p.12

p.57の答え：Ⅰ－①a　②b　③a　④a　⑤a
　　　　　　Ⅱ－⑥1→3→4→2　⑦2→3→4→1

が最後

第3週 6日目 言うまでもなく、努力している

散歩がてら

No.18

学習日　月　日（　）

Q.（　）に入るのは？
名前を聞いた（　）忘れてしまう。

かたわら／そばから／がてら／ても

65　覚えるそばから

祖母は、携帯電話の使い方を教えても、覚えるそばから忘れてしまう。（＝覚えてもすぐに）

My grandmother forgets how to use a cell phone as soon as I teach her.
就算教祖母怎么用手机，刚教完她就忘了。
할머니는 휴대전화의 사용법을 가르쳐 주어도 가르치는 즉시 잊어 버린다.

小さい子どもは、片付けているそばから部屋を散らかす。
（＝片付けてもそのあとすぐに）

Young kids mess up the room as soon as you tidy it.
刚把房子收拾好，小孩子又给弄乱了。 작은 아이는 정리하는 즉시 방을 어지른다.

> Vるそばから
> Vたそばから
> Vているそばから
> ◆動作の繰り返しを表すことが多い

66　農業のかたわら

父は農業のかたわら、小さい店を経営している。（＝農業をしながら）

My father is a farmer and at the same time runs a small shop.
父亲一边干农活，一边经营小店。아버지는 농업을 하는 한편, 작은 가게를 경영하고 있다.

彼女は俳優の仕事をするかたわら、家事もきちんとやっている。
（＝仕事をしながら）

Although she works as an actor, she still does her own housework.
她一边做着演员的工作，一边还好好地做着家务。
그녀는 배우 일을 하는 한편, 집안일도 야무지게 한다.

> 【aかたわらb】a＝主になること
> Nのかたわら
> Vるかたわら
> ◆同時に行うことには使えない
> ダメ　テレビを見るかたわら勉強する
> →テレビを見ながら

67　散歩がてら

散歩がてら、本屋に行ってくるよ。（＝散歩のついでに／散歩を兼ねて）

I'm going for a walk and will drop by a bookstore.
散步时顺便去趟书店。산책하는 겸, 책방에 갔다 올게.

桜を見がてら隣の駅まで歩いた。（＝見ながら／見るのを兼ねて）

I walked to the next station while enjoying the cherry blossoms.
一边看樱花，顺便走到了旁边的车站。벚꽃을 볼 겸, 옆에 있는 역까지 걸었다.

遊びがてらお立ち寄りください。（＝遊ぶのを兼ねて）

Please drop by at your leisure.　游玩时顺便来家里坐坐。놀러 오는 겸, 들러 주세요.

> Nするがてら
> Vますがてら
> ◆スル動詞は名詞として使われることが多い

68 ご挨拶かたがた

ご挨拶かたがた、一言お礼を述べさせていただきます。
（＝挨拶をするついでに／挨拶を兼ねて）

I would like to say a word to convey my appreciation.
过来打声招呼，同时请允许我表达谢意。인사를 할 겸, 한마디 감사의 말씀을 드리겠습니다.

本日はお礼かたがたお伺いしました。（＝お礼を兼ねて）

I came to show my gratitude to you today.
今天来拜访，同时表达谢意。오늘은 인사를 할 겸, 찾아 뵙겠습니다.

> Nかたがた
> れい お見舞いかたがた
> お詫びかたがた
> ご報告かたがた
> 散歩かたがた

練習 I 正しいほうに○をつけなさい。

① 食べる（a. そばから　b. かたわら）次の料理がどんどん運ばれて、ゆっくり味わえなかった。

② 今日は先日のご報告（a. かたわら　b. かたがた）、部下の紹介に参りました。

③ 散歩（a. がてら　b. のそばから）立ち寄った美術館は、とてもすいていた。

④ その小説家は執筆（a. のかたわら　b. がてら）、趣味でピアノを弾いている。

⑤ その商品は、並べる（a. そばから　b. かたわら）飛ぶように売れていった。

練習 II 下の語を並べ替えて正しい文を作りなさい。＿＿に数字を書きなさい。

⑥ 忘年会の ＿＿ ＿＿ ＿＿ ＿＿ は、あまりよくなかった。
　　1 飲みに行った　　2 下見　　3 居酒屋　　4 がてら

⑦ 本日は ＿＿ ＿＿ ＿＿ ＿＿ した次第です。
　　1 かたがた　　2 先日の　　3 お詫び　　4 お伺い

▶答えは p.63、正解文の訳は別冊 p.12～13

---

p.59 の答え： I －① b　② a　③ a　④ b　⑤ a
　　　　　　 II －⑥ 2→1→4→3　⑦ 1→3→4→2

第3週 7日目 復習＋敬語③

言うまでもなく、努力している

学習日　月　日（　）

Q. 下線部を言い換える場合、a bのどちらが正しいですか。（答えはp.66）

正解ではないほうの言葉の使い方も本文の例文をよく読んで復習しましょう。

先生の言うこと聞きなさい！

1日目
▶p.50,51

1. ちょっと**聞いてみただけです。ほかの意味はありません**。
   a　聞いてみたまでです　　b　聞いてみたまでもありません

2. 母は**体を壊す状態になるまで**、朝から晩まで働き続けた。
   a　体を壊したまでも　　b　体を壊してまでも

2日目
▶p.52,53

1. いとこの結婚式に出られないとは、**とても残念だ**。
   a　残念だった限りだ　　b　残念な限りだ

2. **今日を最後にして**甘いものをやめることにした。
   a　今日を限りにして　　b　今日を限りに

3日目
▶p.54,55

1. 東京は家賃が高いと聞いていたが、**こんなに高いなんて驚きだ**。
   a　こんなに高いとは　　b　こんなに高いとはいえ

2. 社長の話によると、来月から給料を**1割カットするそうだ**。
   a　1割カットするとのことだ　　b　1割カットするというものだ

4日目　▶p.56,57

1. **これで**、始まりのあいさつとさせていただきます。
   a　これを限りに　　b　これをもって

2. **結婚をしてずっと**、映画館で映画を見ていない。
   a　結婚したのを皮切りに　　b　結婚してからというもの

5日目　▶p.58,59

1. 父は、いったん**寝たらそのあとずっと**、朝まで起きない。
   a　寝たら最後　　b　寝るが早いか

2. やっとテストが終わって**休めると思ったが、意外にもすぐに**、宿題をたくさん出された。
   a　休めると思いきや　　b　休めるや否や

6日目　▶p.60,61

1. 祖母は、携帯電話の使い方を**教えてもすぐに**忘れてしまう。
   a　教えがてら　　b　教えるそばから

2. 本日は**お礼を兼ねて**お伺いしました。
   a　お礼のかたわら　　b　お礼かたがた

敬語③　お召しになる・お気に召す　－尊敬語－

- 専門の医師が宮中※に召された。（＝呼ばれた）
  ※宮中：宮殿・皇居（天皇の住まい）の中
- お酒をお召しになりますか。（＝飲みますか）
- 社長夫人は、いつもお着物をお召しになっています。（＝着て）
- お風邪を召さぬようご自愛ください※。（＝引かないように）
  ※ご自愛ください：自分の健康に気をつけてください
- お気に召していただけましたでしょうか。（＝気に入って）

尊敬語で、いろいろな意味の言葉を表します。

---

p.61の答え：Ⅰ－①a　②b　③a　④a　⑤a
　　　　　　Ⅱ－⑥2→4→1→3　⑦2→3→1→4

第3週 7日目 言うまでもなく、努力している

まとめの問題

制限時間：20分
1問4点×25問
答えは p.66、解説は別冊 p.13〜14

月　日（　）
点数　／100

問題1 次の文の（　）に入れるのに最もよいものを、1・2・3・4から一つ選びなさい。

1　（　　　）店を続ける気はないです。
　　1　損とはいえ　　2　損といえども　　3　損をするまでも　　4　損をしてまでも

2　普段着はシンプルで（　　　）。
　　1　丈夫なのに限る　　　　　　2　丈夫な限りだ
　　3　丈夫に限らない　　　　　　4　丈夫に限ったことだ

3　病気（　　　）、いつまでも仕事を休んではいられない。
　　1　といえず　　2　というまでもなく　　3　と思いきや　　4　とはいえ

4　その商品がヒットしたの（　　　）、次々と類似品が発売された。
　　1　が最後　　2　を皮切りに　　3　や否や　　4　を思いきや

5　近くまで来ましたので、ご挨拶（　　　）お伺いしました。
　　1　かたがた　　2　かたわら　　3　ながら　　4　ながらも

6　明日（　　　）、退職いたします。
　　1　をもって　　2　というもの　　3　が最後　　4　に限り

7　デパートが開店する（　　　）、主婦たちがセール会場に押し寄せた。
　　1　かと思いきや　　2　までもなく　　3　が早いか　　4　そばから

8　（　　　）と思っていたことだったが、記録しておいてよかった。
　　1　書くまでのことだ　　　　　2　書くまでもない
　　3　書かないまでだ　　　　　　4　書かないまでもない

9　語彙を勉強しているが、覚えたと思った（　　　）忘れてしまう。
　　1　かたがた　　2　かたわら　　3　そばから　　4　がてら

10　この3週間（　　　）、ろくに寝ていない。
　　1　の限り　　2　といえども　　3　かと思いきや　　4　というもの

11 とにかくやってみよう。できなければ、あきらめる（　　　）。
   1　わけだ　　　　2　わけにはいかない　3　までもない　　4　までのことだ

12 彼女が優しくて仕事ができる人と結婚したとは、うらやましい（　　　）。
   1　限りだ　　　　2　限りではない　　　3　に限る　　　　4　に限らない

13 遊びがてら（　　　）。
   1　よく学んでください　　　　2　看護師の勉強をしています
   3　是非おいでください　　　　4　お詫びに伺います

14 彼女は子どもを育てるかたわら、（　　　）。
   1　時間が足りなくて悩んでいる　　　2　家で料理教室も開いている
   3　家事が得意で何をするのも早い　　4　将来は教師の資格を生かしたいそうだ

15 今日の試合に負けたといえども、（　　　）。
   1　勝つわけがないと思っていた
   2　勝てなかったのは仕方がなかった
   3　相手チームとの力の差はほとんどなかった
   4　相手チームほどの実力はなかった

問題2　次の文の＿★＿に入る最もよいものを、1・2・3・4から一つ選びなさい。

16 息子は頑固でいったん＿＿＿　＿＿＿　★　＿＿＿　耳を傾けない。
   1　だれの言うこと　2　最後　　　　3　にも　　　　4　言い出したら

17 友人が＿＿＿　＿＿＿　★　＿＿＿　とは、夢にも思わなかった。
   1　連絡を受けたが　2　との　　　　3　そんなに悪かった　4　入院した

18 彼は＿＿＿　＿＿＿　★　＿＿＿　乗り換えの電車に間に合わなかったようだ。
   1　やいなや　　　　2　電車を降りる　3　どうやら　　　4　走り出したが

19 あなたの＿＿＿　＿＿＿　★　＿＿＿　、油断してはいけません。
   1　すれば　　　　2　とはいえ　　　3　実力をもって　　4　合格は可能だ

20 その国は＿＿＿　＿＿＿　★　＿＿＿　いる。
   1　目覚ましい進歩　　　　　　2　からというもの
   3　をとげて　　　　　　　　　4　オリンピックを開催して

問題3　次の文章を読んで、21から25の中に入る最もよいものを、1・2・3・4から一つ選びなさい。

　　ダイエットを成功させるのが難しいと感じているのは、私に 21 だろう。甘いおやつも今日 22 やめようと思うのだが、目の前にするとついつい手が伸びてしまう。食べたいものを我慢するということは、想像以上につらいことだ。また、それだけではなく、健康を害する恐れもあるということは 23 。特に急激なダイエットはよくない。理想の体重になった 24 、リバウンド(注)することもよくあるからだ。結局 25 、適度な運動をしてカロリーを消費したり、筋肉をつけることが大切だ。運動と規則正しい食生活を続けていると、徐々にではあるが、体重も落ちてくるものである。

(注) リバウンド：ダイエットで減った体重が短期間で元に戻る、または元の体重以上に増えてしまうこと。

21　1　限ってない　　　　　　　　　2　限ってまでもない
　　3　限ったまで　　　　　　　　　4　限ったことではない

22　1　早いか　　　2　が最後を　　　3　を皮切りに　　　4　を限りに

23　1　言うまでだ　　　　　　　　　2　言わないまでだ
　　3　言うまでもない　　　　　　　4　言わないまでもない

24　1　が早いか　　　2　や否や　　　3　と思いきや　　　4　とは思い

25　1　毎日とはいかないまでも　　　2　毎日となるまでに
　　3　毎日といえども　　　　　　　4　毎日というもの

復習（p.62～63）の答え：
1日目　1. a　2. b　　2日目　1. b　2. b　　3日目　1. a　2. a
4日目　1. b　2. b　　5日目　1. a　2. a　　6日目　1. b　2. b

まとめの問題（p.64～66）の答え：
問題1　1 4　2 1　3 4　4 2　5 1　6 1　7 3　8 2　9 3　10 4
　　　 11 4　12 1　13 3　14 2　15 3
問題2　16 1（4→2→1→3）　17 1（4→2→1→3）　18 4（2→1→4→3）
　　　 19 4（3→1→4→2）　20 1（4→2→1→3）
問題3　21 4　22 4　23 3　24 3　25 1

第4週

努力なくして合格はない

今週の表現

1日目
- 努力なくして成功はない
- 許可なしに使えない
- 見るともなく
- やればできるものを

2日目
- 大学教授すら
- 先生にして
- 大学生ともあろう者が
- 大臣ともなると

3日目
- 黒ずくめ
- 血まみれ
- 家族ぐるみ
- プロ並み

4日目
- 休日とあって
- 娘のためとあれば
- この状況にあって
- お客様あっての

5日目
- 20万円からするバッグ
- 一秒たりとも
- 多少なりとも
- あなたならでは

6日目
- わからなくはない
- 間に合わないものでもない
- 昔とは比べものにならない
- なんとかならないものか

第4週 1日目 努力なくして合格はない

やればできるものを

🔊 No.19

学習日　　月　　日（ ）

69　努力なくして成功はない

努力<u>なくして(は)</u>成功<u>は</u>ありえ<u>ない</u>。（＝努力しなかったら）
Success cannot be obtained without effort.
如果不努力，就不可能成功。　노력 없이 성공은 있을 수 없다．

> Nなくして…はない
> れい　Vすることなくして〜

二国間の相互理解<u>なくして</u>両国の友好関係を保つこと<u>はできない</u>。（＝相互理解がなかったら）
Mutual understanding is essential to the friendship between two countries.
如果没有两国间的相互理解，就无法保持两国的友好关系。
두 나라간의 상호이해 없이 양국의 우호관계를 유지할 수는 없다．

70　許可なしに使えない

先生の許可<u>なしに</u>、それは使え<u>ません</u>。（＝許可がなかったら）
You cannot use it without the teacher's permission.
没有老师的许可，不能用这个。　선생님의 허가 없이 그것은 사용할 수 없습니다．

> Nなしに(は)…ない
> Nなしでは…ない

あなた<u>なしでは</u>生きていけ<u>ない</u>。（＝あなたがいなかったら）
I cannot live without you.
没有你，我就活不下去。　당신 없이는 살아갈 수 없다．

みなさんの協力<u>なしには</u>、でき<u>ません</u>。（＝協力がなかったら）
We cannot do it without your support.
没有大家的帮助，就无法做到。　여러분의 협력 없이는 할 수 없습니다．

71　見るともなく

テレビを見る<u>ともなく</u>見ていたら、私の学校が映っていた。
（＝特に見るつもりではなく）

> Vるともなく V
> Vるともなしに V
> れい　聞くともなしに聞く
> 　　　何をするともなく、ただ座っている
> 慣用句　いつからともなく
> 　　　どこへともなく

The TV was on and I suddenly noticed that my school was on the screen.
我无意间看了看电视，结果屏幕上出现的是我们学校。
텔레비전을 딱히 본다고 할 수 없이（무심히）보고 있었더니，우리 학교가 나오고 있었다．

休みの日にはどこへ行く<u>ともなしに</u>ドライブすることが多い。
（＝特にどこに行くという目的もなく）

On my holidays, I often go out driving without any particular destination in mind.
休假的时候多是毫无目的地去开车兜风。
쉬는 날에는 어디를 간다고 할 수도 없이 드라이브를 하는 경우가 많다．

72 やればできるものを

やれば できる ものを、どうしてやらないんですか。(=できるのに)

You know you can do it. Why don't you?
只要做就能做到，为什么不做呢？　하면 가능한 것을 어째서 하지 않습니까.

もう少し頑張れば 1 位になれた ものを、惜しかったですね。
(=1 位になれたのに)

It was a shame you couldn't get the first prize. You were very close.
如果再努力一点就能当上第一，真是可惜。　좀더 열심히 하면 1 위가 되었을텐데 아까웠군요.

ちょっと知らせてくれたらいい ものを……。(=知らせてくれたらいいのに、なぜ…)

Why didn't they tell me that?
你要是通知我一下就好了…。　조금 알려줬으면 좋았을 것을…

> ～ば V/A/na/N ものを
> na だなものを
> N だであるものを
>
> ◆残念な気持ちを表す

練習 I 正しいほうに○をつけなさい。

① 何を買う (a. ともなく　b. ことなしに)、デパートの中をぶらぶらしていたら、友人に会った。

② 黙っていればいい (a. ものを　b. ことを)、つい余計なことを言ってしまった。

③ 健康な体 (a. なくしてに　b. なくしては)、どんなにお金があっても幸せとは言えない。

④ この小説は、涙 (a. なしに　b. なくで) 読むことができない。

⑤ 駅を降りたら、どこから (a. なくして　b. ともなく) おいしそうないい匂いがしてきた。

練習 II 下の語を並べ替えて正しい文を作りなさい。____に数字を書きなさい。

⑥ ____ ____ ____ ____ 勉強に集中できない。

　　1　聞こえてくる　　　　2　ピアノの音が気になって
　　3　ともなく　　　　　　4　どこから

⑦ 五分早く ____ ____ ____ ____ 電車に乗り遅れてしまった。

　　1　のんびりしていて　　2　よかった
　　3　ものを　　　　　　　4　家を出れば

▶答えは p.71、正解文の訳は別冊 p.14

第4週 2日目 努力なくして合格はない
大学教授ですら
🔊 No.20

学習日　月　日（　）

Q.（　）に入るのは？
社長（　）大変だろう。

ともあろうと／ともなく／ともなると／の人は

73　大学教授すら

彼は、大学教授(で)すら気が付かなかった問題点を指摘した。
（＝大学教授でも／でさえ）

He pointed out problems that even university professors had not noticed.
他指出了连大学教授都注意不到的问题点。 그는 대학교수조차 알아채지 못했던 문제점을 지적했다.

この悩みは親友にすら言えない。（＝親友にも／親友にさえも）

I can't talk about this problem even with my best friend.
这个烦恼连好朋友都不能说。 이 고민은 친구에게조차 말할 수 없다.

> N(で)すら
> N(に)すら
> ◆強調

74　先生にして

先生にして間違えるのだから、できないのは当然である。（＝先生でも）

It is only natural that you couldn't solve it because your teacher couldn't either.
连老师都会错，不会做是理所当然的。 선생님도 틀리는 것이니, 할 수 없는 것은 당연하다.

竜巻が一瞬にして家を吹き飛ばした。（＝一瞬で）

A tornado blew my house away in a blink.
龙卷风顷刻间把房子卷走了。 회오리바람이 한순간에 집을 날려 버렸다.

彼は、医者にして、画家でもある。（＝医者で、また）

He is both a doctor and a painter.
他既是医生，也是画家。 그는 의사이고 화가이기도 하다.

> Nにして

75　大学生ともあろう者が

大学生ともあろう者が、その漢字を読めないのは恥ずかしい。
（＝大学生という身分の者が）

University students should feel ashamed of not being able to read this kanji.
作为一个大学生连那个汉字都不会读，真是难为情。
대학생 정도 되는 자가 그 한자를 읽지 못하는 것은 부끄럽다.

一国の首相たる者が、このような発言をしてはいけない。
（＝首相の立場にある人が）

The Prime Minister of a country should never say anything like this.
作为一国的首相，不可以有那样的发言。 한 나라의 수상 정도 되는 자가 이와 같은 발언을 해서는 안된다.

> N₁ともあろうN₂
> N₁たるN₂
> ◆批判が続くことが多い
> れい　社長ともあろう人
> 　　　A社ともあろう企業
> 　　　教師たる者

76 大臣ともなると

❶ 大臣<u>ともなると</u>、自由に行動できない。
（＝大臣のような重要な地位の人物になったら）
Once you become a minister in a cabinet, you lose your freedom.
一旦成为大臣，就无法自由行动了。 장관정도 되면 자유롭게 행동해서는 안된다.

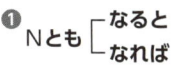

❷ いざ出発<u>となると</u>、不安になってきた。
（＝出発しようとするときになって）
When the departure time actually came, I started feeling worried.
一旦要出发了，突然不安起来。 막상 출발하려고 하니 불안해 졌다.

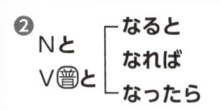

銀行でお金を借りる<u>となったら</u>、手続きが大変だ。（＝借りようとしたら）
You have to deal with a complicated process once you decide to borrow money from a bank.
如果要在银行借钱，手续会很麻烦。 은행에서 돈을 빌리자니, 수속이 큰일이다.

<u>いざとなったら</u>（＝重大な状況に直面したら） when the time comes 一旦有什么事 여차하면

練習 I 正しいほうに○をつけなさい。

① 彼はとてもいい人だ。でも結婚（a. ともなく　b. となると）、ちょっと頼りない気がする。

② 親（a. たる　b. にたる）者は、子どもが悪いことをしたときに、きちんとしかるべきだ。

③ あのような一流レストラン（a. ともなる　b. ともあろう）と、男性はネクタイが必要だ。

④ 結婚なんてとんでもない。私は男の人と話したこと（a. すら　b. にすら）ないのです。

⑤ 盗みが悪いことであるのは、小さい子ども（a. ですら　b. となると）知っている。

練習 II 下の語を並べ替えて正しい文を作りなさい。___ に数字を書きなさい。

⑥ ___ ___ ___ にはこの暑さは厳しいだろう。
　1　老人　　　　2　ですら　　　　3　つらいのだから　　　4　若い私たち

⑦ 内科の ___ ___ ___ ___ が、栄養のことを気にかけないのは理解できない。
　1　者　　　　　2　医者　　　　　3　あろう　　　　　　4　とも

▶答えは p.73、正解文の訳は別冊 p.14 ～ 15

---

p.69 の答え：I －①a　②a　③b　④a　⑤b
　　　　　　 II －⑥4→3→1→2　⑦4→2→3→1

第4週 3日目 努力なくして合格はない

家族ぐるみ

No.21

学習日　月　日（　）

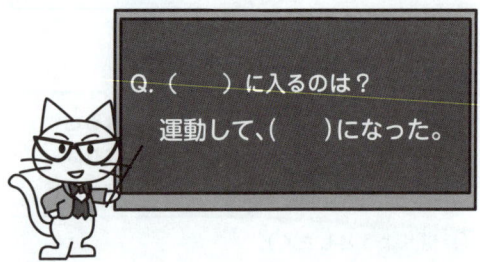

77　黒ずくめ

黒ずくめの服装をする。（＝全部が黒の）　ダメ 黒だらけ
I dress all in black. 穿着一身黒衣服。검정색 일색의 복장을 하다.

規則ずくめのこの学校をやめたい。（＝規則ばかりの）
I want to quit my school because there are too many rules.
我想从这个净是规则的学校退学。규칙 투성이의 이 학교를 그만두고 싶다.

去年は悪いことずくめの年だった。今年はいい年でありますように。
（＝悪いことばかりの）
There were a lot of disasters last year. Let's hope this year will be a good one.
去年一年净是不好的事。希望今年是个好年。작년은 나쁜 일 투성이의 해였다. 올해는 좋은 해가 되도록.

> Nずくめ
> れい　白ずくめ　記録ずくめ
> 　　　いいことずくめ
> 　　　ごちそうずくめ
> 　　　異例ずくめ
> ダメ ほこりずくめ
> 　→ほこりだらけ

78　血まみれ

大変だ！女性が血まみれになって倒れている。
（＝血をいっぱい流して／血だらけになって）
My goodness! There is a woman lying on the ground covered with blood.
糟了！有位女性浑身是血倒在地上。큰일이다！여자가 피투성이가 되어쓰러져 있어.

彼は汗まみれになって、一生懸命サッカーの練習をしている。
（＝汗をいっぱいかいて／汗だらけになって）
He is practicing soccer very hard so he is covered with sweat.
他浑身是汗，拼命地练习足球。그 사람은 땀투성이가 되어, 열심히 축구연습을 하고 있다.

> Nまみれ
> ◆汚いものがたくさん付いて
> 　いるという状態を表す
> れい　泥まみれ
> 　　　ほこりまみれ
> 　　　借金まみれ

79　家族ぐるみ

彼とは長年家族ぐるみの付き合いをしている。（＝家族全員の）
He and I have been good friends for a long time and so have our families.
我们全家和他有长年来往。그 사람과는 오랫동안 가족끼리 만나고 있다.

子どもたちの非行を減らすために、町ぐるみで活動をしている。
（＝町全体で）
We use different strategies in order to reduce crime among the young people in our town.
为了减少孩子们的不良行为，举办了整个镇子参与的活动。
아이들의 비행을 줄이기 위해 동네 전체가 활동을 하고 있다.

> Nぐるみ
> れい　地域ぐるみ
> 　　　組織ぐるみ
> 慣用句 身ぐるみはがされる
> （＝身に着けているもの
> 　も全部とられる）

80 プロ並み

社長は将棋が趣味で、腕前はプロ並みだということだ。
（＝プロとほとんど同じ程度）

The president's hobby is shogi and I hear he plays at the professional level.
听说社长的爱好是下象棋，而且水平与专业选手差不多。
사장은 장기가 취미로 솜씨는 프로급이다.

裕福ではありませんが、世間並みの生活をしています。
（＝世間の人々と同じ程度の生活）

I am not rich but I make a decent living.
虽然不富裕，也过着普通人的生活。유복하지는 않습니다만, 보통의 생활을 하고 있습니다.

> **N並み**
> れい　新幹線並みのスピード
> 　　　日本人並みに日本語を話す
> 　　　休日並みの混雑
> 　　　平年並みの気温
> 慣用句　十人並み（＝平均的）

練習Ⅰ　正しいほうに○をつけなさい。

① 旅行をしている間ずっと、ごちそう（a. まみれ　b. ずくめ）で、少し太ってしまいました。

② 初めてのスキーでは転んでばかりで、雪（a. まみれ　b. ずくめ）になってしまった。

③ その企業が会社（a. ずくめ　b. ぐるみ）で脱税をしていたのが、発覚した。

④ カラスは人間（a. ぐるみ　b. 並み）の知能があるといわれています。

⑤ 夏の海岸で砂（a. まみれ　b. ぐるみ）になって遊んだ。

練習Ⅱ　下の語を並べ替えて正しい文を作りなさい。＿＿に数字を書きなさい。

⑥ 彼は ＿＿ ＿＿ ＿＿ ＿＿ してしまった。
　　1　まみれに　　2　なったあげく　　3　破産　　4　借金

⑦ 彼女は ＿＿ ＿＿ ＿＿ ＿＿ をしている。
　　1　としては　　2　俳優　　3　十人並みの　　4　容姿

▶答えは p.75、正解文の訳は別冊 p.15

p.71の答え：Ⅰ―①b　②a　③a　④a　⑤a
　　　　　　Ⅱ―⑥4→2→3→1　⑦2→4→3→1

第4週 4日目　努力なくして合格はない　🔊 No.22

この状況にあって

学習日　　月　　日（　）

81　休日とあって

今日は休日とあって、車の混雑が激しい。（＝休日だから）
Today is a holiday so the traffic is terribly congested.
因为今天是休息日，路上极其拥挤。 오늘은 휴일이어서 차의 혼잡이 심하다.

久しぶりの再会とあって、彼らは何時間も話していた。
（＝久しぶりの再会だから）
They talked for many hours because they had not seen each other for a long time.
因为好久没有见面了，他们聊了好几个小时。 오랫만에 재회여서 그들은 몇 시간이나 이야기하고 있었다.

V/A/na/N🔁とあって
na/Nとあって

◆自分のことにはあまり使わない

82　娘のためとあれば

娘のためとあれば、どんなことでもします。（＝娘のためなら）
I'll do anything for my daughter.
如果是为了女儿，什么事情都可以做。 딸을 위해서라고 하면 어떤 일이라도 하겠습니다.

いいものを安く買えるとあれば、遠くの店でも喜んで行きます。
（＝安く買えるなら）
I'd be happy to go to a far-away shop if I could get nice things cheaply.
如果能买到便宜的好东西，就算是距离远的商店也乐意去。
좋은 것을 싸게 살 수 있다고 하면 멀리있는 가게라도 기꺼이 가겠습니다.

V/A/na/N🔁とあれば
na/Nとあれば

◆強調

83　この状況にあって

この状況にあって、利益を伸ばすのは困難だ。（＝この状況において）
It is difficult to make more profit under the present circumstances.
处于这种状况下，很难再增加收益。 이 상황에서 이익을 늘리는 것은 곤란하다.

父は大学教授だが、家庭にあってはふつうの父親です。（＝家庭においては）
My father is a university professor but he is an ordinary father at home.
父亲是大学教授，但在家里就是普通的父亲。 아버지는 대학교수지만 가정에서는 보통의 아버지입니다.

Nにあって（は）

84 お客様あっての

お客様**あっての**仕事だから、言葉遣いに気を付けてください。
（＝お客様があって初めてできる仕事）

N₁あってのN₂

Please pay attention to the language you use with clients since we cannot afford to lose any of them.
有客户才有工作，请注意措词。　손님이 있고서의 일이니까 말투에 주의해 주세요.

健康**あっての**人生だ。病気にならないよう気を付けよう。（＝人生は健康が第一だ）
You don't have much if you don't have your health. Let's stay healthy.
健康是人生的首要前提，注意不要生病。　건강이 있고서의 인생이다. 병에 걸리지 않도록 주의하자.

練習Ⅰ 正しいほうに○をつけなさい。

① 僕の幸せは家族（a. あっての　b. にあっての）ものだ。みんな病気をせず元気でいてほしい。

② 父は、たとえ日曜であっても、仕事（a. とあれば　b. にあって）どこへでも行く。

③ 事業の成功は、皆さんの協力（a. あっての　b. とあっての）ものと感謝しています。

④ 決勝戦（a. とあって　b. にあって）、その試合の入場券はすぐに売り切れた。

⑤ 情報が氾濫する時代（a. あって　b. にあって）、必要なものを選択するのは難しい。

練習Ⅱ 下の語を並べ替えて正しい文を作りなさい。＿＿に数字を書きなさい。

⑥ 我が子の ＿＿ ＿＿ ＿＿ ＿＿ も我慢できるものだ。
　1　ため　　　2　どんな　　　3　苦労　　　4　とあれば

⑦ ＿＿ ＿＿ ＿＿ ＿＿ 彼には頭が下がる。
　1　あきらめないで　2　困難な状況に　3　努力をする　4　あっても

▶答えはp.77、正解文の訳は別冊p.15～16

p.73の答え：Ⅰ－①b　②a　③b　④b　⑤a
　　　　　　Ⅱ－⑥4→1→2→3　⑦2→1→3→4

第4週 5日目 努力なくして合格はない

あなたならでは

No.23

学習日　月　日（　）

85　20万円からするバッグ

彼女は、20万円<u>からする</u>バッグをいくつも持っている。（＝20万円もする）
She has many purses that are each worth about 200,000 yen (or more).
她有好几个20多万日元的手提包。　그녀는 20 만엔이나 하는 가방을 몇 개나 가지고 있다.

7キロ<u>からある</u>道を歩いて帰った。（＝7キロもある）
I walked about 7 km (or more) to get home.
足有7公里多的路途，走着回来的。　7 킬로미터나 되는 길을 걸어서 돌아갔다.

この店を改装するには500万円<u>からの</u>資金が必要である。（＝500万円もの）
You will need about 5 million yen (or more) to remodel the shop.
要改装这家店，需要500多万的资金。　이 가게를 개장하는 데에는 500 만엔 이상의 자금이 필요하다.

> N ─ からある
> 　 からする
> 　 からの
>
> ◆Nは数字で、その数量が多いということを表す

86　一秒たりとも

試験では<u>一秒たりとも</u>時間をむだに使ってはいけません。
（＝たとえ一秒であっても）
You should not waste even one second during the exam.
在考试中，哪怕是1秒钟都不能浪费使用。
시험에서는 단 일초라도 시간을 헛되이 사용해서는 안됩니다.

その店は、<u>一円たりとも</u>まけてくれませんよ。（＝たとえ一円であっても）
The shop will not knock off even one yen.
那家店，哪怕是1日元都不会让价。　그 가게는 단 일엔도 깎아주지 않습니다.

> Nたりとも〜ない
> ◆N＝最小の数量
> れい　一日たりとも
> 　　　一滴たりとも
> 　　　一粒たりとも
> 　　　一瞬たりとも
> 　　　一度たりとも

87　多少なりとも

歌舞伎については、<u>多少なりとも</u>知っています。（＝少しは）
I know a few things about kabuki.
关于歌舞伎，多少知道一点。　가부키에 대해서는 다소 알고 있습니다.

お嬢さんに<u>一目なりとも</u>会わせていただけませんでしょうか。
（＝一目だけでも）
Could I not see your daughter just for a second?
能否让我见一见您女儿，哪怕只看一眼。　따님과 한순간일지라도 만나게 해주지 않겠습니까.

> Nなりと(も)
> ◆疑問詞や例示につく
> れい　わずかなりとも
> 　　　どこへなりと(も)

88 あなたならでは

あなたならではの発想で、この企画を考えてください。（＝あなた独自の）
Please come up with your own unique plan.
请用你独特的思考方式考虑这个企划。 당신만이 할 수 있는 발상으로 이 기획을 생각해 주세요.

これは当店ならではの特別価格です。（＝当店だけの）
This is a special price which is being offered only at this store.
这个是本店独有的特价。 이것은 우리 가게만의 특별가격입니다.

このような習慣があるのは、この地方ならではです。（＝この地方だけ）
This kind of custom is unique to this area.
有这样习惯是这个地方所特有的。 이와 같은 습관이 있는 것은 이 지방뿐입니다.

> Nならでは
> ◆よい内容を表すことが多い
> れい 手作りならでは
> 　　　映画ならでは
> 　　　田舎ならでは
> 　　　教師ならでは

練習I 正しいほうに○をつけなさい。

① 「鈴木」なんていう名前、この町に千から（a. ある　b. ない）んだよ。どうやって彼を探すんだよ。

② 300枚（a. からする　b. からある）DVDの置き場に困っている。

③ お米一粒（a. たりとも　b. からある）粗末にするなと、よく祖母から言われたものだ。

④ 桜の木の下で酒を飲んで歌を歌う。日本（a. ならではの　b. ならでもの）お花見の風景だ。

⑤ その若者と話してみて、多少（a. だけとも　b. なりとも）共感できることがあった。

練習II 下の語を並べ替えて正しい文を作りなさい。___に数字を書きなさい。

⑥ 新作の映画の ___ ___ ___ ___ のある映像です。

　1　見どころは　　2　ならではの　　3　CG※　　4　迫力

　　　　　　　　　　　　　　　　※CG：computer graphics
　　　　　　　　　　　　　　　　　　电脑制图　컴퓨터그래픽

⑦ その犬は飼い主の ___ ___ ___ ___ ついていくそうだ。

　1　どこへ　　2　ところは　　3　なりとも　　4　行く

▶答えはp.79、正解文の訳は別冊p.16

p.75の答え：I－①a　②a　③a　④a　⑤b
　　　　　　II－⑥1→4→2→3　⑦2→4→1→3

第4週 6日目　努力なくして合格はない　🔊 No.24

なんとかならないものか

学習日　　月　日（　）

89　わからなくはない

彼は会社を辞めたいらしい。その気持ちはわからなくはない。
（＝わかると言っていい）

I gather he wants to quit his job. I can understand him to some extent.
他似乎想辞职。那心情也不是不能理解。 그는 회사를 그만 둔 것 같다. 그 기분을 모르는 것은 아니다.

できなくはないが、自信がないからやりたくない。
（＝できると言っていい）

I may be able to do it but I don't want to do it because I don't have enough confidence.
也不是做不到，但因为没有信心，所以不想做。 가능하지 않은 것은 아니지만, 자신이 없으니까 하고 싶지 않다.

それくらいのマンションなら、無理すれば買えなくもない。（＝買えるかもしれない）

I may be able to buy such an apartment if I really put my mind to it.
如果是这种程度的房子，咬咬牙也不是买不起。 그 정도의 아파트라면 무리하면 살 수 없는 것은 아니다.

Aくなく	
naでなく	はない
Vなく	もない
Vられなく	
Nがなくはない	
Nがなくもない	

◆消極的に肯定する言い方

90　間に合わないものでもない

今すぐ会社を出れば、コンサートに間に合わないものでもない。
（＝もしかしたら、間に合うかもしれない）

You may be able to make it in time for the concert if you leave the office right now.
如果现在马上离开公司，也并不是赶不上音乐会。
지금 바로 회사를 나오면 콘서트시간에 대지 못하는 것도 아니다.

Vない（もの）でもない

◆可能性があるときに使う

条件によっては、その仕事を引き受けないものでもない。（＝もしかしたら、引き受けるかもしれない）

I may take the work depending on the conditions.
看什么条件了，并非不能接受那个工作。 조건에 따라서는 그 일을 맡지 않는 것도 아니다.

91　昔とは比べものにならない

今の車の性能は、昔とは比べものにならない。
（＝全然違うので比べることができない）

Cars these days are much more fuel efficient than they were in the past.
现在的汽车性能和以前无法相提并论。 요즘 차의 성능은 옛날과 비교할 수 없다.

Nとは比べものにならない

彼の成績は、私とは比べものにならないほどいい。（＝レベルが全然違って比べることができない）

His marks are way better than mine. 他的成绩很好，是我无法比拟的。 그의 성적은 나와는 비교도 할 수 없을 정도로 좋다.

92 なんとかならないものか

このにおい、なんとかならないものか！
（＝どうにかしたい）

（どうにか）
（なんとか）　Ｖないもの（だろう）か
（もう少し）　Ｖれないもの（だろう）か

Can't we do anything about this smell?
这味道，难道没什么办法吗！　이 냄새, 어떻게 안되나！

大事な時計が壊れてしまった。どうにか直せないものだろうか。（＝どうにか直したい）
This precious clock is out of order. Can't we fix it one way or another?
珍贵的表坏了，难道没办法修理吗。　중요한 시계가 부서지고 말았다. 어떻게든 고칠 수 없는 것일까.

練習 I　正しいほうに〇をつけなさい。

① お金と時間をかければ、私にだってそれはできない（a. ものか　b. ものでもない）。

② 字がきれいに書ける方法は（a. ないもの　b. ないこと）だろうか。

③ 彼女が腹を立てるのも（a. わからなくはない　b. わからないものだ）が、そんなに怒らなくてもいいだろう。

④ 彼女の声の大きいのは、もう少しどうにか（a. なくもない　b. ならない）ものだろうか。

⑤ 彼の練習量は、ほかの選手と（a. 比べることにならない　b. 比べものにならない）くらい多い。

練習 II　下の語を並べ替えて正しい文を作りなさい。＿＿に数字を書きなさい。

⑥ このパソコンは高いが性能がいいので、値引き率＿＿　＿＿　＿＿　＿＿ない。

　　1　もの　　　　2　によっては　　　3　買わない　　　4　でも

⑦ これは、ほかの＿＿　＿＿　＿＿　＿＿がいいですよ。

　　1　比べもの　　2　品質　　　　　　3　にならないほど　4　とは

▶答えはp.81、正解文の訳は別冊p.16〜17

食べなくもない

p.77の答え：I－①a　②b　③a　④a　⑤b
　　　　　　II－⑥1→3→2→4　⑦4→2→1→3

第4週 7日目 復習＋敬語④（練習問題）

努力なくして合格はない

学習日　月　日（　）

Q. 下線部を言い換える場合、a bのどちらが正しいですか。（答えはp.84）

1日目　▶p.68,69

1. テレビを**特に見るつもりではなく**見ていたら、私の学校が映っていた。
   a　見るともなく　　b　見ることなしに

2. やれば**できるのに**、どうしてやらないんですか。
   a　できるものを　　b　できることを

2日目　▶p.70,71

1. この悩みは**親友にさえも**言えない。
   a　親友にして　　b　親友にすら

2. 一国の**首相の立場にある人が**、このような発言をしてはいけない。
   a　首相たるものが　　b　首相とも者が

3日目　▶p.72,73

1. **全部が黒**の服装をする。
   a　黒だらけ　　b　黒ずくめ

〈Aだらけ〉は、「Aがたくさんあり目立っている」〈Aずくめ〉は「全部がAで」、という意味だよ。

あなたは？マークだらけね。

2. 子どもたちの非行を減らすために、**町全体で**活動をしている。
   a　町まみれで　　b　町ぐるみで

4日目 ▶p.74,75

1．今日は**休日だから**、車の混雑が激しい。
   a　休日とあれば　　b　休日とあって

2．**お客様があって初めてできる仕事**だから、言葉遣いに気を付けてください。
   a　お客様あっての仕事　　b　お客様にあっての仕事

5日目 ▶p.76,77

1．歌舞伎については、**少しは**知っています。
   a　多少たりとも　　b　多少なりとも

2．これは**当店だけの**特別価格です。
   a　当店からする　　b　当店ならではの

6日目 ▶p.78,79

1．彼は会社を辞めたいらしい。その気持ちは**わかると言っていい**。
   a　わからなくはない　　b　わからないものか

2．今の車の性能は、昔とは**全然違うので比べることができない**。
   a　比べものにならない　　b　比べないものでもない

敬語④　練習問題

【問い】正しいほうに○をつけなさい。（答えは p.84）

① （a. 貴社　b. 弊社）の社員の方々と交流ができたことを、たいへんうれしく思います。
② このたび（a. 愚店　b. 弊店）の不手際でご迷惑をおかけしましたことを、お詫び申し上げます。
③ 先日お買い求めいただいた品は、（a. お気に召して　b. お気に召しあがって）いただけましたでしょうか。
④ 御（a. 高父　b. 尊父）にお目にかかれるのを楽しみにしております。
⑤ （a. 小妻　b. 愚妻）も一緒に参りたいと申しておりますが、よろしいでしょうか。

p.27、p.45、p.63 で学習した敬語の練習をしましょう。

---

p.79 の答え：Ⅰ－①b　②a　③a　④b　⑤b
　　　　　　Ⅱ－⑥2→3→1→4　⑦4→1→3→2

第4週 7日目 努力なくして合格はない

まとめの問題

制限時間：20分
1問4点×25問
答えはp.84、解説は別冊p.17〜18

点数／100

問題1 次の文の（　）に入れるのに最もよいものを、1・2・3・4から一つ選びなさい。

1. 医者（　　）者が金もうけばかり考えてはいけない。
   1　すら　　　2　にした　　　3　であろう　　　4　たる

2. 高校生（　　）、ファッションに敏感になるものだ。
   1　にして　　2　ともなると　3　にあって　　4　ならでは

3. 家で楽しく運動できる（　　）、そのゲームの人気が高いのもうなずける。
   1　とあれば　2　とあろうと　3　となって　　4　となろうと

4. 魚（　　）漁業なのに、最近は魚が少なくなってしまった。
   1　あっての　2　なくしては　3　ぐるみの　　4　からする

5. 海外に転勤になった。（　　）が、楽しみでもある
   1　不安がないものだ　　　　2　不安なくしてはない
   3　不安すらない　　　　　　4　不安もなくはない

6. 私の本が、多少（　　）若い人たちにいい影響を与えているとしたらうれしい限りです。
   1　とあれば　2　とあって　　3　なりとも　　4　なろうとも

7. 彼女の悪口など、一言（　　）言ったことはありませんよ。
   1　とあっては　2　からあり　3　からとも　　4　たりとも

8. 事件を起こしたのは彼だが、私に責任が（　　）。
   1　なしにはない　2　なくしてはない　3　ないものでもない　4　なくとはない

9. 住民の協力（　　）、ゴミの削減はできない。
   1　にして　　2　ならでは　　3　なくして　　4　ないものを

10. A社の今回の人事は異例（　　）だった。
    1　ずくめ　　2　まみれ　　　3　ならでは　　4　ぐるみ

11 国際化の時代（　　　）、我が杜の保守的なやり方は世界に通用しないのではないだろうか。
　　1　ですら　　　　2　にあって　　　　3　なみに　　　　4　なしに

12 試合中に大雨が降って、泥（　　　）になった。
　　1　ずくめ　　　　2　まみれ　　　　3　ぐるみ　　　　4　のだらけ

13 大企業（　　　）、賃金が減らされるような状況だから、ボーナスのカットは避けられないだろう。
　　1　とあれば　　　　2　ともなると　　　　3　なりとも　　　　4　にして

14 この時計が100万円（　　　）なんて、信じられない。
　　1　とある　　　　2　ぐるみ　　　　3　からする　　　　4　ともあろう

15 彼はアマチュアだが、プロ（　　　）の技術を持っている。
　　1　なみ　　　　2　ならでは　　　　3　ずくめ　　　　4　あって

問題2 次の文の　★　に入る最もよいものを、1・2・3・4から一つ選びなさい。

16 相談してくれれば＿＿＿　＿＿＿　_★_　＿＿＿と言われても困る。
　　1　今頃　　　　2　何とかした　　　　3　何とかしてくれ　　　　4　ものを

17 君の気持ちはわからなく＿＿＿　＿＿＿　_★_　＿＿＿ことは認めたほうがいいだろう。
　　1　言いすぎた　　　　2　ないが　　　　3　この状況　　　　4　にあって

18 その映画は、＿＿＿　＿＿＿　_★_　＿＿＿素晴らしい作品だった。
　　1　涙なしには　　　　　　　　2　見られない
　　3　とあって　　　　　　　　　4　アカデミー賞候補

19 人のことと＿＿＿　＿＿＿　_★_　＿＿＿ができないものだ。
　　1　なると　　　　　　　　　　2　違って
　　3　冷静な見方　　　　　　　　4　いざ自分のことと

20 ここの通勤ラッシュはひどい＿＿＿　＿＿＿　_★_　＿＿＿と思う。
　　1　とは　　　　　　　　　　　2　比べものにならない
　　3　東京　　　　　　　　　　　4　といえども

問題3 次の文章を読んで、21から25の中に入る最もよいものを、1・2・3・4から一つ選びなさい。

　年とともにひどくなる体のだるさや疲れ、21ものだろうかとお思いではありませんか。年齢のせいにして家で何を22ぼーっとテレビを見て過ごす毎日はもったいないです。

　本日は長年の実績のある当社23商品をご紹介したいと思います。この「永元丸(注)」は、一日一粒で、だんだんと体に元気が戻ってきます。家の中を歩くのがやっとだったこちらの90歳のおばあちゃんは、飲み始めて1ヵ月、今や24欠かさず公園へ散歩に行くのが日課になりました。1びん300粒入りと大容量ですので、ご家族でお使いいただけます。この機会にぜひお試しください。

　さて、気になるお値段の方ですが、この不況下25お客様にあまり負担をおかけするわけには参りません。本日は特別価格でご奉仕させていただきます。

（注）永元丸：商品の名前

21	1　どうしようもない	2　どうにもならない
	3　なんとかしたい	4　なんとかならない

22	1　するとはなく	2　するともなく
	3　しなくもなく	4　しないではなく

23　1　ならではの　　2　なみの　　　3　ともなる　　　4　からする

24　1　多少なりとも　2　多少たりとも　3　1日なりとも　4　1日たりとも

25　1　とあって　　　2　ですら　　　　3　なりとも　　　4　あっての

復習（p.80〜81）の答え：
1日目 1. a 2. a　　2日目 1. b 2. a　　3日目 1. b 2. b
4日目 1. b 2. a　　5日目 1. b 2. b　　6日目 1. a 2. a

p.81 の答え：①a　②b　③a　④b　⑤b

まとめの問題（p.82〜84）の答え：
問題1　1 4　2 2　3 1　4 1　5 4　6 3　7 4　8 3　9 3　10 1
　　　11 2　12 2　13 4　14 3　15 1
問題2　16 1（2→4→1→3）　17 4（2→3→4→1）　18 1（4→3→1→2）
　　　19 1（2→4→1→3）　20 1（4→3→1→2）
問題3　21 4　22 2　23 1　24 4　25 1

第5週

努力せずにはすまない

今週の表現

1日目
- ☐ 歯を抜かずにすんだ
- ☐ お礼をせずにすまない
- ☐ 謝るだけではすまない
- ☐ 感動させずにはおかない

2日目
- ☐ 間に合い**そうもない**
- ☐ たとえ**ようがない**美しさ
- ☐ 町の変わり**よう**に驚いた
- ☐ 行こ**うにも**行け**ない**

3日目
- ☐ うちの息子**ときたら**
- ☐ 安くておいしい**ときている**
- ☐ すでに述べた**ごとく**
- ☐ 彼の**ごとき**人物

4日目
- ☐ 成功する**に至った**
- ☐ 貯金の額**に至るまで**
- ☐ 検査の結果**いかんでは**
- ☐ 理由の**いかんにかかわらず**

5日目
- ☐ 見かけ**によらず**
- ☐ 輸入業者に**とどまらず**
- ☐ 空の青と**相まって**

6日目
- ☐ 親の期待に応える**べく**
- ☐ 望む**べくもない**
- ☐ ここに駐車する**べからず**
- ☐ 許す**べからざる**行為

第5週 努力せずにはすまない

1日目 謝るだけではすまない

🔊 No.25

学習日　月　日（　）

93　歯を抜かずにすんだ

かなりひどい虫歯だったが、抜かずにすんでよかった。
（＝抜く必要がなく終わって）

Although the cavity was pretty bad, I'm glad that I was able to keep my tooth.
虫牙相当严重，不过幸好不用拔掉。　　相当に深い虫歯だったが、抜かなくてもよくて幸いだった。

図書館で借りたので、本を買わずにすんだ。（＝買う必要がなくて解決した）

I borrowed the book from the library so I didn't have to buy it.
在图书馆借到了，就不用买书了。　　図書館で借りたので本を買わなくてもよかった。

Vないずに
❗ しない→せずに
Vないで
Vなくて

すむ

◆「済む」とも書く

94　お礼をせずにはすまない

田中さんには本当にお世話になった。なにかお礼をせずにはすまない。
（＝お礼をしないわけにはいかない／お礼をしなければならない）

I owe Tanaka-san so much. I want to show him my gratitude in some way.
真的是受了田中很多照顾。必须以某种方式道谢。
다나카 씨에게는 정말 신세를 졌다. 반드시 무언가 보답을 해야 한다.

汚職が発覚した以上、彼は議員を辞職せずにはすまないだろう。
（＝辞職しないわけにはいかない／辞職しなければならない）

Since his involvement in corruption has been disclosed, he will definitely have to resign from being an assemblyman.
既然贪污的事情暴露了，他不得不辞去了议员。
오직이 발각된 이상 그는 반드시 의원을 사직해야 한다.

Vないずにはすまない
❗ しない→せずに
Vないで（は）すまない

◆「済まない」とも書く

95　謝るだけではすまない

多大な損害を与えたのだから、謝るだけではすまない。
（＝謝るだけでは許されない）

You have caused so much damage that you can't get off the buck by just apologizing.
因为造成了重大损失，光道歉不行。
큰 손해를 끼쳤기 때문에 사과하는 것만으로는 끝나지 않는다.

これ以上彼をからかうのはやめなさい。冗談じゃすまなくなるよ。（＝冗談では許されなくなる）

Stop making fun of him or you may cause some trouble.
不要再接着嘲笑他了。要不就不是开玩笑那么简单了。　　이 이상, 그를 놀리는 것은 그만둬라. 농담으로 끝나지 않게 된다.

V/A/na/N普	では	
❗ naだ	じゃ	すまない
Nだ	だけでは	

◆「済まない」とも書く

96 感動させずにはおかない

彼女の演技は見る人を感動させずにはおかない。（＝必ず感動させる）
Her performances move the audience without fail.
她的演技必然会让观众感动。 그녀의 연기는 보는 사람을 반드시 감동시킨다.

長引く不況は国民を苦しめずにはおかない。（＝必ず苦しめてしまう）
A long lasting economic slump is definitely causing difficulties for the entire population.
长期的不景气必然会让国民痛苦。 길어지는 불황은 국민을 반드시 괴롭히고 만다.

この事件は、政治に影響を与えずにはおかなかった。（＝自然と影響を与えた）
This incident did not leave the political world unaffected.
这个事件必然会影响到政治。 이 사건은 자연스럽게 정치에 영향을 주었다.

> Ｖ <s>ない</s> ずにはおかない
> ❗ しない→せず
> Ｖないではおかない
>
> ◆硬い表現

練習Ⅰ 正しいほうに○をつけなさい。

① 帰りが遅くなってしまった。父にしかられないでは（a. おかない　b. すまない）だろう。

② その劇は、見る者全員に感動を（a. 与えずにはおかない　b. 与えるだけではすまない）ほどすばらしかった。

③ それは法に触れる行為です。知らなかった（a. ではおかない　b. ではすまない）ですよ。

④ 父が脳梗塞※で倒れて入院したが、手術せずに（a. すんで　b. すまなくて）よかった。

※脳梗塞：a stroke (cerebral infarction)　脑梗塞　뇌경색

⑤ 税金は払いたくないが、払わず（a. ではすまない　b. にはすまない）。

練習Ⅱ 下の語を並べ替えて正しい文を作りなさい。＿＿に数字を書きなさい。

⑥ 知らなかった ＿＿ ＿＿ ＿＿ すまないだろう。

　　1　謝らずには　　2　迷惑をかけた　　3　とはいえ　　4　のだから

⑦ 学校側は、＿＿ ＿＿ ＿＿ ＿＿ だろう。

　　1　おかない　　2　バイク通学を　　3　禁止せずには　　4　危険性が高い

▶答えは p.89、正解文の訳は別冊 p.18

第5週 2日目 努力せずにはすまない

間に合いそうもない

No.26

学習日　月　日（　）

Q. （　）に入るのは？
電車が止まってしまって、家に（　）帰れない。

帰れそうもなく／帰ろうと／帰ろうにも／帰りたい

97　間に合いそうもない

この分では、締め切りの期限に間に合い**そうもない**。
（＝間に合う可能性は低い）

V<del>ます</del>そう ┌もない
　　　　　　　　└にない

At the pace we are going, it doesn't look like we'll make the deadline.
按这个样子，看来无法赶得上截止日期了。　이 상태라면 마감 기한에 맞출 수 있을 것 같지 않다.

でき**そうもない**ことを、簡単に引き受けるな。（＝できる可能性の低い）
Don't undertake a job which you can't do!
不要轻易接受看来无法做到的事情。　가능할 것 같지 않은 일을 간단히 맡지 말아라.

98　たとえようがない美しさ

先日見た富士山はたとえ**ようがない**美しさだった。
（＝たとえる方法がない）

V<del>ます</del>よう ┌がない
　　　　　　　├もない
　　　　　　　└のないN

慣用句 どうしようもない
（＝どうする方法もない）

I saw Mt. Fuji the other day and it was too beautiful to describe.
前几天看到的富士山漂亮得无法比喻。　지난 번에 본 후지산은 비유할 수 없을만큼 아름다웠다.

こんなところで地震が起きたら、逃げ**ようがない**。（＝逃げる方法がない）
We have no way to escape from here if an earthquake happens.
如果在这样的地方发生地震就无处可逃。　이런 곳에서 지진이 일어난다면 도망갈 수 없다.

99　町の変わりように驚いた

20年ぶりの故郷の変わり**よう**に驚いた。（＝変わったその様子に）

V<del>ます</del>よう
れい ～よう（とい）ったらない
慣用句 考えよう

I was surprised by how much my hometown had changed during the last 20 years.
对阔别20年的故乡的变化感到惊异。　20년 만의 고향의 변한 모습에 놀랐다.

彼女の子どものかわいがり**よう**は、少し異常なくらいだ。
（＝かわいがる様子は）
The way she indulges her child is a bit unusual.
她对孩子的疼爱方式，甚至有些异常。　그녀의 아이를 귀여워하는 모습은 조금 이상할 정도이다.

ものは考え**よう**だ。（＝考え方による）
Something good can come out of it.　事情要看怎么想。　사물은 생각하기 나름이다.

100 行こうにも行けない

❶ 電車が止まっているので、会社に行こうにも行けない。
（＝行こうとしても行く方法がない）

I want to go to the office but I can't because the trains are not running.
因为电车停运了，想去公司也没法去。　전철이 멈추어 있어서 회사에 가려고 해도 갈 수 없다．

警察官なのに振り込め詐欺にあって、泣くにも泣けない。
（＝泣きたいけれど泣くことができない）

I am very depressed about the fact that although I am a policeman, I was the victim of a remittance scam.
虽然是警察，却碰上了汇款诈骗，真是欲哭无泪。　경찰관인데 입금사기를 당해 울려고 해도 울 수가 없다．

❷ 結婚しようにも相手がいない。（＝結婚したいが）

I like to get married but I can't find anyone I want to marry (or anyone who wants to marry me).
就算想结婚，也没有对象。　결혼하려고 해도 상대가 없다．

天ぷらを作るにも作り方がわからない。（＝作りたいが／作ろうとしても）

I want to make tempura, but have no clue as to how to make it.
就算想做天麸罗，也不知道怎么做。　튀김을 만들려고 해도 만드는 법을 모른다．

> VようにもVれない。
> Vるに(も)Vれない。
> ◆何か理由があってできないときに使う

> Vようにも…
> Vるにも…
> ◆…はVができない理由

練習 I 正しいほうに○をつけなさい。

① 最終電車が行ってしまって、タクシーに (a. 乗ろうにも　b. 乗りようがなく) お金が足りなかった。

② できる限りやさしく言葉の意味を教えた。もうこれ以上、説明 (a. のしようが　b. しそうも) ない。

③ この雨はしばらくやみそう (a. がない　b. もない)。

④ 台風で川の水があふれ、橋を渡ろうにも (a. 渡れない　b. 渡れようがない)。

⑤ 飛び出してきた自転車を (a. 避けようが　b. 避けそうも) なく、ひいてしまった。

練習 II 下の語を並べ替えて正しい文を作りなさい。＿に数字を書きなさい。

⑥ あの人とは、いくら ＿＿ ＿＿ ＿＿ ＿＿ と思う。

　　1　そうにない　　2　としても　　3　わかり合え　　4　話し合った

⑦ 彼女の ＿＿ ＿＿ ＿＿ ＿＿ ではないから、救急車を呼んだほうがいいよ。

　　1　普通　　2　ようは　　3　異常な　　4　痛がり

▶答えはp.91、正解文の訳は別冊p.19

帰ろうにも

p.87の答え：I －①b　②a　③b　④a　⑤b
　　　　　　II －⑥3→2→4→1　⑦4→2→3→1

第5週 3日目 努力せずにはすまない

すでに述べたごとく

No.27

学習日　月　日（　）

Q.（　）に入るのは？
私（　）、そのような責任の重い仕事は引き受けられません。

ときたら / ごときには / のようでは / ぼくはいやだ！

101　うちの息子ときたら

うちの息子ときたら、もうすぐ試験なのに遊んでばかりいるんですよ。
（＝うちの息子のことを言えば）

My son has an exam coming up soon, but all he does is play around.
说起我儿子，明明马上要考试了，却净是在玩耍。　우리 아들은 곧 시험인데 놀기만 하고 있어요.

> **Nときたら**
> ◆非難の気持ちを表すことが多い

最近はやっている歌ときたら、心に残らないものばかりだ。（＝最近はやっている歌について言えば）
None of the recent popular songs is very memorable.
要说最近流行的歌曲，全是些给人留不下深刻印象的。　요즘 유행하는 노래는 마음에 남지 않는 것 뿐이다.

102　安くておいしいときている

その店は安くておいしいときているから、いつも客でいっぱいだ。
（＝安くておいしいから当然）

The restaurant is always full because it is cheap and good.
因为都说那家店价格便宜而且好吃，所以总是客满。　그 가게는 싸고 맛있어서 항상 손님으로 가득하다.

> **V/A/na/N簡ときている**
> **Nときている**

田中さんは明るくて優秀ときているので、就職には困らないでしょう。（＝明るくて優秀なので当然）
Tanaka-san is bright and cheerful so she won't have trouble finding a job.
因为都说田中开朗而且优秀，应该不愁找工作。　다나카 씨는 밝고 우수해서 취직하기는 곤란하지 않을 것입니다.

103　すでに述べたごとく

すでに述べた(が)ごとく、この調査方法にはいくつかの問題点がある。
（＝言ったように）

As I pointed out earlier, there are a few problems with the method used to conduct this survey.
正如刚才所述，这个调查方法有若干个问题点。　이미 말한 바와 같이 이 조사 방법에는 몇 가지 문제점이 있다.

> **Vる/Vた(が)ごとく**
> **Nのごとく**
> **V/A/na/N簡かのごとく**
> ⚠ **Nだである**
> 　**naだである**
> ◆硬い表現
> 慣用句 **湯水のごとく**
> 　（＝お湯や水のように）
> →無駄に使うことのたとえ

そのろう人形は、まるで生きているかのごとく、我々を見ていた。
（＝生きているかのように）

The wax figure was looking at us as if it were alive.
那个蜡人，简直像活一样在看着我们。　그 밀랍인형은 마치 살아 있는 것처럼 우리들을 보고 있다.

104 彼のごとき人物

彼のごとき人物は忘れられて当然だ。（＝彼のような人物）
It's natural for people to want to forget a guy like that.
像他那样的人物，当然会被忘记。 그와 같은 인물은 잊혀지는 것이 당연하다.

そのような莫大な金額は、我々のごとき庶民には払えるはずがない。（＝我々のような庶民が）
Common people like us could never pay such an enormous amount of money.
这样巨大的金额，像我们这样的老百姓不可能支付得起。 그러한 막대한 금액은 우리들과 같은 서민이 지불할 수 있을 리가 없다.

> N₁のごときN₂
> Nごとき
>
> ◆硬い表現
> ◆批判や軽蔑を表すことが多い

練習I　正しいほうに○をつけなさい。

① 最近のテレビ番組（a. ときたら　b. としたら）、コマーシャルが多すぎる。

② グラフに示した（a. ごとき　b. ごとく）、わが社の営業成績は伸びています。

③ その難問が小学生（a. ときたら　b. ごときに）解けるわけがない。

④ 酒好きの父（a. のごとく　b. ときたら）、毎晩ひどく酔っ払って帰ってくるので困る。

⑤ 子どものけんか（a. ごとき　b. ごとく）に警察を呼ぶとは、大げさだ。

練習II　下の語を並べ替えて正しい文を作りなさい。＿＿に数字を書きなさい。

⑥ その大統領夫人は、＿＿＿＿　＿＿＿＿　＿＿＿＿　＿＿＿＿ お金を使ったそうだ。
　1　ごとく　　　2　派手　　　3　好きで　　　4　湯水の

⑦ 彼女は　＿＿＿＿　＿＿＿＿　＿＿＿＿　＿＿＿＿ うらやましがられるのは当然だろう。
　1　美人の上に　　2　お金持ちと　　3　みんなに　　4　きているから

▶答えは p.93、正解文の訳は別冊 p.19～20

---

p.89 の答え：I－①a　②a　③b　④a　⑤a
　　　　　　II－⑥4→2→3→1　⑦3→4→2→1

第5週 4日目 努力せずにはすまない

理由のいかんにかかわらず

🔊 No.28

学習日　　月　　日（　）

Q.（　）に入るのは？
今度の成績（　）、落第も考えられます。

 によるから
 いかんでは
 にいたって
 落第はいやだ！

105　成功するに至った

多くの人の協力を得て、この実験が成功するに至りました。
（＝成功したという状況になりました）

N ─ に至る
Vる ─ に至って（は／も）
　　　に至らず

The experiment succeeded due to the support of many people.
得到了多人的帮助，这个实验最终成功了。 많은 사람의 협력을 얻어 이 실험이 성공하기에 이르렀습니다.

今に至ってはもう何もできません。（＝今の状況になってしまったら）
I can't do anything at this late date.
到了如今，已经无计可施。 지금에 이르러서는 아무 것도 할수 없습니다.

手術に至らず、薬だけで治った。（＝手術をするような状況にならないで）
The medication helped me to recover before I reached the stage of needing an operation.
不用手术，光靠药就治好了。 수술까지 가지 않고 약만으로 나았다.

106　貯金の額に至るまで

会社の面接で、貯金の額に至るまで、いろいろ聞かれた。
（＝貯金の額まで）

（〜から）Nに至るまで

◆「そんなことまで」という気持ちを表す場合もある

At the job interview, I was asked about many things, even the amount of my savings.
在公司面试中被问了好多，甚至问到了存款额。 회사 면접에서 저금의 액수에 이르기까지 여러 가지 질문을 받았다.

ここでは人間から微生物に至るまで、あらゆる生物の研究が行われている。（＝微生物まで）
Research on all kinds of living things from human beings to microbes is being conducted here.
在这里，从人类到微生物，所有生物的研究都在进行。 여기에서는 인간에서 미생물에 이르기까지 모든 생물의 연구가 행해지고 있다.

107　検査の結果いかんでは

検査の結果いかんでは、入院もありえます。
（＝結果次第で／結果によっては）

N（の）いかんだ。
N（の）いかんで（は）
N（の）いかんによって（は）

◆硬い表現

You may have to be hospitalized depending on the result of the exam.
要看检查结果了，有可能会住院。 검사의 결과에 따라서는 입원도 있을 수 있습니다.

来月の業績いかんによっては、閉店することをも考えている。
（＝来月の業績次第で／業績によっては）

Depending on the next month's performance, we may decide to close the shop.
根据下个月的业绩，也在考虑是否停止营业。 다음 달의 업적 여하에 따라서는 폐점도 생각하고 있다.

108 理由のいかんにかかわらず

<u>理由のいかんにかかわらず</u>、ここに駐車をしてはいけない。
（＝どんな理由であるかは関係なく）

N(の)いかんにかかわらず
N(の)いかんによらず
◆硬い表現

You must not park your car here for any reason.
不论理由如何，这里都不许停车。 이유 여하에 불문하고 여기에 주차해서는 안된다.

この講義は<u>専攻のいかんにかかわらず</u>、全員受けてください。（＝専攻が何かに関係なく）
Everyone must take this lecture regardless of his/her major.
不分专业，请所有人员去听这个讲义。 전공여부에 불문하고 전원 이 강의를 수상하세요.

<u>判断力いかんによらず</u>、18歳以上であれば選挙権がある。ただし認知症の場合などは問題があるだろう。（＝判断力があるかどうかは関係なく）
Anyone over 18 years old is legally eligible to vote regardless of his/her judgement. However, conditions such as dementia can cause a problem.
不论判断力如何，只要是18岁以上就有选举权。不过，如果患有痴呆也许就有问题了。
판단력 여부를 불문하고 18세 이상이면 선거권이 있다. 단지 치매의 경우 등은 문제가 있을 것이다.

練習 I 正しいほうに○をつけなさい。

① 親として情けないことだが、今に（a. いたっては　b. いたるまで）娘の非行に気づかなかった。
② 理由のいかんに（a. よらず　b. いたるまで）、試験開始後の入室は認めません。
③ 次の試験の成績いかん（a. では　b. によらず）、進級もできなくなるので頑張るように。
④ 今度の面接の結果（a. いかんで　b. にもかかわらず）、合格か不合格かが決まる。
⑤ 昨夜のホテル火災は大惨事に（a. 至って　b. 至らずに）済んだ。

練習 II 下の語を並べ替えて正しい文を作りなさい。＿＿に数字を書きなさい。

⑥ 高層マンションの建設は ＿＿ ＿＿ ＿＿ ＿＿ に至っている。
　　1　今日　　　2　計画段階　　　3　住民の反対で　　　4　のまま

⑦ 弁護士から、A社が ＿＿ ＿＿ ＿＿ ＿＿ 経緯についての説明があった。
　　1　倒産に　　　2　努力の　　　3　かいなく　　　4　至った

▶答えはp.95、正解文の訳は別冊p.20

p.91の答え： I －① a　② b　③ b　④ b　⑤ a
　　　　　　 II －⑥ 2→3→4→1　⑦ 1→2→4→3

いかんでは

第5週 5日目 努力せずにはすまない

見かけによらず

🔊 No.29

学習日　月　日（　）

Q.（　）に入るのは？
彼らの歌は、日本だけに（　）、海外でも売れている。

とどまらず／いたって／のみならず／売れて
その歌、聞きたい！

109　見かけによらず

君は見かけによらずよく食べるね。（＝見た目には関係なく）
You eat a lot more than we thought you would.
从外表看不出来，你还挺能吃的。　너는 보기와 달리 잘 먹는구나．

Nに よらず

職種によらず、賃金によらず、仕事があれば何でもやります。
（＝職種や賃金に関係なく）
I'll take any kind of job regardless of the pay.
不论职业种类，不管工资，只要有工作，什么都做。　직종도 불문하고 임금도 불문하고, 일이 있으면 뭐든지 하겠습니다．

この学習書は、レベルによらず、役に立つので買ったほうがいいでしょう。（＝レベルには関係なく）
You'd better buy this study book regardless of your level, since it is very useful.
这个学习用书不论水平高低都会有用，最好还是买了。　이 학습서는 레벨에 관계 없이 도움이 되기 때문에 사는 편이 좋겠습니다．

110　輸入業者にとどまらず

円安の影響は、輸入業者にとどまらず、一般家庭にも及んでいる。
（＝輸入業者だけでなく／輸入業者のみならず）

Nに とどまらず（〜も）
Vるに とどまらず（〜も）
◆硬い表現

The impact of the weak yen is not limited to importers, but also extends to ordinary households.
日元贬值的影响不仅限于进口商，还波及到普通家庭。　엔저의 영향은 수입업체에 그치지 않고, 일반 가정에도 미치고 있다

A社は、材料の偽装にとどまらず、食品の消費期限の改ざんも行っていた。
（＝材料の偽装だけでなく／材料の偽装のみならず）
Company A was not only cheating on the ingredients used for their products but also putting incorrect "consume by" dates on them.
A公司不仅伪装材料，甚至篡改食品的保质期。　A 사는 재료의 위장뿐만 아니라 식품의 소비기한의 개산 (소비기한을 늘려 놓음) 도 했다．

彼はそのレストランで、文句を言うにとどまらず、テーブルをひっくり返してしまった。
（＝文句を言うだけでなく／文句を言うのみならず）
He not only complained to the restaurant, he flipped the table.
他在那家餐馆，不光是大发牢骚，还把桌子掀翻了。　그 사람은 그 레스토랑에서 불평을 말하는 것에 그치지 않고 테이블을 뒤엎어 버렸다．

111 空の青と相まって

<u>空の青と相まって</u>、紅葉がより美しく見える。（＝空の青色と一緒になって）
The fall colours look more beautiful with the blue sky.
和蓝天相映照，红叶看上去更美了。 하늘의 파랑과 어울려 단풍이 보다 아름답게 보인다.

<u>努力と運が相まって</u>、合格することができた。（＝努力と運が一緒になって）
I was able to pass the exam due to both effort and luck.
努力再加上运气，总算合格了。 노력과 운이 합쳐져 합격할 수 있었다.

<u>この冷蔵庫はデザインのよさも相まって</u>よく売れている。（＝ほかの理由とデザインのよさが一緒になって）
This fridge model is selling well due to its performance and design.
这种冰箱再加上美观的设计，销路很好。 이 냉장고는 좋은 디자인과 더불어 잘 팔리고 있다.

> Nと 相まって
> Nも 相まって
>
> ◆硬い表現

練習 I　正しいほうに○をつけなさい。

① その歌手の人気は日本だけ（a. にとどまらず　b. によらずに）、アジアの国々にも広まった。

② 昨日は休日と久しぶりの晴天が（a. にとどまらず　b. あいまって）、遊園地はとても混んでいた。

③ 株の暴落は、その年だけに（a. とどまらず　b. よらず）年が明けても続いた。

④ あの映画は、主題歌の人気と（a. とどまらず　b. 相まって）大ヒットした。

⑤ 駅前のそば屋は、古くてみすぼらしい外観（a. によらず　b. でよらず）おいしいと評判だ。

練習 II　下の語を並べ替えて正しい文を作りなさい。＿＿に数字を書きなさい。

⑥ ＿＿＿ ＿＿＿ ＿＿＿ ＿＿＿ の回復は困難だと言われている。
　　1　個人消費　　2　落ち込んだ　　3　不景気が相まって　　4　消費税のアップと

⑦ ＿＿＿ ＿＿＿ ＿＿＿ ＿＿＿ までカットされることになり、ショックだ。
　　1　給料　　2　ボーナス　　3　がなしになる　　4　にとどまらず

▶答えは p.97、正解文の訳は別冊 p.20 ～ 21

p.93 の答え：I －① b　② a　③ a　④ a　⑤ b
　　　　　　 II －⑥ 3→2→4→1　⑦ 2→3→1→4

とどまらず

第5週 6日目　努力せずにはすまない　🔊 No.30

ここに駐車するべからず

学習日　月　日（　）

112　親の期待に応えるべく

親の期待に応えるべく、努力して医者の道に進んだ。
（＝親の期待に応えようとして）
I studied hard and became a doctor because of my parents' wishes.
为了不辜负父母的期待，在努力成为一名医生。　부모의 기대에 부응하려 노력하여 의사의 길로 나아갔다.

彼はよい席を手に入れるべく、2時間も前から並んでいた。（＝手に入れようとして）
He lined up for two hours to get a good seat.
为了能买到好的座位，提前2个小时排队。　그 사람은 좋은 자리를 손에 넣으려고 2시간이나 전부터 줄서 있었다.

> Vるべく
> ❗ する→するべく／すべく
> ◆硬い表現

113　望むべくもない

祖父の病状は悪くなるばかりだ。回復はもう望むべくもない。
（＝望むことは考えられない）
My grandfather's condition is deteriorating. We can't expect him to recover at this point.
祖父的病情不断恶化。恢复已经无望。　할아버지의 병상태는 나빠지기만 한다. 회복은 이제 바랄 수 없다.

ビートルズとは比べるべくもないが、彼らは日本ではかなり有名なバンドです。
（＝比べることはできないが）
Their band is quite famous in Japan although they don't really compare with the Beatles.
虽然和甲壳虫乐队没法比，但他们在日本也是相当有名的乐队。　비틀즈와는 비교할 수 없지만 그들은 일본에서는 꽤 유명한 밴드입니다.

> Vるべくもない
> ❗ する→するべく／すべく
> ◆硬い表現

114　ここに駐車するべからず

ここに駐車するべからず。（＝駐車するな）
No parking!　这里不许停车。　여기에 주차하지 마시오.

芝生に入るべからず。（＝入るな）
Keep off the grass!　不许进入草地。　잔디에 들어 가지 마시오.

ビル内でたばこを吸うべからず。（＝吸うな）
No smoking inside the building!　在楼内不许吸烟。　빌딩 안에서 담배를 피우지 마시오.

初心、忘るべからず。（＝忘れるな）＊「忘る」：「忘れる」の古い形。
You should always remember your original reason for doing the things you have chosen to do.　勿忘初衷。　초심, 잊지 마시오.

> Vるべからず
> ◆看板や掲示の禁止事項に使われる

115 許すべからざる行為

学生を脅迫してお金をゆするとは、教師として許すべからざる行為である。
（＝絶対に許してはいけない）

> Vるべからざる N
> ◆硬い表現

You blackmailed students. That was an unpardonable act as a teacher.
竟然逼迫学生勒索钱财，是作为老师决不能允许的行为。　学生を脅迫して金を出すとは、教師として容赦できない行為である。

彼は、わがチームには欠くべからざる選手である。（＝絶対に欠いてはいけない）
He is an indispensable member of our team.
他是我们队不可缺少的选手。　그는 우리 팀에는 없어서는 안될 선수이다.

練習 I　正しいほうに○をつけなさい。

① 妻は職場に復帰（a. すべく　b. すべからず）、1歳になる子どもの預け先を探している。

② 人殺しの道具を作るなど、許す（a. べからず　b. べからざる）ことだ。

③ 「芝生に入る（a. べきだ　b. べからず）！」という立て札が立ててあった。

④ 戦争での体験は、だれにとっても忘る（a. べからざる　b. べく）悲惨な出来事だ。

⑤ 日本語能力試験のN1に合格する（a. べくもなく　b. べく）、日夜勉強をしています。

練習 II　下の語を並べ替えて正しい文を作りなさい。____に数字を書きなさい。

⑥ 今、夏なのに雪が降るといった ____ ____ ____ ____ ある。

　　1　あるべからざる　　2　起こっている　　3　現象が　　4　地域が

⑦ ____ ____ ____ 試験に合格した。

　　1　懸命に続けた　　2　努力が実り　　3　弁護士　　4　になるべく

▶答えは p.99、正解文の訳は別冊 p.21

p.95 の答え：I－①a　②b　③a　④b　⑤a
　　　　　　 II－⑥4→3→2→1　⑦2→3→4→1

なるべく

第5週 7日目 努力せずにはすまない
復習＋接続詞①

学習日　月　日（　）

Q. 下線部を言い換える場合、a b のどちらが正しいですか。（答えは p.102）

1日目 ▶p.86,87

1. 多大な損害を与えたのだから、**謝るだけでは許されない**。
   a　謝るだけでは済まない　　b　謝ることだけにおかない

2. 彼女の演技は見る人を**必ず感動させる**。
   a　感動させずにはおかない　　b　感動させるにはおかない

2日目 ▶p.88,89

1. **できる可能性の低い**ことを、簡単に引き受けるな。
   a　できようがない　　b　できそうもない

2. 彼女の子どもの**かわいがる様子は**、少し異常なくらいだ。
   a　かわいがりようは　　b　かわいがりそうは

3日目 ▶p.90,91

1. **うちの息子のことを言えば**、もうすぐ試験なのに遊んでばかりいるんですよ。
   a　うちの息子ときたら　　b　うちの息子にしたら

2. そのろう人形は、まるで**生きているかのように**、我々を見ていた。
   a　生きているかごとく　　b　生きているかのごとく

4日目 ▶p.92,93

1. **手術をするような状況にならないで**、薬だけで治った。
   a　手術に達せず　　b　手術に至らず

2. **どんな理由であるかは関係なく**、ここに駐車をしてはいけない。
   a　理由いかんではなく　　b　理由のいかんにかかわらず

5日目　▶p.94,95

1. 君は**見た目には関係なく**、よく食べるね。
   a　見かけにとどまらず　　b　見かけによらず

2. **空の青色と一緒になって**、紅葉がより美しく見える。
   a　空の青と相まって　　b　空の青と至って

6日目　▶p.96,97

1. 祖父の病状は悪くなるばかりだ。回復はもう**望むことは考えられない**。
   a　望むべくもない　　b　望むべからない

2. 彼は、わがチームには**絶対に欠いてはいけない**選手である。
   a　欠くべからず　　b　欠くべからざる

接続詞①

❖ **ゆえに**（＝こういう理由で／だから／したがって）　＊論理的
　この三角形のすべての角度は60度である。**ゆえに**この三角形は正三角形である。

❖ **それゆえ**（＝そのようなわけだから／ゆえに）
　最近、自転車の事故が多発している。**それゆえ**、自転車での登校を禁止する。

❖ **しかしながら**（＝そうではあるが、しかし）　＊「しかし」の硬い言い方
　そのアイデアはよい。**しかしながら**実現は難しいだろう。

❖ **ちなみに**（＝ついでに言えば）　＊補足するときなどに使う
　犬の鳴き声の表現は国によって違います。
　ちなみに日本では「ワンワン」です。

前の文と後ろの文との関係をよく考えましょう。

---

p.97の答え：Ⅰ－①a　②b　③b　④a　⑤b
　　　　　　Ⅱ－⑥1→3→2→4　⑦3→4→1→2

第5週 7日目 努力せずにはすまない

まとめの問題

制限時間：20分
1問4点×25問
答えは p.102、解説は別冊 p.21〜22
点数 /100

問題1 次の文の（　）に入れるのに最もよいものを、1・2・3・4から一つ選びなさい。

1 大学に合格したことを知らせたときの両親の（　　）は、想像以上のものだった。
　1　喜びそう　　　2　喜びよう　　　3　喜びいかん　　　4　喜びなり

2 このホテルのビュッフェは、すし、ステーキからラーメン（　　）、あらゆる料理がそろっている。
　1　と相まって　　2　ごとくまで　　3　に至るまで　　4　に至らず

3 その記事を読んだとき、なんともたとえ（　　）恐ろしさに襲われた。
　1　と相まった　　2　に至るような　3　ようのない　　4　そうもない

4 彼女は美人の上にお金持ち（　　）ので、とてもうらやましい。
　1　といっている　2　となっている　3　としている　　4　ときている

5 うちの息子は、見かけ（　　）繊細な神経をしています。
　1　によらず　　　2　ともなく　　　3　いかんで　　　4　ときたら

6 それは、（　　）忘れられない出来事だった。
　1　忘れるごとく　2　忘れるべく　　3　忘れようにも　4　忘れそうにも

7 友人が掃除機を譲ってくれたので、（　　）よかった。
　1　買わずに至って　2　買わずにすんで　3　買うに至らず　4　買うにとどまらず

8 先生なんだから、「わからない」（　　）でしょう。
　1　ではすまない　2　ではおかない　3　にはすまない　4　にはおかない

9 税金は（　　）ものだ。
　1　払わずにおかない　　　　　　2　払わずわけにはいかない
　3　払わずにはすまない　　　　　4　払わないにはいかない

10 リフォームをしただけだが、（　　）見違えるような家になった。
　1　建て直すべからず　　　　　　2　建て直しようがなく
　3　建て直したときて　　　　　　4　建て直したかのごとく

11 危険！この橋は渡る（　　）！
1　べからず　　2　べからざる　　3　べくもなし　　4　べくもせず

12 その学生のスピーチは、聞く者に感動を（　　）。
1　与えようにも与えなかった　　2　与えずにすんだ
3　与えるべくもなかった　　4　与えずにはおかなかった

13 彼が日本を代表する作家であることは、（　　）。
1　疑うべくもない　　2　疑うにおかない
3　疑うようもない　　4　疑わないまでだ

14 晴天と相まって、この休みは（　　）。
1　映画館はすいているに違いない　　2　花見をする人が多かった
3　秋は紅葉に限る　　4　花火をおいてほかない

15 結果のいかんにかかわらず、（　　）。
1　努力のしようにもできないことだろう
2　努力することに至るだろう
3　ありえないくらい評価が悪かった
4　ベストを尽くしたことは評価すべきだ

問題2 次の文の ___★___ に入る最もよいものを、1・2・3・4から一つ選びなさい。

16 近頃の ＿＿＿ ＿＿＿ ★ ＿＿＿ が多い。
1　ろくに　　2　ときたら　　3　若い連中　　4　挨拶(あいさつ)もできない者

17 保険金の支給に ＿＿＿ ＿＿＿ ★ ＿＿＿ 流れをきちんと把握しておきましょう。
1　様々な手続きがあるので　　2　までは　　3　至る　　4　その

18 私は ＿＿＿ ＿＿＿ ★ ＿＿＿ と説教されることがある。
1　働かざる者　　2　定職につかずに　　3　食うべからず　　4　いるので

19 おいしいものを食べる ＿＿＿ ＿＿＿ ★ ＿＿＿ 3時間も待つとは理解できない。
1　ラーメン　　2　べく　　3　ごときで　　4　並ぶのはわかるが

20 パーティー会場は、＿＿＿ ＿＿＿ ★ ＿＿＿ だった。
1　にも　　2　入れないほど　　3　超満員　　4　中に入ろう

問題3　次の文章を読んで、21 から 25 の中に入る最もよいものを、1・2・3・4から一つ選びなさい。

トミタの車、リコールへ

　本日、トミタは人気車種「プローラ」のリコールを発表した。「プローラ」は日本国内 21 世界35か国で販売されており、その販売総数は50万台にものぼる。この販売台数の多さに対し、その修理にかかる要員は不足しており、リコール(注)のすべてをすぐには対応 22 のが実情のようだ。

　トミタはこのまれに見る経済不況の中、地道な努力を積み重ねて、昨年ようやく国内企業で過去最大の販売額を達成する 23 だけに、失望も大きい。しかも、今回の問題の発覚には、度重なる消費者からの苦情に応えてこなかったという経緯もあり、これからの対応 24 、販売額の減少 25 問題に発展しそうだ。

（注）リコール…販売された製品を回収・修理すること

21	1 にあるごとく	2 によらず	3 にとどまらず	4 にかかわらず
22	1 できそうもない		2 できないでおく	
	3 できずにすむ		4 できるべくもない	
23	1 ごとくの	2 ときた	3 べからず	4 に至った
24	1 いかんでは	2 ときたら	3 ごとく	4 によらず
25	1 にはおかない	2 にはすまない	3 だけにすむ	4 だけではすまない

復習（p.98〜99）の答え：
1日目　1. a　2. a　　2日目　1. b　2. a　　3日目　1. a　2. b
4日目　1. b　2. b　　5日目　1. b　2. a　　6日目　1. a　2. b

まとめの問題（p.100〜102）の答え：
問題1　1 2　2 3　3 3　4 4　5 1　6 3　7 2　8 1　9 3　10 4
　　　　11 1　12 4　13 1　14 2　15 4
問題2　16 1（3→2→1→4）　17 1（3→2→1→4）　18 1（2→4→1→3）
　　　　19 1（2→4→1→3）　20 2（4→1→2→3）
問題3　21 3　22 1　23 4　24 1　25 4

第6週

以前にも増して努力している
（いぜん　ま　どりょく）

今週の表現（ひょうげん）

1日目
- □ 世界に**先駆けて**（さきが）
- □ **以前にもまして**（いぜん）
- □ **おとなしい姉にひきかえ**、妹は…
- □ 現状に**即して**（げんじょう　そく）

2日目
- □ **冗談のつもりで**（じょうだん）
- □ **言われるままに**
- □ **言わずとも**
- □ **読まずじまい**

3日目
- □ 涙**ながらに**（なみだ）
- □ 狭い**ながらも**（せま）
- □ 外見も**さることながら**（がいけん）
- □ 生徒たちの**手前**（せいと　てまえ）

4日目
- □ 貧しさ**ゆえに**（まず）
- □ お金をもうけ**んがために**
- □ **あふれんばかり**になっている
- □ うれしい**とばかりに**

5日目
- □ 彼女を**おいてほかにない**（かのじょ）
- □ 親の心配を**よそに**（おや　しんぱい）
- □ 20年の時を**経て**（へ）
- □ 趣味と実益を**兼ねて**（しゅみ　じつえき　か）

6日目
- □ 結果を**踏まえて**（けっか　ふ）
- □ 結婚を**前提として**（けっこん　ぜんてい）
- □ オリンピックを**境に**（さかい）
- □ 来日の**折に**（らいにち　おり）
- □ 引っ越しを**機に**（ひ　こ　き）

第6週 1日目　以前にも増して努力している

現状に即して

No.31

学習日　月　日（　）

116　世界に先駆けて

その映画は、世界に先駆けて、日本での上映が決まった。
（＝世界で一番早く）

Nに先駆けて

It's been decided that the world premiere for the movie will be in Japan.
那部电影决定率先在日本上映，比世界其他国家早一步。　그 영화는 세계에서 가장 먼저 일본에서의 상영이 정해졌다.

その会社は、他社に先駆けて、低燃費の車を開発した。（＝他社よりも早く）
The company has been at the forefront of developing fuel-efficient cars.
那家公司领先其他公司开发了耗油低的汽车。　그 회사는 타사에 앞서 저연비 자동차를 개발했다.

117　以前にもまして

久しぶりに会った彼女は、以前にもまして美しかった。
（＝以前も美しかったが、以前よりもっと）

Nにもまして

◆「増して」とも書く

慣用句
だれにもまして（＝だれよりも）
何にもまして（＝なによりも）
どこにもまして（＝どこよりも）

I saw her for the first time after a long time. She looked more beautiful than ever.
好久未见的她，比以前更漂亮了。　오랫만에 만난 그녀는 이전보다 더욱 아름다워졌다.

今日は平日なのに、いつにもましてお客さんが多い。
（＝いつも多いが、いつもよりもっと）

There are more customers today even though it is a weekday.
今天虽然不是周末，但客人比平日都要多。　오늘은 평일인데, 보통 때보다 더욱 손님이 많다.

118　おとなしい姉にひきかえ、妹は…

おとなしく引っ込み思案な姉にひきかえ、妹のほうは社交的で
友達も多い。（＝姉と比べ、違って）

N₁にひきかえN₂は

In contrast to her quiet and reserved elder sister, the younger one is more social and has more friends.
和老实内向的姐姐相反，妹妹善于社交，朋友也多。　얌전하고 소극적인 언니에 비해 동생 쪽은 사교적이고 친구도 많다.

隣の立派な家にひきかえ、うちの家は古くてみすぼらしい。（＝隣の立派な家と比べて、違って）
Our house looks old and shabby in comparison to our neighbor's nice house.
和邻居家的气派房子相反，我家的房子又陈旧又寒酸。　옆의 훌륭한 집에 비해 우리집은 낡고 초라하다.

119 現状に即して

現状に即して物事を考えよう。(＝現状にちょうど合うように)
Let's consider things in line with the current circumstances.
根据现状考虑事情吧。 현상에 맞게 사물을 생각하자.

銀行も、時代に即した新しいサービスを提供しなければならない。
(＝時代にちょうど合った)
Banks must offer new services to meet the demands of the times.
银行也必须提供顺应时代的新服务。 은행도 시대에 맞는 새로운 서비스를 제공하지 않으면 안된다.

> Nに即してV
> N₁に即したN₂
> ◆硬い表現
> れい　現実に即して
> 　　　事実に即して
> 　　　法律に即して

練習Ⅰ 正しいほうに○をつけなさい。

① 去年の夏も雨が少なかったけれど、今年の水不足は、去年（a. にもまして　b. に即して）深刻だ。

② 映画の公開に（a. 先駆けて　b. 即して）、出演者たちによるイベントが行われた。

③ 音楽祭でのあの女性歌手の衣装は、前回（a. に先駆けて　b. にもまして）派手になっていた。

④ 友人の息子の優秀なの（a. にひきかえ　b. にもまして）、なんとうちの子の出来の悪いことか。

⑤ 時代（a. にひきかえた　b. に即した）考え方をしないと、若者には受け入れられない。

練習Ⅱ 下の語を並べ替えて正しい文を作りなさい。____に数字を書きなさい。

⑥ これは ____ ____ ____ ____ でお届けする商品です。

　　1　に先駆けて　　2　当店のみの　　3　先行発売　　4　全国発売

⑦ ____ ____ ____ ____ 困る。

　　1　いいかげんで　　2　ひきかえ　　3　弟のほうは　　4　しっかり者の兄に

▶答えは p.107、正解文の訳は別冊 p.22〜23

第6週 2日目 以前にも増して努力している

冗談のつもりで

🔊 No.32

学習日　月　日（　）

Q.（　）に入るのは？
店員に勧められる（　）、高いバッグを買ってしまった。

ままに　ように　ついでに

店員がかわいかったからなぁ…

120　冗談のつもりで

冗談のつもりで言ったのに、本気にされてしまった。
（＝冗談という気持ちで）

I was only joking but what I said was taken very seriously.
虽然是当作玩笑话说的，对方却当真了。　농담할 생각으로 말했는데, 진담으로 받아들여졌다.

カラオケでは、いつも歌手になったつもりで歌っている。
（＝歌手になったという気持ちで）

I feel like a professional singer whenever I sing at a karaoke bar.
唱卡拉OK的时候，总是把自己当成歌手唱歌。　가라오케에서는 항상 가수가 된 기분으로 노래하고 있다.

自分では若いつもりだが、年には勝てません。（＝若いという気持ちだが）

I think I'm young at heart but I really can't fight my age.
尽管自己还觉得年轻，可年龄不饶人呀。　스스로는 젊다고 생각하지만, 나이에는 이길 수 없습니다.

> Vる/Vた
> Aい
> naな　　つもりで
> Nの　　つもりだ
>
> ◆「事実は違う」という意味

121　言われるままに

契約のとき、言われるままに署名している人が多い。
（＝言われる通りに）

When signing a contract, many people just sign whatever they are told to.
在签订合同时，许多人会按照要求直接签字。　계약할 때, 시키는 대로 서명하는 사람이 많다.

ゆうべ同僚に誘われるままに飲みに行った。（＝誘われて、断ることもしないで）

Persuaded by my colleagues, I went drinking with them.
昨晚被同事邀请去喝酒了。　어젯 저녁은 동료가 권하는 대로 마시러 갔다.

あなたが思うまま、話してください。（＝思うとおりに）

Please say what you think.　就按你想的说吧。　당신이 생각하는 대로 말해 주세요.

> Vる(が)まま(に)
>
> ◆「Vられるが（まま）」はほかの人の意志のとおりという意味

122　言わずとも

彼があなたのことを好きだということは、言わずともわかる。
（＝言わなくても）

It is obvious that he is in love with you.
他喜欢你，这事不说也明白。　그 사람이 당신을 좋아한다는 것은 말하지않아도 안다.

> Vな̶い̶ずとも
>
> ❗ しない→せず

123 読まずじまい

英語の本をたくさん買ったが、ほとんど読まずじまいだ。
（＝読まないままだ）

I bought many English books but I haven't touched most of them.
买了好多英语书，但几乎都没有读。영어책을 많이 샀지만 거의 읽지 않은 채로 있다.

5着も試着したが、どれも気に入らず、買わずじまいで店を出た。
（＝買おうと思っていたけれど結局は買わないで）

I came out of the shop without buying anything because, even though I tried on five different dresses, nothing pleased me. 试穿了5件衣服，都不喜欢，结果什么都没买就出了店。
5벌이나 시착을 했지만 어느 것도 마음에 들지 않아 사지 않고 가게를 나왔다.

> Vなぃずじまい
> ❗ しない→せず
> れい 会わずじまい
>   行かずじまい
>   せずじまい
>   買えずじまい
> ◆残念な気持ち

練習 I 正しいほうに○をつけなさい。

① 忙しかったので、あとでお昼を食べようと思っていたが、結局、食べず（a. まま b. じまい）で、夕食の時間になった。

② 感想を思う（a. ままに b. つもりで）アンケートに書いてください。

③ 彼は目が見えず（a. とも b. じまいで）すばらしい演奏をして、観客に感動を与えた。

④ 店員に勧められる（a. つもりで b. ままに）、高いテレビを買ってしまった。

⑤ 待ち合わせ場所を間違えたらしく、結局彼女とは（a. 会えず b. 会えない）じまいだった。

練習 II 下の語を並べ替えて正しい文を作りなさい。___に数字を書きなさい。

⑥ 検査の結果を医師にもう少し詳しく ___ ___ ___ ___ 診察室を後にした。

　1 促されるまま　　2 と思いながらも　　3 看護師に　　4 聞こう

⑦ ___ ___ ___ ___ 飲みに来てしまった。

　1 早く帰るつもりで　2 いたのに　3 誘われるまま　4 今日こそは

▶答えは p.109、正解文の訳は別冊 p.23

---

p.105 の答え： I －①a ②a ③b ④a ⑤b
　　　　　　 II －⑥4→1→2→3　⑦4→2→3→1

第6週 3日目 以前にも増して努力している
狭いながらも

No.33

学習日　月　日（　）

Q.（　）に入るのは？
自分で作ると（　　）、作らないわけにはいかない。

言った手前 / 言いながらも / 言うままに / 言ってないし

124 涙ながらに

彼女は涙ながらに真実を訴えた。（＝涙を流しながら）
She explained in tears what actually had happened.
她流着眼泪叙述实际情况。 그녀는 눈물을 흘리며 진실을 호소했다.

コンピューターのおかげで、家にいながら（にして）世界の情報を知ることができる。（＝家にいる状態で）
Thanks to computers, we can get all the information in the world while staying at home.
多亏有电脑，即使在家里也能知道世界的信息。
컴퓨터 덕분에 집에서 세계의 정보를 알 수 있다.

その店は、昔ながらの製法で豆腐を作っている。（＝昔のままの）
The shop makes tofu using traditional methods.
那家店还用以前的制作方法做豆腐。 그 가게는 옛날 그대로의 제조법으로 두부를 만들고 있다.

```
N
na    ]  ながらに
Aい   ]  ながらのN
V ます

慣用句  昔ながらの
        生まれながらにして
        （＝生まれたときから）
```

125 狭いながらも

自分の家は狭いながらも落ち着く。（＝狭いけれど）
I find my home comfortable although it is small.
自己的家虽然狭小，但待着踏实。 자기 집은 좁아도 안정이 된다.

彼は学生の身分でありながら、高級車を乗り回している。
（＝学生という身分なのに）
Although he is a student, he drives around in an expensive car.
他虽然还是个学生，却开着高级轿车四处转。 그는 학생신분이면서 고급차를 타고 있다.

```
N
na    ]  ながら
Aい   ]  ながらも
V ます

慣用句  残念ながら
        今さらながら
        及ばずながら
        勝手ながら～
```

126 外見もさることながら

彼女は外見もさることながら性格もとてもいい。（＝外見ももちろんいいが）
She looks very nice and her personality is so nice as well.
她的外貌就不用说了，连性格也非常好。 그녀는 외견도 물론이거니와 성격도 무척 좋다.

N_1もさることながらN_2も

最近、忙しすぎて、疲労もさることながら、ストレスもピークに達している。
（＝もちろん疲労が激しいが）
I'm so busy these days that feel very tired. Moreover my stress level has reached its peak.
最近太忙了，疲劳就不用说了，压力也达到了顶点。 요즘 너무 바빠서 피로한 것은 물론이거니와 스트레스도 피크에 달해 있다.

127 生徒たちの手前

<u>生徒たちの手前</u>、この言葉を知らないとは言えない。
（＝生徒たちの前で、教師という自分の立場として）

Nの手前
V🔲手前

I can't admit that I don't know the word in the presence of my students.
顾及到在学生面前的面子，说不出自己不认识这个词。 학생들의 앞에서, 이 말을 모른다고는 말할 수 없다.

必ず行くと言った<u>手前</u>、休むわけにはいかない。（＝必ず行くと言ったから、自分の立場として）

I can't afford not to go since I already have told them that I would go.
既然都说肯定会去的，不好意思再休息。 반드시 간다고 말한 체면상, 쉴 수는 없다.

練習 I 正しいほうに○をつけなさい。

① 人は外見より中身が重要であると（a. 思いながらも　b. 思いながらに）、つい外見のよさに目を奪われてしまう。

② この映画は、話の内容（a. の手前　b. もさることながら）映像の美しさも評判がいい。

③ 彼は転びそうになり（a. ながらも　b. ながらに）、急斜面をスキーで滑り降りた。

④ 約束した（a. 手前　b. ながらに）、たとえ雪が降っても行かないわけにはいかない。

⑤ 8歳になる息子が、子ども（a. ながらに　b. の手前）一生懸命お金を貯めて買ってくれた誕生日プレゼントは、一生の宝物だ。

練習 II 下の語を並べ替えて正しい文を作りなさい。＿＿に数字を書きなさい。

⑥ 日本チームは ＿＿ ＿＿ ＿＿ ＿＿ 手に入れることができた。

　1　かろうじて　　　2　しながらも　　　3　銅メダルを　　　4　苦戦

⑦ 彼のスピーチは、＿＿ ＿＿ ＿＿ ＿＿ おかなかった。

　1　表現力や迫力があり　　　　　　2　聞く者を
　3　内容もさることながら　　　　　4　感動させずには

▶答えは p.111、正解文の訳は別冊 p.23～24

p.107の答え：I －①b　②a　③a　④b　⑤a
　　　　　　 II －⑥4→2→3→1　⑦4→1→2→3

言った手前

第6週 4日目 以前にも増して努力している

貧しさゆえに

No.34

学習日　月　日（　）

Q.（　）に入るのは？
彼女は、つまらないと（　）ばかりに途中で映画館を出て行った。

言わん / 言えず / 言わず / らしい

128 貧しさゆえに

貧しさゆえに、彼は盗みを働いた。（＝貧しいという理由で）
He stole things only because he was so poor.
因为穷，他才去偷盗。　가난한 탓에 그는 도둑질을 했다.

日本語を知らなかったがゆえに、誤解された。
（＝知らなかっただけの理由で）
I was misunderstood because I couldn't speak Japanese.
因为不懂日语，被误解了。　일본어를 몰랐던 탓에 오해받았다.

有名人ゆえの悩みがある。（＝有名人であるための）
Due to their fame, well known people have their share of troubles.　因为是名人而带来的烦恼。　유명인이기 때문에 고민이 있다.

> V/A/na/N普
> ❗ Nだ(である)
> 　naだ(である)
> (が)ゆえ(に)
> (が)ゆえのN'
>
> れい　有名人である(が)ゆえの
> 　　　貧しい(が)ゆえに
> 　　　貧乏であった(が)ゆえに

129 お金をもうけんがために

彼はお金をもうけんがために、ずいぶんひどいことをやってきた。
（＝もうけるために）
He has done a lot of terrible things in order to make money.
他为了挣钱，干了许多恶劣的事情。　그는 돈을 벌기 위해 무척 힘든 일을해왔다.

一人の青年がおぼれている子どもを救わんがために、川に
飛び込んだ。（＝救うために）
A young man jumped into the river in order to save a drowning child.
一位年轻人为了救溺水的孩子，跳到了河里。　한사람의 청년이 물에 빠진 아이를 구하기 위해 강으로 뛰어 들었다.

> Vない
> ❗ しない→せんが
> 　　　　ために
> 　　　　ためのN
>
> ◆強い意志を表す

130 あふれんばかりになっている

川の水があふれんばかりになっている。（＝今にもあふれそうな状態で）
The river is about to flood.　河水几乎要溢出来。　강물이 (금방이라도) 넘칠 것 같다.

彼女は泣き出さんばかりの顔をして、私に助けを求めてきた。
（＝今にも泣きだしそうな顔）
She came to me for help with a desperate look on her face.
她来向我求助，那表情几乎要哭出来。　그녀는 울 것 같은 얼굴을 하고 나에게 도움을 청해 왔다.

> Vない
> ❗ しない→せん
> 　　　　ばかりに
> 　　　　ばかりのN
>
> ◆慣用句的表現
> 割れんばかりの拍手
> あふれんばかりの笑顔
> 胸がはりさけんばかりに

131 うれしいとばかりに

その子はうれしいとばかりに、飛び上がった。（＝本当にうれしい様子で）
The child jumped up and down with joy.
那孩子满面欢喜地跳了起来。 그 아이는 기쁜 듯이 뛰어 올랐다.

彼は試験中、あきらめたとばかりに鉛筆を投げ出した。
（＝あきらめた様子で）
He threw his pencil down during the exam as if he had given up.
他在考试的时候扔掉了铅笔，似乎在说已经放弃了。 그는 시험중에 포기한 듯이 연필을 던졌다.

彼女は「いやだ」と言わんばかりに、首を振った。（＝「いやだ」と口では言わないが、そのような様子で）
She shook her head as if to say "No".
她摇着头，就差说出"不愿意"了。 그녀는「싫다」는 듯이 고개를 흔들었다.

ここぞとばかりに、……（＝今、この時を逃してはいけないという様子で）
in order not to lose this opportunity 像是要说"时不再来" 여기에서야말로라는 듯이

> ［文］と ［(言わん)ばかりに / (言わん)ばかりのN］
> ◆言葉では言わないがそのような様子で
> ◆N＝表情、様子、態度など
> 慣用句 ここぞとばかりに

練習 I 正しいほうに○をつけなさい。

① 心を込めて作った料理なのに、子どもたちはまずい（a. とばかりに　b. ばかりか）顔をゆがめた。

② うちの犬は僕を見ると、（a. 飛びついたと　b. 飛びつかん）ばかりの勢いで走ってきた。

③ 彼女は疲れた（a. とばかりに　b. ゆえに）、部屋に入るなりベッドに倒れ込んだ。

④ 彼は技術を極めん（a. がために　b. ばかりに）、夜も眠らずに努力している。

⑤ その病気に関する人々の知識のなさ（a. ゆえに　b. とばかりに）、彼らは迫害された。

練習 II 下の語を並べ替えて正しい文を作りなさい。＿＿＿に数字を書きなさい。

⑥ その国の ＿＿＿ ＿＿＿ ＿＿＿ ＿＿＿ 接し、私の人生観は変わった。

　1　笑顔に　　　2　子どもたちに　　　3　満ちた　　　4　あふれんばかりの

⑦ 彼は重い罪を犯したが、事件当時、判断力が ＿＿＿ ＿＿＿ ＿＿＿ ＿＿＿、社会に復帰することができた。

　1　未熟　　　2　がゆえ　　　3　とされる　　　4　未成年者であった

▶答えは p.113、正解文の訳は別冊 p.24〜25

p.109 の答え：I－①a　②b　③a　④a　⑤a
II－⑥4→2→1→3　⑦3→1→2→4

第6週 5日目　以前にも増して努力している　No.35

趣味と実益を兼ねて

学習日　月　日（　）

Q.（　）に入るのは？
息子は親の（　）、高校をやめて働き出した。

反対をよそに／反対を経て／反対をおいて／反対に反対して

132　彼女をおいてほかにない

彼女をおいてほかにその仕事ができる人はいない。
（＝彼女以外には）

Nをおいて（ほかに）Vない

She is the only one who can do the job.
除了她没有人能胜任那项工作。　그녀 외에는 달리 그 일을 할 수 있는 사람은 없다.

進学するなら、A大学をおいてほかに考えられない。（＝A大学以外には）
A is the only university I would consider going to.
如果考大学的话，除了A大学别的都无法考虑。　진학한다면 A대학 이외에는 달리 생각할 수가 없다.

133　親の心配をよそに

親の心配をよそに、彼女は一人旅に出かけた。
（＝親が心配しているということを気にしないで）

Nをよそに
れい　親の反対をよそに
　　　住民の不安をよそに
　　　周囲の期待をよそに
　　　反対の声をよそに
　　　○○が苦しんでいるのをよそに

She went on a trip alone not caring for how worried her parents were.
她不顾父母的担心，一个人出去旅行了。
부모의 걱정을 아랑곳하지 않고 그녀는 혼자 여행에 나섰다.

外食産業が不景気なのをよそに、そのレストランはいつもにぎわっている。（＝不景気なのと関係なく）
The food service is always packed despite the slump in the restaurant industry.
虽然餐饮行业不景气，但那家餐馆总是客人拥挤。
외식산업이 불경기인 것과 상관 없이 그 레스토랑은 항상 붐비고 있다.

134　20年の時を経て

20年の時を経て、伝説のバンドが復活する。
（＝20年という時がたって）

Nを経て
◆N＝時、場所、過程、経験など

The legendary music group is coming back after twenty years of absence.
经过了20年的时光，传说中的乐队复出了。　20년의 세월을 지나, 전설의 밴드가 부활한다.

その選手は、オリンピックを経て、急激に力をつけてきた。（＝オリンピックを経験して）
This athlete has improved rapidly after taking part in the Olympics.
那位选手经过奥运会后实力迅速提升。　그 선수는 올림픽을 거쳐 갑자기 실력이 늘어났다.

複雑な手続きを経て、証明書が発行された。（＝複雑な手続きをした後に）
A certificate was issued following a very complicated process.
经过了复杂的手续，才下发了证明文件。　복잡한 수속을 거쳐 증명서가 발행되었다.

135 趣味と実益を兼ねて

私は趣味と実益を兼ねてイラストをかいています。
（＝趣味と実益の両方の目的で）

> （N'と）Nを兼ねて
> Nも兼ねて

I draw illustrations professionally and as a hobby.
我画插图兼顾兴趣和实际利益。 나는 취미와 실력을 겸해 일러스트를 그리고 있습니다.

英語の勉強も兼ねて、1ヵ月ほどアメリカを旅行してきます。（＝英語の勉強も目的として）

I will travel to the USA and study English for a month.
兼带学习英语，在美国旅行了1个月左右。 영어공부를 겸해 한 달정도 미국을 여행하고 오겠습니다.

練習Ⅰ 正しいほうに○をつけなさい。

① この仕事（a. をおいて　b. をよそに）、彼にふさわしい仕事はほかにないでしょう。

② 彼女は自分の失敗（a. をおいて　b. をよそに）、他人の批判ばかりしている。

③ 観光を（a. かねて　b. 経て）オーストラリアへ研修に行った。

④ 近隣の住民の反対を（a. 経て　b. よそに）、高層マンションが建設されてしまった。

⑤ 彼女は結婚、出産を（a. 経て　b. かねて）、また競技に復帰した。

練習Ⅱ 下の語を並べ替えて正しい文を作りなさい。____に数字を書きなさい。

⑥ その企業は不景気 ____ ____ ____ ____、売り上げを伸ばしている。

　1　をよそに　　　2　による　　　3　業績の低迷　　　4　他社の

⑦ 今年の年賀状は、____ ____ ____ ____、例年より多い数になった。

　1　報告も　　　2　ゆえに　　　3　兼ねていた　　　4　引っ越しの

▶答えはp.115、正解文の訳は別冊p.25

p.111の答え：Ⅰ－①a　②b　③a　④a　⑤a
　　　　　　Ⅱ－⑥4→1→3→2　⑦1→3→4→2

反対をよそに

第6週 6日目 以前にも増して努力している

結婚を前提として

🔊 No.36

学習日　月　日（　）

Q.（　）に入るのは？
来日の（　）、ぜひ我が家へお越しください。

折には　時期には　機には

絶対に行く！

136　結果を踏まえて

アンケート結果を踏まえて、業務を改善したいと思います。
（＝アンケート結果をもとにして）

I would like to improve our business performance based on the results of the survey.
我想根据问卷调查的结果改善业务。　앙케이트 결과에 입각해 업무를 개선하려고 생각합니다．

我が国の問題点を、事実を踏まえて説明しなさい。
（＝事実をもとにしながら）

Please explain the problem that our country is facing taking facts into consideration.
请根据事实来说明我国的问题点。　우리나라의 문제점을 사실에 입각해 설명하세요．

> Nを踏まえて
> れい　意見を踏まえて
> 　　　経験を踏まえて
> 　　　議論を踏まえて
> 　　　状況を踏まえて
> 　　　○○の話を踏まえて

137　結婚を前提として

彼とは結婚を前提として交際しています。（＝結婚するということを考えて）
I am going out with him with marriage in view.
和他是以结婚为前提在交往。　그와는 결혼을 전제로 교제하고 있습니다．

事故対策は、事故が起こることを前提に練られている。
（＝事故が起こるということを考えて）

Accident preventive measures are developed by anticipating possible accidents.
事故对策，是以发生事故为前提而被推敲制定的。　사고 대책은 사고가 일어날 것을 전제로 만들어 지고 있 다．

> Nを前提として
> Nを前提に（して）
> N前提で

138　オリンピックを境に

隣国はオリンピックを境に、急速に発展した。（＝オリンピックの後から）
The neighboring country developed rapidly after the Olympics.
邻国自从奥运会后，发展迅速。　이웃 나라은 올림픽을 경계로 급속히 발전했다．

日本では就学年齢を4月2日を境にして決めている。（＝4月2日で区切って）
In Japan, the cut-off date for determining one's school age is April 2.
在日本，规定入学年龄以4月2日为界。　일본에서는 취학연령을 4월 2일을 경계로 정하고 있다．

> Nを境に（して）

139 来日の折に

来日の折には、私がご案内します。（＝来日したときには）
I will show you around when you come to Japan.
您来日本的时候，我来当向导。 일본에 오실 때에는 제가 안내하겠습니다.

私は、早朝の散歩の折に、花のスケッチをしています。（＝散歩のときに）
I stop to sketch flowers on my early morning walks.
我早晨散步的时候写生画花。 나는 이른 아침에 산책할 때, 꽃을 스케치 하고 있습니다.

> V/A/NA/N普
> ⚠ naだな ┐
> 　　　　 ├ 折に(は)
> 　Nだの ┘

140 引っ越しを機に

引っ越しを機に、不用品を処分しよう。（＝引っ越しを機会として）
Let's use this move as an opportunity to get rid of unnecessary things.
趁着搬家，咱们处理掉不用的东西吧。 이사를 기회로 사용하지 않는 물건을 처분하자.

会社を辞めたのを機に、水泳を始めた。（＝会社を辞めたのを機会として）
Quitting my job provided me with the opportunity to start swimming.
以辞职为契机，开始了游泳。 회사를 그만둔 것을 기회로 수영을 시작했다.

> Nを機に(して)

練習 I 正しいほうに○をつけなさい。

① その大地震（a. を機に　b. の折に）、各地で地震対策が見直されている。

② お近くにお越し（a. の折に　b. を前提として）は、是非お立ち寄りください。

③ 今までの意見を（a. 境に　b. 踏まえて）、この案を採用するかの決定を出したいと思います。

④ 結婚を（a. 前提として　b. 機に）、彼女は会社を退職した。

⑤ 人は40歳を（a. 境に　b. 踏まえて）急に老化が進むそうです。

練習 II 下の語を並べ替えて正しい文を作りなさい。＿＿に数字を書きなさい。

⑥ 彼は、＿＿＿＿ ＿＿＿＿ ＿＿＿＿ ＿＿＿＿ 改め、まじめに働くようになった。

　　1　生活態度を　　2　境に　　3　これまでの　　4　子どもが生まれたのを

⑦ この自転車は＿＿＿＿ ＿＿＿＿ ＿＿＿＿ ＿＿＿＿ 作られています。

　　1　使用を　　2　身長　　3　前提として　　4　160センチ以上の人の

▶答えはp.117、正解文の訳は別冊p.25～26

---

p.113の答え： I －①a　②b　③a　④b　⑤a
　　　　　　 II －⑥2→4→3→1　⑦4→1→3→2

折には

第6週 7日目 以前にも増して努力している
復習＋接続詞②

学習日　月　日（　）

Q. 下線部を言い換える場合、a bのどちらが正しいですか。（答えはp.120）

1日目　▶p.104,105

1. おとなしく引っ込み思案な**姉と違って**、妹のほうは社交的で友達も多い。
   a　姉にひきかえ　　b　姉にもまして

2. 銀行も、**時代にちょうどあった**新しいサービスを提供しなければならない。
   a　時代に先駆けた　　b　時代に即した

2日目　▶p.106,107

1. 彼があなたのことを好きだということは、**言わなくても**わかる。
   a　言わずままに　　b　言わずとも

2. 英語の本をたくさん買ったが、ほとんど**読まないまま**だ。
   a　読んだつもり　　b　読まずじまい

3日目　▶p.108,109

1. コンピューターのおかげで、**家にいる状態で**世界の情報を知ることができる。
   a　家にいながらにして　　b　家にいるながらも

2. 彼は**学生という身分なのに**、高級車を乗り回している。
   a　学生の身分ながらで　　b　学生の身分でありながら

4日目　▶p.110,111

1. **貧しいという理由で**、彼は盗みを働いた。
   a　貧しいとばかりに　　b　貧しさゆえに

2. 彼は試験中、**あきらめた様子で**鉛筆を投げ出した。
   a　あきらめたとばかりに　　b　あきらめんがために

5日目　▶p.112,113

1. **親が心配しているということを気にしないで**、彼女は一人旅に出かけた。
   a　親の心配を経て　　b　親の心配をよそに

2. 私は**趣味と実益の両方の目的で**イラストをかいています。
   a　趣味と実益をおいて　　b　趣味と実益を兼ねて

6日目　▶p.114,115

1. **アンケート結果をもとにして**、業務を改善したいと思います。
   a　アンケート結果を境に　　b　アンケート結果を踏まえて

2. **来日したときには**、私がご案内します。
   a　来日を機にして　　b　来日の折には

結婚を前提として、あの子に交際を申し込もう！

断られるに決まってるわよ。

接続詞②

❀ **AとBどちらも**

および：生徒**および**保護者を対象とするアンケートを行います。
ならびに：住所、氏名、**ならびに**年齢を記入してください。

❀ **AかBかを選ぶ**（＝または／あるいは）

もしくは：その大学を受験するには、世界史、**もしくは**日本史を選択しなければならない。
ないしは：勤務地は、東京、**ないしは**東京近郊になる予定です。
＊１週間、**ないしは**２週間のうちに結論が出るでしょう。（＝１週間から２週間の間）

❀ **Aに付け加えてB**（＝また／それに／そのうえ／しかも）

かつ／なおかつ：彼のスピーチは内容が深く、**かつ**面白いものだった。
おまけに：この店はまずい。**おまけに**値段も高い。

---

p.115の答え：Ⅰ－①a　②a　③b　④b　⑤a
　　　　　　　Ⅱ－⑥4→2→3→1　⑦2→4→1→3

第6週 7日目 以前にも増して努力している

まとめの問題

制限時間：20分
1問4点×25問
答えは p.120、解説は別冊 p.26～27
点数／100

問題1 次の文の（　）に入れるのに最もよいものを、1・2・3・4から一つ選びなさい。

1　彼のコンサートの模様が、10年の月日（　　）ついに映像化された。
　　1　を経て　　　　2　を踏まえて　　　3　を境に　　　　4　を機に

2　容疑者は警官に（　　）パトカーに乗った。
　　1　促されるながら　2　促されたまま　　3　促されるまま　　4　促されながらも

3　父親は、子どもを（　　）、火事で燃えている家に飛び込んでいった。
　　1　助けんがために　2　助けずとも　　　3　助けずじまいで　4　助けんがままに

4　さあ、最後の練習だ。本番（　　）やってみよう。
　　1　のおりに　　　2　ゆえに　　　　3　にもまして　　　4　のつもりで

5　生徒たち（　　）、どうしていいかわからないとは言えない。
　　1　を前提として　2　の手前　　　　3　をよそに　　　　4　を経て

6　父は、うるさいと言わん（　　）テレビの電源を切ってしまった。
　　1　がために　　　2　ばかりに　　　3　ながらも　　　　4　つもりで

7　その事件（　　）、やっと古い法律が改正された。
　　1　を前提として　2　の折に　　　　3　を機に　　　　　4　ゆえに

8　今にも（　　）桜のつぼみがふくらんでいる。
　　1　咲き出しながらに　　　　　　　2　咲き出さずとも
　　3　咲き出すつもりで　　　　　　　4　咲き出さんばかりに

9　私の家は裕福ではないけれど、まさに「（　　）楽しい我が家」です。
　　1　貧しいままで　2　貧しいながらも　3　貧しいつもりで　4　貧しいがために

10　あなたに出会った日（　　）、私の人生がばら色に変わりました。
　　1　を踏まえて　　2　にひきかえて　　3　を境にして　　　4　に先駆けて

11　天気がいいので、運動（　　）ハイキングに行きました。
　　1　を経て　　　　2　をよそに　　　　3　をかねて　　　　4　もさることながら

12 貧困（　　　）教育が受けられない子どもたちを支援しよう。

　　1　ゆえに　　　2　ままに　　　3　ながらに　　　4　ばかりに

13 時代（　　　）制度の改革が求められている。

　　1　を境にした　　2　を経る　　　3　においた　　　4　に即した

14 日々の散歩の折に、（　　　）。

　　1　季節の移り変わりを楽しんでいます
　　2　ついでに郵便局に寄っています
　　3　隣人との挨拶が苦手です
　　4　犬にほえられながらも歩いています

15 主人は、私が腹痛で苦しんでいるのをよそに、（　　　）。

　　1　心配そうに私の顔をのぞいている
　　2　病院に連れて行こうと言い出せない
　　3　家にある薬を探し回っている
　　4　ぐうぐういびきをかいて寝ている

問題2 次の文の＿★＿に入る最もよいものを、1・2・3・4から一つ選びなさい。

16 ＿＿＿　＿＿＿　★　＿＿＿　評判はなかなかいい。

　　1　予備校の有名講師の授業が受けられる　　2　自宅に居ながら
　　3　そのシステムの　　　　　　　　　　　　4　にして

17 ＿＿＿　＿＿＿　★　＿＿＿　季節が素晴らしい。

　　1　それにもまして　　　　　　　　　　　2　紅葉の
　　3　京都もいいが　　　　　　　　　　　　4　春の

18 昨日が　＿＿＿　＿＿＿　★　＿＿＿　暖かかった。

　　1　コートもいらないくらい　　　　　　　2　のにひきかえ
　　3　今日は　　　　　　　　　　　　　　　4　この冬一番の寒さだった

19 12月は　＿＿＿　＿＿＿　★　＿＿＿　だった。

　　1　忙しさで　　　　　　　　　　　　　　2　じまい
　　3　目の回るほどの　　　　　　　　　　　4　クリスマスカードも出さず

20 この仕事を任せられる　＿＿＿　＿＿＿　★　＿＿＿　、断れなくなってしまった。

　　1　ほかにいない　　2　と言われた手前　　3　のは　　　　4　君をおいて

問題3 次の文章を読んで、21 から 25 の中に入る最もよいものを、1・2・3・4から一つ選びなさい。

　我が社は、この春の新製品として、世界最軽量のモバイルノートパソコンを発売することとなりました。

　まずは世界 21 、3月上旬に、日本での先行発売となります。もちろん、世界各国での販売 22 開発しておりますので、その後、順次展開していく予定です。

　このノートパソコンは、その軽さ 23 、機能性にも優れており、今まではその軽量 24 なし得なかった耐久性についても、自信をもっております。また、そのデザイン性の高さにも注目が集まっており、発売を待たずに、すでに各メディアからの取材依頼が絶えません。この高機能と超軽量の双方を実現できるのは、我が社 25 と自負しております。

　ぜひ直接お手に取って、その軽さを実感してください。

21	1 に即して	2 にひきかえ	3 に先駆けて	4 にもまして
22	1 を機に	2 を境に	3 を経て	4 を前提として
23	1 ながらも	2 をかねて	3 の手前	4 もさることながら
24	1 ゆえに	2 ままに	3 ばかりで	4 ながらで
25	1 をよそにならない	2 をおいてほかにない
	3 をかねてならない	4 を踏まえてほかにない

復習（p.116〜117）の答え：
| 1日目 | 1. a 2. b | 2日目 | 1. b 2. b | 3日目 | 1. a 2. b |
| 4日目 | 1. b 2. a | 5日目 | 1. b 2. b | 6日目 | 1. b 2. b |

まとめの問題（p.118〜120）の答え：
問題1　①1　②3　③1　④4　⑤2　⑥2　⑦3　⑧4　⑨2　⑩3
　　　　⑪3　⑫1　⑬4　⑭1　⑮4
問題2　⑯1（2→4→1→3）　⑰1（4→3→1→2）　⑱3（4→2→3→1）
　　　　⑲4（3→1→4→2）　⑳1（3→4→1→2）
問題3　㉑3　㉒4　㉓4　㉔1　㉕2

第7週

努力(どりょく)に努力(かさ)を重ねている

今週の表現(ひょうげん)

1日目
- ごはんにお味噌汁(みそしる)
- 考えに考えて
- 一人や二人
- 壁(かべ)という壁

2日目
- 40歳(さい)にして
- 知りもしないで
- 思い出すだに
- 慣(な)れぬこととて

3日目
- 秋めく
- 大人びる
- 金持ちぶる
- 仕事ぶり

4日目
- 使用に耐(た)える
- 聞くに堪(た)えない
- 信頼(しんらい)するに足(た)る
- 恐(おそ)れるに足(た)りない

5日目
- 合格(ごうかく)してみせる
- 痛(いた)くもなんともない
- つまらないといったらない
- わかりゃしない

6日目
- 知られざる真実(しんじつ)
- せざるを得(え)ない
- わざわざ行くには及(およ)ばない
- 彼(かれ)には及(およ)ばない

第7週 1日目 努力に努力を重ねている

考えに考えて

No.37

学習日　月　日（　）

141　ごはんにお味噌汁

日本の朝食と言えば、ごはんにお味噌汁でしょう。
（＝ごはんとお味噌汁の組み合わせ）

N₁にN₂

When you talk about Japanese breakfast, rice and miso soup should come into the picture.
要说日本的早饭，那就是米饭和酱汤。　日本の朝食といえば、ご飯と味噌汁でしょう。

私は、家ではたいていジーンズにＴシャツを着ています。（＝ジーンズとＴシャツの組み合わせの服）

I wear mostly jeans and a T-shirt when I am at home.
我在家里一般穿牛仔裤和Ｔ恤。　나는 집에서는 대개 청바지에 Ｔ셔츠를 입고 있습니다．

142　考えに考えて

考えに考えて進学を断念した。（＝よく考えて）

V~~ます~~にVて
V~~ます~~にVた
◆強調

I decided not to go to a higher-level school after thinking carefully.
思虑再三，放弃了升学。　생각을 거듭해 진학을 단념했다．

不景気だというのに、高級時計が売れに売れているという。
（＝次々とよく売れている）

Despite the bad economy, I hear expensive watches are selling like hotcakes.
尽管不景气，听说高级表的销量越来越好。　불경기라고 하는데, 고급시계가 잘 팔리고 있다고 한다．

もっと！　彼女は、嘘に嘘を重ねて男からお金を引き出していた。
（＝次々と嘘を言って）

NにNを重ねて
れい　研究に研究を重ねて
　　　我慢に我慢を重ねて

She used numerous lies to pressure him to give her money.
她一个接一个地撒谎，从男人手中骗到了钱。
그녀는 거듭 거짓말을 하여 남자로부터 돈을 빼갔다．

143　一人や二人

どこの職場にも、意地の悪い先輩が一人や二人いる。（＝一人か二人）

N₁やN₂

◆Nは数量を表す言葉
れい　1万や2万のお金
　　　3つや4つの子ども

No matter where you work, you'll have to deal with one or two mean senior staff members.
在任何职场，总有一两名爱刁难人的前辈。　어느 직장이든 심술궂은 선배가 한두 사람은 있다．

一年や二年働いても、たいして貯金はできない。（＝一年か二年）

You won't be able to save much money even if you work for one or two years.
就算工作上一两年，也存不了多少钱。　일 년이나 이 년 일해도 대단한 저금은 할 수 없다．

144 壁という壁

息子の部屋は壁という壁に車のポスターが貼ってある。（＝すべての壁に）
The walls of my son's room are covered with car posters.
儿子的房间里，只要是墙面，全都贴着汽车的海报。아들의 방은 모든 벽에 자동차 포스터가 붙어 있다.

チラシをこの地域の家という家に配って歩いた。（＝すべての家に）
I delivered flyers to every single house in this area.
把广告单发送到这个区域的每家每户。전단을 이 지역의 모든 집에 배포하며 걸었다.

今日という今日は、この仕事をやり遂げなければならない。（＝今日は絶対に）
I must finish the work today!
就在今天，一定要完成这项工作。오늘만큼은 이 일을 전부 다 해야 한다.

> NというN
>
> ◆強調
>
> 慣用句 今度という今度
> （＝今度は絶対）

練習Ⅰ 正しいほうに○をつけなさい。

① 家に変なにおいがこもったので、窓（a. に　b. という）窓を全部開けた。

② （a. 1回や2回の　b. 1回や2回も）練習でギターは弾けるようにならないよ。

③ 彼は（a. 努力に努力　b. 努力するに努力）を重ねて、念願の弁護士になった。

④ 娘はおなかがすいていたらしく、（a. 食べる　b. 食べ）に食べていた。

⑤ 私は朝食はいつもコーヒー（a. で　b. に）パンです。

練習Ⅱ 下の語を並べ替えて正しい文を作りなさい。____に数字を書きなさい。

⑥ 彼は ____ ____ ____ ____ ピアニストになった。
　　1 練習を　　　2 ついに　　　3 練習に　　　4 重ねて

⑦ 彼女は ____ ____ ____ ____ を真っ赤に塗っていた。
　　1 爪という　　　　　　　　2 すべて
　　3 爪　　　　　　　　　　　4 学校の規則をよそに

▶答えは p.125、正解文の訳は別冊 p.27

第7週 2日目 努力に努力を重ねている

思い出すだに

No.38

学習日　　月　　日（　）

Q.（　）に入るのは？
（　）、偉そうなことを言うな。

できもしないで　　できやしないで　　できるもんか

145　40歳にして

40歳にして（初めて）車の免許を取った。（＝40歳のときに、初めて）
I got my first driver's license at the age of 40.
到了40岁才拿到了驾照。 40세가 되어 처음 자동차 면허를 땄다.

この改革は、あの政治家にして初めてできたことだ。
（＝あの政治家だから）
That politician is responsible for spearheading this reform.
这种改革是只有那个政治家才能做到的。 이 개혁은 저 정치가이기 때문에 비로서 이루어진 것이다.

Nにして（初めて）
◆強調

146　知りもしないで

知りもしないで偉そうなことを言うな。（＝よく知らないのに）
Don't act like you're an expert when you don't know much about it!
连知道都不知道，就不要说大话。 알지도 못하면서 잘난 듯이 말하지 마라.

彼は、いつもやりもしないで、できないと言う。（＝少しもやらないのに）
He always gives up before he tries.
他总是连做都不做，就说不会。 그는 항상 하지도 않고 할 수 없다고 한다.

Vますもしないで
◆強調
れい　謝りもしないで
　　　見向きもしないで

147　思い出すだに

この間の彼女の態度は、思い出すだに腹が立つ。（＝思い出すだけでも）
Thinking about her attitude the other day still upsets me.
上次她那态度，只要想起来就生气。 일전의 그녀의 태도는 생각만 해도 화가 난다.

地下鉄に乗っているときに大地震が起きたらどうなるだろう。想像するだに恐ろしい。
（＝想像するだけでも）
What will happen if an earthquake hits when I am using the subway? The thought is so scary.
如果坐地铁的时候发生了大地震会怎么样呢。光想像就让人恐怖。 지하철을 타고 있을 때에 큰 지진이 일어나면 어떻게 될까. 상상만해도 두렵다.

そんなこと、夢(に)だに思わない。（＝夢でさえ）
I can't even imagine that.
这样的事情，连做梦都没想过。 그런 건, 꿈에서조차 생각하지 않는다.

Vるだに
Nだに
◆硬い表現

148 慣れぬこととて

新入社員で**慣れぬこととて**、失礼があればお許しください。
（＝慣れないから）

V/A/na/N圏**こととて**
❗ Nだの
　naだな
❗ ない→ぬ
◆硬い表現

Please forgive us should any of our new staff not be as well-trained as they should be.
因为是新职员，有诸多不习惯之处，如有失礼敬请谅解。
신입 사원이라 익숙하지 않기 때문에 실례가 있으면 용서해 주세요.

年末年始は休業中の**こととて**、この時期の依頼にはすぐに対応ができない。（＝休業中だから）

We can't deal with such requests promptly during this long New Year holiday.
因为年末年初停止营业，这个时期的订单无法马上处理。
연말연시는 휴업 중이어서 이 시기의 의뢰에는 바로 대응을 할 수가 없다.

練習I 正しいほうに〇をつけなさい。

① まだ検討中の（a. こととて　b. だに）、はっきりとしたお返事はできません。

② あんな大きい会社の倒産は、誰もが想像（a. だに　b. にして）しなかった。

③ これほどの安売りは、現金取引（a. にして　b. だに）初めて可能になることだ。

④ 彼は、授業に遅れてきたのに、謝り（a. はしないで　b. もしないで）席に着いた。

⑤ 外国人と結婚するなんて、夢（a. にして　b. だに）思わなかった。

練習II 下の語を並べ替えて正しい文を作りなさい。＿＿に数字を書きなさい。

⑥ その俳優は、彼女に＿＿＿ ＿＿＿ ＿＿＿ ＿＿＿ 行ってしまった。
　　1　声をかけた　　2　もしないで　　3　見向き　　4　ファンに

⑦ 彼女はまだ＿＿＿ ＿＿＿ ＿＿＿ やってください。
　　1　初心者　　2　多少の失敗は　　3　大目に見て　　4　のこととて

▶答えは p.127、正解文の訳は別冊 p.27～28

p.123の答え：I－① b　② a　③ a　④ b　⑤ b
　　　　　　II－⑥ 3→1→4→2　⑦ 4→1→3→2

第7週 3日目 努力に努力を重ねている

仕事ぶり

No.39

学習日　　月　　日（　）

Q.（　）に入るのは？
彼の（　）は見ていて気持ちがいいね。

食べるぶり　食べっぷり　食べふり　食べかけ

149　秋めく

涼しくなって、ずいぶん秋めいてきましたね。（＝秋らしくなって）
It's getting cool and the weather has become very autumnal.
凉快了，很有秋天的味道了。　시원해져서 무척 가을다워졌습니다.

別れた恋人から、脅迫めいたメールが届いて、怖くなった。
（＝脅迫のように感じられる）
I was scared when my ex-boyfriend texted me and seemed to try to blackmail me.
收到了已分手的恋人带有恐吓含义的邮件，很害怕。　헤어진 애인에게서 협박이 담긴 메일이 와서 무서웠다.

> Nめく
> Nめいて
> N₁めいたN₂
> れい　謎めいた女性
> 　　　皮肉めいた言葉
> 　　　秘密めいた手紙

150　大人びる

愛ちゃん、大きくなってずいぶん大人びてきましたね。
（＝大人っぽくなって）
Ai, you've gotten so much bigger; you look so grown-up.
爱长大了，像个大人了呢。　아이쨩은 많이 자라서 꽤 어른스러워졌네요.

もっと！　男は、悪びれる様子もなく、取り調べに応じている。
（＝悪いと思っている）
The police are questioning him but he is showing no remorse for what he did.
男人接受了讯问，并没有发怵的样子。　남자는 미안한 기색도 없이, 취조에 응하고 있다.

> N／A　びる／びて〜／びたN
> れい　古びたコイン
> 　　　悪びる→悪びれる

151　金持ちぶる

彼は金持ちぶっているが、本当は借金がたくさんある。
（＝金持ちのふりをしている）
Though he pretends to be rich, in reality he is in serious debt.
他装着是有钱人，实际上有许多借款。　그는 부자인체하지만 사실은 빚이 많이 있다.

彼女はお酒に酔うと、かわい子ぶった口のきき方をする。
（＝意識してかわいく見せようとした）
She talks like a little girl once she gets drunk.
她一喝醉酒，说话就变得娇滴滴的。　그녀는 술에 취하면 귀여운 것처럼 말을 한다.

息子は悪ぶっているが、実は気の弱い優しい子です。（＝悪いように見せている）
My son acts tough, but he is actually quite weak and gentle.
儿子装着很坏，实际上是胆子小性情柔和的孩子。　아들은 나쁜척하지만 사실은 마음이 약한 상냥한 아이이다.

> na／N　ぶる／ぶって／ぶったN
> れい　親切ぶる
> 　　　学者ぶる
> 　　　先輩ぶる

152 仕事ぶり

先輩の仕事ぶりを見ながら要領を覚えよう。（＝仕事の様子）
You should learn the ropes by observing how your more experienced colleagues are working.
让我们看着前辈工作的样子来记住要领吧。 선배가 일하는 모습을 보면서 요령을 배우자.

社長の話しぶりでは、今年のボーナスはないようだ。（＝話の様子では）
According to what the president told us, there may not be a bonus this year.
从社长的话语来看，今年似乎没有奖金。 사장의 말투로 보아 올해 보너스는 없는 것 같다.

彼女、飲みっぷりがいいね。相当、酒に強いんだろう。（＝飲む様子）
She's drinking quickly. She must be able to drink a lot.
她喝酒很豪爽。看来酒量很大。 그녀는 술 마시는 기세가 좋네. 상당히 술이 셀 것 같다.

> Nぶり
> Vますぶり
> Vますっぷり
> れい 活躍ぶり
> 慌てぶり
> 食べっぷり
> 走りっぷり

練習Ⅰ 正しいほうに○をつけなさい。

① 彼は中学生になったとたん、大人（a. めいた　b. びた）ことを言うようになった。

② （a. 若者ぶって　b. 若者めいて）薄着などするから、風邪をひくんですよ。

③ 親切（a. ぶって　b. びて）近づいてくる人には気をつけてください。

④ 犯行現場には謎（a. めいた　b. びた）言葉が書かれていた。

⑤ 選手の活躍（a. ぶり　b. ぷり）がテレビで紹介されていた。

練習Ⅱ 下の語を並べ替えて正しい文を作りなさい。＿＿に数字を書きなさい。

⑥ 彼は＿＿＿ ＿＿＿ ＿＿＿ ＿＿＿をしていたが、実は一度も行ったことがなかったらしい。
　　1　ぶって　　　2　常連　　　3　の話　　　4　その店

⑦ その記事に＿＿＿ ＿＿＿ ＿＿＿ ＿＿＿が大量に出版社に届いた。
　　1　メール　　　2　対する　　　3　反論　　　4　めいた

▶答えは p.129、正解文の訳は別冊 p.28

---

p.125 の答え：Ⅰ－①a　②a　③a　④b　⑤b
　　　　　　Ⅱ－⑥1→4→3→2　⑦1→4→2→3

第7週 4日目 努力に努力を重ねている
聞くにたえない

No.40

学習日　月　日（ ）

153　使用にたえる

これは 50 年間の<u>使用にたえる</u>丈夫な製品です。（＝使用が十分可能な）
This is a very durable product which will last for 50 years.
这是能经得住使用 50 年的坚固产品。 이것은 50 년 동안 충분히 사용할 수 있는 튼튼한 제품입니다．

この展示は<u>鑑賞にたえる</u>作品が少ない。（＝鑑賞する価値のある）
There are not many works of art which are worth looking at in this exhibition.
这个展览中经得住鉴赏的作品少。 이 전시는 감상할만한 작품이 적다．

> Vるにたえる
> Nするにたえる
> れい　議論にたえる
> 　　　読むにたえる
> 　　　見るにたえる
> 　　　聞くにたえる
> ◆「耐える」「堪える」とも書く

154　聞くにたえない

彼女のバイオリンは、あまりに下手で<u>聞くにたえない</u>。
（＝聞くことが我慢できないほどひどい）
She plays the violin so poorly that we can hardly listen to her.
她的小提琴拉得太差，简直不堪入耳。 그녀의 바이올린은 너무나 서툴러 참고 들을 수 없다．

昨日の映画は残酷で<u>見るにたえなかった</u>。
（＝見ることが我慢できないほどひどかった）
The movie I saw yesterday had many cruel scenes so it wasn't worth watching.
昨天的电影太残酷，不堪入目。 어제의 영화는 잔혹해서 참고 볼 수가 없었다．

> Vるにたえない
> Nするにたえない
> れい　鑑賞にたえない
> 　　　読むにたえない
> ◆「堪えない」とも書く

155　信頼するに足る

彼は、<u>信頼に足る</u>人物だ。何でも相談するといい。
（＝十分信頼することのできる）
He is very trustworthy. You can ask him for advice on many things.
他是值得信任的人。什么都可以和他商量。 그는 신뢰하기에 충분한 사람이다．무엇이든 상담하면 좋다．

彼女は、その仕事を<u>任せるに足る</u>人です。（＝十分任せることができる）
You can trust her to do the job well.
她是值得委任这项工作的人。 그녀는 그 일을 맡기기에 충분한 사람입니다．

> Vるに足るN
> Nするに足るN
> れい　尊敬するに足る
> 　　　報告するに足る
> 　　　調査するに足る

156 恐れるに足りない

就職難など、能力がある学生にとっては、恐れるに足りない。
（＝恐れる必要はない）

Capable students need not worry about the job shortage.
对于有能力的学生来说，求职难不足为惧。 취직난 같은 건 능력이 있는 학생으로선 무서워할 필요 없다.

この証拠だけでは彼が無罪であることを証明するに足りない。
（＝証明するのに十分でない）

This evidence alone is not good enough to prove his innocence.
光凭这个证据不足以证明他无罪。 이 증거만으로서는 그가 무죄인 것을 증명하기에 부족하다.

取るに足りないうわさ（＝取り上げるほどの価値がない）
a worthless rumor　毫无价值的谣言　하찮은 소문

> Vるに足りない
> Nするに足りない
> 慣用句 取るに足りない
> 　恐るるに足らず
> 　（＝恐れるに足りない）

練習Ⅰ 正しいほうに○をつけなさい。

① 電車の中で、酔っ払いが聞く（a. にたえない　b. にたりない）言葉を大声で言っていた。

② 学生生活のいい思い出は、信頼する（a. たる　b. にたる）友人に出会えたということだ。

③ このシャツは、毎日の洗濯（a. にたえる　b. にたる）素材で作られています。

④ 交通事故の現場写真は、見るに（a. たえる　b. たえない）ものばかりだ。

⑤ この本は、子どもたちに推薦する（a. に足る　b. に足りない）いい内容だ。

練習Ⅱ 下の語を並べ替えて正しい文を作りなさい。＿＿に数字を書きなさい。

⑥ ＿＿ ＿＿ ＿＿ ＿＿ はっきりしたことは言えない。
　1 信ずるに　　2 なくして　　3 足る　　4 情報

⑦ 彼女の演技は、＿＿ ＿＿ ＿＿ ＿＿ ものだった。
　1 失敗続きで　　2 とても　　3 たえない　　4 見るに

▶答えはp.131、正解文の訳は別冊 p.28〜29

p.127の答え：Ⅰ－① b　② a　③ a　④ a　⑤ a
　　　　　　Ⅱ－⑥ 2→1→4→3　⑦ 2→3→4→1

第7週 5日目 努力に努力を重ねている

痛くもなんともない

No.41

学習日　月　日（　）

Q.（　）に入るのは？
彼なんかにあの映画のよさは（　）。

わかりゃしない
わかったらない
確かに、つまんない映画だったなぁ。

157　合格してみせる

今度こそ合格してみせるよ。（＝合格することを約束する）
This time I'll definitely pass the exam.
这次一定要考合格给你们瞧瞧。　이번에야 말로 합격해 보이겠다.

Vてみせる

ピアノ、うまくなったね。今の曲、もう一回弾いてみせて。（＝弾いて聞かせて）
You play the piano so much better now. Can you play the piece you just played again?
钢琴，有进步呀。刚才的曲子，再弹一次让我听听。　피아노 많이 늘었구나. 이 곡 한 번 더 쳐 봐.

158　痛くもなんともない

歯医者「虫歯がありますよ。」
患者「そうですか。まだ痛くもなんともないんですが……。」
　　　（＝全く痛くない）

Aくも なんともない
Naでも
Nでも ］なんでもない

◆強調
れい　ほしくもなんともない
　　　苦労でもなんでもない

Dentist: "You've got a cavity." Patient: "Oh, yes? I don't feel it at all."
牙医：「有虫牙。」患者：「是吗。倒是还不痛不痒的…」
치과의사「충치가 있습니다.」환자「그래요? 아직 전혀 아프지도 않습니다만…」

彼のこと、好きでもなんでもないけれど、なぜか気にかかる。
（＝好きでも嫌いでもない）
I don't really like him but there is something interesting about him.
对他并没有任何喜欢的感觉，可不知为什么总是惦记着。　그를 좋아하지도 싫어하지도 않지만 왠지 신경이 쓰인다.

159　つまらないといったらない

昨日見た映画は、つまらないといったらなかった。
（＝とてもつまらなかった）
The movie I saw yesterday was just too boring.
昨天看的电影无聊透顶。　어제 본 영화는 재미없기 그지없었다.

Aい/na　（とい）ったら ［ない
　　　　　　　　　　　　ありはしない
　　　　　　　　　　　　ありゃしない

◆VやNでも使えるものがある
れい　腹が立つ（とい）ったらない
　　　喉が渇く（とい）ったらない
　　　美しさ（とい）ったらない

今日は12時間も仕事をした。疲れたといったらありゃしない。（＝とても疲れた）
I worked for 12 hours today. I'm just so exhausted.
今天工作了12个小时。简直累死了。　오늘은 12시간이나 일을 했다. 피곤한 것은 이루 다 말할 수 없다.

130

160 わかりゃしない

最近、息子は私の言うことなど、聞きやしない。（＝全然聞かない）
Recently my son never listens to what I say.
最近儿子根本不听我的话。 요즘 아들은 내가 말하는 것 따위는 전혀 듣지 않는다.

> V<del>ます</del>やしない
> V<del>ます</del>ゃしない
> ◆「～はしない」の口語形

ドッグフードを変えたら、おいしくないのか、食べやしない。
（＝全然食べない）
I've changed my dog's dog food but he hasn't been eating it at all. Maybe it doesn't taste good.
换了狗粮后，也许是不好吃，狗连吃都不吃。 도그푸드를 바꾸니 맛이 없는지 전혀 먹지 않는다.

A「ああ、スカートにシミがついちゃった……。」
B「大丈夫だよ。誰もわかりゃしないよ。」（＝全然わからない）
"Oh, I got a stain on my skirt …" "Don't worry! Nobody'll notice it for sure!"
"啊，裙子上沾上脏点了…" "没关系，别人看不出来。"
「아, 스커트에 얼룩이 묻었어…」「괜찮아. 아무도 전혀 몰라.」

練習Ⅰ 正しいほうに○をつけなさい。

① 最近の若い人の服装は、私から見ると、見苦しい（a. といったらありゃしない b. といったりやしない）。

② 昨日のパーティーでの彼の態度は、失礼（a. というと b. といったら）なかった。

③ 自分の子がこんな罪を犯すとは、(a. 情けないといったらない b. 情けなくもなんともない)。

④ 何度誘われたって、僕はそんなところに（a. 行きやしない b. 行くったらない）よ。

⑤ 夏までに10キロ（a. やせてみせる b. やせるといったらありゃしない）よ。

練習Ⅱ 下の語を並べ替えて正しい文を作りなさい。＿＿に数字を書きなさい。

⑥ それを知って相当＿＿＿ ＿＿＿ ＿＿＿ ＿＿＿ といったらなかった。

　1 らしく　　　2 彼の　　　3 ショックだった　　　4 あわてよう

⑦ 先日の試合は、＿＿＿ ＿＿＿ ＿＿＿ ＿＿＿ 点に開きがあった。

　1 なんともない　　2 惜しくも　　3 負けても　　4 くらい

▶答えはp.133、正解文の訳は別冊p.29

p.129の答え：Ⅰ－①a ②b ③a ④b ⑤a
　　　　　　Ⅱ－⑥1→3→4→2　⑦1→2→4→3

第7週 6日目 努力に努力を重ねている
彼には及ばない

161 知られざる真実

政治の世界には、知られざる真実がたくさんある。(＝知られていない)
There are a lot of unrevealed truths in the world of politics.
政治的世界里有许多不为人知的事实。 정치의 세계에는 모르는 진실이 많이 있다.

VないざるN

絶えざる不安に夜も眠れない。(＝絶えない、ずっと続く)
I can't sleep at night because I worry incessantly.
不间断的不安，让我晚上也睡不着。 끝없는 불안에 밤에도 잠들 수 없다.

162 せざるを得ない

不本意だがそうせざるを得ない。(＝そうしなければならない)
Although I don't really want to do it, I have to.
虽然并非本意，但不得不这样。 본의는 아니지만 그렇게 하지 않을 수 없다.

Vないざるを得ない
⚠ しない→せざる

今回の失敗は君の責任と言わざるを得ない。(＝言わなければならない)
I must say that the fact that we failed is your responsibility.
不得不说这次的失败是你的责任。 이번 실패는 너의 책임이라고 하지 않을 수 없다.

163 わざわざ行くには及ばない

電話で済むことだから、わざわざ行くには及ばない。
(＝わざわざ行く必要がない)
You won't need to trouble yourself to go since you can do it over the phone.
打个电话就行了，不用专门去。 전화로 되는 일이니까 일부러 갈 필요는 없다.

Vる / Nする に(は)及ばない
れい 心配には及ばない
   それには及ばない

メールを使えばいい。郵便で送るには及ばない。
(＝郵便で送る必要がない)
You can use email. It's not as good as sending it by post.
使用电子邮件就行。不需要邮寄。 메일을 사용하면 된다. 우편으로 보낼 필요는 없다.

もっと！ 若者は言うに及ばず、老若男女を問わず、彼のコンサートに行っている。
(＝若者については言うまでもなく ☞p.51)
Not just young people, but men and women of all ages, go to his concerts.
年轻人自不待言，无论男女老少都去他的音乐会。 젊은이는 말할 것도 없고 남녀노소 할 것 없이 그의 콘서트에 간다.

164 彼には及ばない

どんなに頑張っても、彼の成績には及ばない。
（＝彼の成績のレベルには達しない）

No matter how hard I study, I can't compete with him.
不论怎样努力，都不会赶上他的成绩。 열심히 해도 그의 성적에는 미치지 않는다.

そのオリンピック選手は優勝したが、世界記録には及ばなかった。
（＝世界記録には達しなかった）

He won the gold medal at the Olympics but he could not break the world record.
那位奥运会选手虽然获胜，却没有达到世界纪录。 그 올림픽선수는 우승했지만, 세계 기록에는 미치지 못했다.

足元にも及ばない（＝相手のほうがはるかに優れている）
　　　can't compete with　遥不可及　발밑에도 다다르지 못한다

> **Nには及ばない**
> ◆「そのレベルには達していない」という意味
> 慣用句　足下にも及ばない

練習 I　正しいほうに○をつけなさい。

① 面接の結果は電話で連絡しますので、こちらに（a. 来る　b. 来ない）には及びません。

② この交通事故に関しては、歩行者側の不注意と（a. 言わざるを　b. 言わずを）えない。

③ その映画では、主人公が（a. 見えざる　b. 見ざるをえない）敵と戦う姿が印象的だった。

④ 京都には（a. およばず　b. およばない）が、この町にもお寺がたくさんあります。

⑤ 彼の言うことは間違っていないので、納得（a. しざる　b. せざる）を得ないだろう。

練習 II　下の語を並べ替えて正しい文を作りなさい。___に数字を書きなさい。

⑥ レオナルド・ダ・ビンチは、絵画や彫刻は ___ ___ ___ ___ 後世に多くの影響を残した。

　　1　自然科学の　　2　哲学や思想、　　3　分野においても　　4　言うにおよばず

⑦ 私は、自分の ___ ___ ___ ___ を得なかった。

　　1　ながらも　　2　納得せざる　　3　決定したことに　　4　意に反し

▶答えはp.135、正解文の訳は別冊p.29～30

---

p.131の答え： I －①a　②b　③a　④a　⑤a
　　　　　　　II －⑥3→1→2→4　⑦3→2→1→4

第7週 7日目 復習＋接続詞③

努力に努力を重ねている

学習日　　月　　日（　）

Q. 下線部を言い換える場合、a　bのどちらが正しいですか。（答えはp.138）

1日目　▶p.122,123

1. **よく考えて**進学を断念した。
   a　考えや考えて　　b　考えに考えて

2. 息子の部屋は**すべての壁に**車のポスターが貼ってある。
   a　壁といわず壁に　　b　壁という壁に

2日目　▶p.124,125

1. そんなこと、**夢でさえ**思わない。
   a　夢だに　　b　夢だけに

2. 新入社員で**慣れないから**、失礼があればお許しください。
   a　慣れもせずに　　b　慣れぬこととて

3日目　▶p.126,127

1. 別れた恋人から、**脅迫のように感じられる**メールが届いて、怖くなった。
   a　脅迫ぶった　　b　脅迫めいた

2. 男は、**悪いと思っている**様子もなく、取り調べに応じている。
   a　悪びれる　　b　悪ぶれる

4日目　▶p.128,129

1. 彼は、**十分信頼することのできる**人物だ。何でも相談するといい。
   a　信頼に足る　　b　信頼に耐える

2. 就職難など、能力がある学生にとっては、**恐れる必要はない**。
   a　恐れるに足りない　　b　恐れるに堪えない

5日目 ▶p.130,131

1. 昨日見た映画は、**とてもつまらなかった**。
   a　つまらないといったらなかった　　b　つまらなくもなんともなかった

2. 最近、息子は私の言うことなど、**全然聞かない**。
   a　聞くもしない　　b　聞きやしない

6日目 ▶p.132,133

1. 今回の失敗は君の責任と**言わなければならない**。
   a　言われざるを得ない　　b　言わざるを得ない

2. そのオリンピック選手は優勝したが、**世界記録には達しなかった**。
   a　世界記録には及ばなかった　　b　世界記録には得なかった

接続詞③　練習問題

【問い】正しいほうに○をつけなさい。（答えはp.138）

① 教科書（a. および　b. ならび）に参考書は、試験会場に持ち込まないようにしてください。

② 最近話題の現代画家のその作品は、大胆（a. ないしは　b. かつ）繊細なものだった。

③ 当事務所は日曜（a. おまけに　b. および）祝日は休業となっております。
　あらかじめご了承ください。

④ 人間は存在や時間などについて哲学的に思考する。（a. ゆえに　b. しかしながら）、他の動物と区別される。

---

p.133の答え：Ⅰ－①a　②a　③a　④b　⑤b
　　　　　　Ⅱ－⑥4→2→1→3　⑦4→1→3→2

第7週 7日目 努力に努力を重ねている

まとめの問題

制限時間：20分
1問4点×25問
答えは p.138、解説は別冊 p.30〜31

問題1 次の文の（　）に入れるのに最もよいものを、1・2・3・4から一つ選びなさい。

1. 彼女は、夫の暴力に（　　）いたが、ついに家を出て行く決心をした。
   1 我慢するも我慢しないで　　2 我慢に我慢を重ねて
   3 我慢という我慢を組んで　　4 我慢で我慢を合わせて

2. （　　）「やります」と言った彼の責任は重い。
   1 できるにたりて　2 できないにして　3 できもしないで　4 できなくはなくて

3. 近所の梅の木も色づき、春（　　）季節になりました。
   1 びる　　2 ぶる　　3 まく　　4 めく

4. 昨日見た映画は残酷なシーンばかりで、とても（　　）ものだった。
   1 見るにたえない　2 見ざるを得ない　3 見るだに恐ろしい　4 見るには及ばない

5. だれでも（　　）、死にたいと思ったことがあるのではないだろうか。
   1 十回に一、二回　2 今度という今度　3 一度や二度　4 何回にして何回も

6. 彼が自分の犯行であることを（　　）証拠が出てきた。
   1 認め足りない　2 認めるに耐えない　3 認めるに及ばない　4 認めざるを得ない

7. このあたりは、（　　）塀に落書きがされていて、地域の大きな問題になっている。
   1 塀や　　2 塀に　　3 塀とした　　4 塀という

8. 新入社員が入ってくると、急に先輩（　　）口のきき方をする人が多い。
   1 のふりで　　2 ぶった　　3 っぷりの　　4 ぶりの

9. 病院で寝たきりの母の姿を思い浮かべる（　　）、涙が出てくる。
   1 めく　　2 ぶり　　3 こととて　　4 だに

10. なにぶん不慣れ（　　）、ご迷惑をかけるかもしれませんが、よろしくお願いいたします。
    1 なこととて　2 だに　3 ぶって　4 に足るもので

11. 何の苦労もない君なんかにぼくの気持ちは（　　）さ。
    1 わからないったらない　　2 わかるったらない
    3 わかりゃない　　4 わかりゃしない

12 その病気は現在、薬の開発のおかげで、昔ほど（　　　）そうだ。
　1　恐れるに耐える　　　　　　　　2　恐れざるものだ
　3　恐れざるを得ない　　　　　　　4　恐れるに足りない

13 ご心配（　　　）。必ず期限までに完成させることをお約束いたします。
　1　には足りません　　　　　　　　2　には及びません
　3　かけるにたえません　　　　　　4　するもなんともありません

14 僕と結婚してください。あなたを必ず幸せに（　　　）。
　1　してみせます　　　　　　　　　2　してなります
　3　せざるを得ません　　　　　　　4　するにおよびます

15 彼女が男性にもてるのは、うらやましくもなんともない。（　　　）。
　1　私も彼女のように異性に注目されたい
　2　彼女のような女性は男性がほっておかないだろう
　3　私には素敵な彼がいるから
　4　彼女の彼はだれよりも素敵なんだから

問題2　次の文の　★　に入る最もよいものを、1・2・3・4から一つ選びなさい。

16 ＿＿＿　＿＿＿　★　＿＿＿　なかった。
　1　結婚10年目にして　　　　　　2　やっと妊娠したときの
　3　夫の喜びよう　　　　　　　　　4　といったら

17 さまざまな　＿＿＿　＿＿＿　★　＿＿＿　を楽しみにしている。
　1　が得られる　　2　この番組　　3　世界の情報　　4　知られざる

18 久しぶりに姪に会ったところ、スーツ姿だった。いつも　＿＿＿　＿＿＿　★　＿＿＿　いたので、少々驚いた。
　1　服装もさることながら　　　　　2　大人びて
　3　話し方が　　　　　　　　　　　4　ジーンズにスニーカーだった

19 ＿＿＿　＿＿＿　★　＿＿＿　がまだまだ残っている。
　1　信頼に足る　　2　ものかどうか　　3　その数値が　　4　調査の余地

20 ＿＿＿　＿＿＿　★　＿＿＿　が、それには及ばないだろう。
　1　ものなら　　2　を得ない　　3　修理できない　　4　新しいのを買わざる

問題3 次の文章を読んで、[21]から[25]の中に入る最もよいものを、1・2・3・4から一つ選びなさい。

　先月、A社が研究開始から[21]、世界最高強度である繊維の開発に成功したと発表した。J20と名づけられたこの繊維はスチール繊維の10倍もの強度があるだけでなく、熱にも強く、650度の温度での使用[22]特性を備える。象のような重量の重いものをつりさげるベルトはもとより、繊維自体が軽量なので、消防服のような衣類にも適用できるという。まさに今後の需要が期待されるものであった。

　[23]、そんなJ20も、ちょうど同時期にドイツで開発されたG30という繊維[24]のである。G30は、熱に対する耐性はJ20とそれほど変わらないものであるが、強度については、スチール繊維の20倍とされており、J20の強度を完全に上回っている。しかも、J20に比べて生産コストが半分程度だという。

　A社の広報部によると、開発チームの[25]は計り知れないものであったということだが、G30を超える繊維を開発すべくさらなる調査、研究に乗り出すということだ。

[21]　1　15年目にして　　　　　　　2　15年目にそって
　　　3　15年の歳月に即して　　　　4　15年の歳月を機に

[22]　1　にたえる　　2　にこえない　　3　してみせる　　4　に使用を重ねる

[23]　1　それゆえ　　2　それどころか　3　しかも　　　　4　しかしながら

[24]　1　より及ばない　　　　　　　　2　より及ばなかった
　　　3　には及ばず　　　　　　　　　4　には及ばなかった

[25]　1　落胆だに　　2　落胆めき　　　3　落胆たり　　　4　落胆ぶり

復習（p.134〜135）の答え：
[1日目] 1. b　2. b　[2日目] 1. a　2. b　[3日目] 1. b　2. a
[4日目] 1. a　2. a　[5日目] 1. a　2. b　[6日目] 1. b　2. a

接続詞③（p.135）の答え：①b　②b　③b　④a

まとめの問題（p.136〜138）の答え：
問題1　[1]2　[2]3　[3]4　[4]1　[5]3　[6]4　[7]4　[8]2　[9]4　[10]1
　　　　[11]4　[12]4　[13]2　[14]1　[15]3
問題2　[16]3（1→2→3→4）　[17]1（4→3→1→2）　[18]3（4→1→3→2）
　　　　[19]2（3→1→2→4）　[20]4（3→1→4→2）
問題3　[21]1　[22]1　[23]4　[24]4　[25]4

第8週

結果はどうあれ、努力しよう

今週の表現

1日目
- [ ] 冗談はさておき
- [ ] 結果はどうあれ
- [ ] 敬語はおろか
- [ ] 10年前ならいざ知らず

2日目
- [ ] 嘆くにはあたらない
- [ ] 想像に難くない
- [ ] 願ってやまない
- [ ] 愛でなくてなんだろう

3日目
- [ ] 明日でも差し支えない
- [ ] 用心するに越したことはない
- [ ] 数えればきりがない

4日目
- [ ] 同情を禁じ得ない
- [ ] 延期を余儀なくされた
- [ ] 考えすぎる嫌いがある
- [ ] 落第する始末だ

5日目
- [ ] 失礼極まる
- [ ] 無責任極まりない
- [ ] 感激の極み
- [ ] 光栄の至り

6日目
- [ ] 遅かれ早かれ
- [ ] 良きにつけ悪しきにつけ
- [ ] 周囲の反対をものともせずに
- [ ] 子どもじゃあるまいし
- [ ] 教師にあるまじき行為

第8週 結果はどうあれ、努力しよう

1日目 10年前ならいざ知らず

No.43

学習日　月　日（　）

Q.（　）に入るのは？
結果は（　）、試験が終わってほっとした。

どうあれ　どうなれ　何あれ　心配だ

165　冗談はさておき

<u>冗談はさておき</u>、この件についての解決方法を考えましょう。
（＝冗談はおいておいて）

> Nはさておき
> ◆話題を変えるときに使う

Joking aside, let's discuss solutions to this problem.
先不开玩笑了，让我们考虑一下这件事的解决办法吧。
농담은 그만두고 이 건에 대한 해결방법을 생각합시다.

<u>この話はさておき</u>、教科書の80ページを見てください。（＝この話は今は取り上げないで）

Moving on, please look at page 80 in the textbook.
这件事先暂且不提，请看教材的第80页。　이 이야기는 그만두고 교과서의 80페이지를 봐 주세요.

166　結果はどうあれ

<u>結果はどう（で）あれ</u>、悔いはない。（＝結果はどうであっても）
I have no regrets regardless of the result.
不管结果如何，我不后悔。　결과가 어떻든 후회는 없다.

<u>理由は何であれ</u>、教室での携帯電話の使用は認めません。
（＝理由が何であっても）

> Nはどう（で）あれ
> れい　いつであれ（＝いつでも）
> 　　　だれであれ（＝だれでも）
> 　　　どこであれ（＝どこでも）
> 　　　どんな〜であれ（＝どんな〜でも）

We won't allow you to use cell phones in the classroom for any reason.
不论是何种理由，都不允许在教室里用手机。
이유가 무엇이든, 교실에서의 휴대전화사용은 인정할 수 없습니다.

167　敬語はおろか

彼は、<u>敬語はおろか</u>日常会話もできない。
（＝敬語は当然できなくて）

> Nはおろか〜（も/まで/すら）
> ◆よくない状況を表す文が続く

He can't carry on a daily conversation, let alone properly use honorific expressions.
别说敬语了，他连日常会话都不会。　그는 경어는 물론 일상회화도 할 수 없다.

彼は<u>自分の会社はおろか</u>住んでいる家まで失ってしまった。（＝自分の会社は当然として、さらに）
Not only did he lose his company, he even lost his home.
别说自己的公司了，连住的房子都失去了。　그 사람은 자신의 회사는 물론 살고 있는 집마저 잃고 말았다.

ケガをして、<u>歩くのはおろか</u>立つことすらできない。（＝歩くのは当然できなくて）
I can't even stand up because of the injury, let alone walk.
受伤后，别说走路了，连站都站不起来了。　부상을 입어 걷는 것은 물론 서는 것조차 할 수 없다.

140

168　10年前ならいざ知らず

<u>10年前ならいざ知らず</u>、今時、そんな言葉は誰も使っていないよ。
（＝10年前については知らないが）

> Nなら
> Nは 　　}いざ知らず

I don't know about ten years ago, but nowadays no one would use that word.
10年前的话不得而知，但现在，这种词谁都不会用。
10년 전이라면 몰라도 요즘 그런 말은 아무도 쓰지 않는다．

<u>外国はいざ知らず</u>、それは我が国では法律で禁止されている。
（＝外国についてはどうか知らないが）

I don't know about other countries, but it is prohibited by law in our country.
外国暂且不说，这个在我们国家里被法律禁止.
외국은 잘 모르겠지만 그것은 우리 나라에서는 법률로 금지되어 있다．

練習 I　正しいほうに○をつけなさい。

① 幼稚園のころの友達の、名前（a. はおろか　b. どうあれ）顔さえ忘れてしまった。

② 昔（a. ならいざしらず　b. はおろか）、今そんな迷信を信じる人はいないだろう。

③ 仕事の話（a. はさておき　b. はいざ知らず）、今日は思いきり楽しみましょうよ。

④ 近所に泥棒が入り、現金（a. はさておき　b. はおろか）、冷蔵庫の中のものまで盗まれたそうだ。

⑤ どんな理由（a. であろうか　b. であれ）、入会金の返金は認められません。

練習 II　下の語を並べ替えて正しい文を作りなさい。____に数字を書きなさい。

⑥ 最近の大学生の中には、____ ____ ____ 知らない者がいる。

　1　はおろか　　2　すら　　3　レポートの書き方　　4　論文

⑦ 難しい問題は ____ ____ ____ ものから手をつけよう。

　1　解決　　2　すぐに　　3　さておき　　4　できそうな

▶答えは p.143、正解文の訳は別冊 p.31

第8週 2日目 結果はどうあれ、努力しよう

🔊 No.44

願ってやまない

学習日　月　日（　）

Q.（　）に入るのは？
彼が合格したのは、驚く（　）。

にかたくない

にはあたらない

ぼくが合格したら、みんな驚くだろう。

169　嘆くにはあたらない

試験に落ちたからといって、嘆く<u>にはあたらない</u>。
（＝嘆くほどのことではない）
It's not worth crying over failing the examination.
就算是考试落榜，也用不着唉声叹气。　시험에 떨어졌다고 해서 한탄할 정도는 아니다．

> Vるに(は)あたらない
> れい　心配するにはあたらない
> 　　　非難するにはあたらない
> 　　　驚くにはあたらない

10円貸したくらいで、感謝される<u>にはあたらない</u>。
（＝感謝されるほどのことではない）
It's not worth thanking me for lending you 10 yen.
就借了10日元，用不着感谢。　10엔 빌려준 정도로 감사를 받을 만한 일은 아니다．

170　想像に難くない

彼らが離婚したことは<u>想像に難くない</u>。（＝簡単に想像できる）
I'm not surprised to hear that they got divorced.
不难想象他们已离婚。　그들이 이혼한 것은 상상하기 어렵지 않다．

> Nするに難くない
> Vるに難くない
> れい　理解に難くない

この作品を作るのに、どんなに時間がかかったかは察する<u>に難くない</u>。（＝簡単に察することができる）
It's not hard to imagine how much time they spent making this work.
不难觉察出创作这个作品是多么花费时间。
이 작품을 만드는 데에 얼마나 시간이 걸렸는가는 짐작하기 어렵지 않다．

171　願ってやまない

僕は君たちの合格を願っ<u>てやまない</u>。（＝いつまでも強く願っている）
I wish you good luck with your (entrance) exam.
我衷心祝愿你们能合格。　나는 너희의 합격을 바라 마지 않는다．

> Vてやまない
> れい　祈ってやまない
> 　　　信じてやまない
> 　　　尊敬してやまない

私が愛し<u>てやまない</u>国は、タイです。（＝とても愛している国は）
The country I dearly love is Thailand.
我无比热爱的国家是泰国。　내가 사랑해 마지 않는 나라는 타이입니다．

172 愛でなくてなんだろう

彼女に対するこの気持ちは、愛でなくてなんだろう。
（＝愛以外のものではない／確かに愛だ）

This feeling of mine for her must be love.
对她的心情，不是爱是什么呢。　그녀에 대한 이 기분은 사랑이 아니고 무엇일까.

Nでなくてなんだろう。
◆感情がこもった言い方

あの政治家のやったことは汚職でなくてなんだろう。（＝汚職以外のことではない／確かに汚職だ）
What that politician did was definitely corrupt.
那个政治家的所作所为不是贪污是什么呢。　저 정치가가 한 짓은 오직이 아니고 무엇일까.

練習I 正しいほうに〇をつけなさい。

① 状況から判断して、彼が犯人であることは想像に（a. かたくない　b. あたらない）。

② 課長が会社を辞めたとしても、驚くには（a. かたくない　b. あたらない）。

③ 彼は裁判で無罪を主張しているが、彼のやったことは殺人で（a. なくて　b. なしで）なんだろう。

④ 母が死んで10年以上たつのに、父はまだ母を（a. 愛し　b. 愛して）やまない。

⑤ 両親を亡くした彼女の気持ちは、察するに（a. かたくない　b. あたらない）。

練習II 下の語を並べ替えて正しい文を作りなさい。____に数字を書きなさい。

⑥ 5分ぐらい ____ ____ ____ ____ あたらないだろう。

　1 からと　　2 遅れた　　3 いって　　4 怒るには

⑦ 子どものために病気になるまで働くとは、____ ____ ____ ____ だろう。

　1 愛　　2 なん　　3 親の　　4 でなくて

▶答えはp.145、正解文の訳は別冊p.31〜32

p.141の答え：I－①a　②a　③a　④b　⑤b
　　　　　　II－⑥4→1→3→2　⑦3→2→1→4

にはあたらない

第8週 3日目 結果はどうあれ、努力しよう

用心するに越したことはない

No.45　学習日　月　日（　）

Q.（　）に入るのは？
スーツじゃなくても（　　）ありません。

越したことは

きりが

差し支え

着られません。

■ 173　明日でも差し支えない

お返事は明日でも差し支えありません。（＝明日でもかまいません）
It will be fine if you can give me your answer tomorrow.
明天答复也没关系。　답변은 내일이어도 상관 없습니다.

この薬はいつも飲んでいるビタミン剤と併用しても差し支えない。
（＝併用しても問題がない）
You don't need to worry about taking this medication together with your daily vitamin.
这种药和平时吃的维生素一起吃也没关系。이 약은 언제나 먹고 있는 비타민제와 병용해도 지장이 없다.

もし差し支えないようでしたら（＝問題がなければ）
　　if it's alright with you　如果没有什么影响　혹시 지장이 없으시다면

Vても	
Aくても	差し支えない
naでも	
Nでも	

OK ～しなくても差し支えない
慣用句 差し支えないようなら

■ 174　用心するに越したことはない

用心(する)に越したことはない。傘を持っていこう。
（＝用心するのがいちばんいい）
It is better to be prepared. Let's take umbrellas with us.
小心一些最好。带着伞去吧。　조심하는 것보다 나은 것은 없다. 우산을 가지고 가야지.

お金はあるに越したことはない。（＝当然あるのはいいことだ）
It's better to have money.　有钱是最好的了。돈은 있는 것보다 나은 것은 없다.

安いに越したことはないが、品質が悪いものは買いたくない。（＝安いのは当然いいことだが）
It's better to get it cheaply but I don't want to buy poor quality goods.
虽然说最好是便宜，但也不想买质量差的东西。　당연히 싼 것이 좋지만 품질이 나쁜 것은 사고 싶지 않다.

Vる/Vないに越したことはない
Aい/Aくないに越したことはない
na(である)に越したことはない
N(である)に越したことはない
N~~する~~に越したことはない

もっと!　レポートの提出は、早ければ早いに越したことはない。
（＝早いほうがいい）
It would be better if you could submit your paper earlier.
交报告，越早越好。　리포트제출은 빠르면 빠를수록 좋다.

同じ商品だったら、安ければ安いに越したことはない。
（＝安いほうがいい）
It would be better if you could get the same goods cheaper.
如果是同样的商品，当然是越便宜越好。같은 상품이라면 싸면 쌀수록 좋다.

Vるなら(ば)Vる	
Aければ Aい	
naなら(ば)na(である)	
Nなら(ば)N(である)	
～ないなら(ば)ない	
	に 越したことはない

175 数えればきりがない

彼の欠点を数えればきりがない。（＝数えられないほど多い）
There are no bounds to his shortcomings. 他的缺点数不胜数。그의 결점을 세면 끝이 없다.

A「もっといい時計がほしい。」
B「このくらいで我慢しないと、上を見たらきりがないよ。」
（＝まだまだ上〈この場合、高いもの〉がある）

"I want a better watch."
"You should be happy with the one you have because if you start looking for a nicer one, you'll end up spending a lot more money."
"想要更好的表。" "差不多就凑合吧，光往上看的话，没有尽头。"
「좀더 좋은 시계가 필요해.」「이정도로 참아야지, 더 좋은 걸 찾다보면 끝이 없다.」

```
Vば    ]
Vたら   きりがない
Vると   ]
れい 欲を言えばきりがない
    愚痴を言えばきりがない
```

もっと！ きりがないから、この辺で終わりましょう。（＝いつまでも終わりは来ないから）

Let's stop here as there is no end to it. 因为没有个头，就在这里结束吧。끝이 없으니까 이 부근에서 끝냅시다.

練習 I 正しいほうに○をつけなさい。

① 勝ち負けは気にしないと言っても、やはり（a. 勝つに　b. 勝てば）越したことはない。

② 欲を言えば（a. きりが　b. きりも）ないから、このマンションに決めよう。

③ 性能が同じなら、価格が（a. 安いと　b. 安いに）越したことはない。

④ この場所なら、喫煙しても（a. 差し支えありません　b. 差し支えません）。

⑤ 不満を言うと（a. 差し支えない　b. きりがない）けれど、今の会社を辞めるわけにはいかない。

練習 II 下の語を並べ替えて正しい文を作りなさい。___に数字を書きなさい。

⑥ 資格を持っていると就職に有利だ。___ ___ ___ ___ なら取っておこう。
　1 持っている　　　　　2 持っていれば
　3 取れる　　　　　　　4 に越したことはないから

⑦ ___ ___ ___ ___ ところ、ほかの応募者は全員経験者だった。
　1 応募した　2 経験がなくても　3 というので　4 差し支えない

▶答えは p.147、正解文の訳は別冊 p.32

p.143の答え：I －①a　②b　③a　④b　⑤a
　　　　　　II －⑥2→1→3→4　⑦3→1→4→2

差し支え

145

第8週 4日目 結果はどうあれ、努力しよう

No.46

延期を余儀なくされた

学習日　　月　　日（　）

Q.（　）に入るのは？
君は考えすぎる（　）がある。

 しまつ
 きらい
 きり
 べきだ

176　同情を禁じ得ない

彼の不幸な人生には、<u>同情を禁じ得ない</u>。（＝同情しないではいられない）
I can't help but feel sorry for his unfortunate circumstances.
对于他不幸的人生，同情之心油然而生。　그의 불행한 인생에는 동정을 금할 수 없다．

その葬式での家族の挨拶に、<u>涙を禁じ得なかった</u>。
（＝涙を流さないではいられなかった）
I couldn't help but have tears in my eyes as I listened to the family members addressing the guests at the funeral.
听到举办葬礼的家人的致词，眼泪不禁夺眶而出。　그 장례식에서 가족들의 인사에 눈물을 금할 수 없다．

> Nを禁じ得ない
> ◆硬い表現
> れい　笑いを禁じ得ない
> 　　　怒りを禁じ得ない
> 　　　憤りを禁じ得ない

177　延期を余儀なくされた

その試合は雨のため、<u>延期を余儀なくされた</u>。（＝仕方なく延期した）
Due to the rain, the game had to be postponed.
因为下雨，那个比赛不得不延期。　그 시합은 비 때문에 연기를 하지 않을 수 없었다．

災害のため、多くの住民が<u>避難所での生活を余儀なくされている</u>。
（＝仕方なく避難所での生活をしている）
Many people have been forced to live in shelters because of the disaster.
因为受灾，众多居民不得不在避难所生活。　재해 때문에 많은 주민이 피난소에서 생활 하지 않을 수 없다．

> Nを余儀なくされる
> ◆硬い表現

178　考えすぎるきらいがある

彼は物事を少し<u>考えすぎるきらいがある</u>。（＝考えすぎる傾向がある）
He tends to take things too seriously.
他总爱对事情考虑得有点过多。　그는 일을 너무 많이 생각하는 경향이다．

この頃の若者は<u>協調性に欠けるきらいがある</u>。
（＝協調性に欠ける傾向がある）
Young people these days tend to lack the ability to work well with others.
这个时候的年轻人有缺乏协调性的倾向。　요즈음의 젊은이는 협조성이 없는 경향이 있다．

> Vるきらいがある
> Nのきらいがある
> ◆よくない傾向を表す
> ◆「～すぎるきらいがある」
> 　という形が多い
> れい　長すぎるきらいがある
> 　　　～に欠けるきらいがある
> ◆「嫌いがある」とも書く

146

179 落第する始末だ

息子には失望した。勉強しないどころか、落第する始末だ。
（＝落第するという状況だ）

I am so disappointed with my son. Not only does he not study, he has failed a course.
对儿子太失望了。不仅不学习，最后还留级了。
아들에게는 실망했다. 공부하지 않는 것은 물론이거니와, 낙제하는 상황이다.

昔はお金がなくて、電気や水道も止められる始末だった。
（＝止められるという状態だった）

I had so little money that my electricity and water were cut off.
以前没有钱，最后连电和水都被掐断了。 옛날에는 돈이 없어 전기나 수도도 끊어지는 형편이었다.

> **Vる始末だ**
> ◆最後によくない状況や結果になったことを表す
>
> 慣用句 この／その／あの始末だ

練習Ⅰ 正しいほうに○をつけなさい。

① 政治家の汚職を見るにつけ、怒りを（a. 禁じ得ない　b. 余儀なくされた）。

② 昨日の彼らのコンサートでは、興奮のあまり気を失う少女が出る（a. きらいがあった　b. 始末だった）。

③ 彼女は大げさに言う（a. きらいがある　b. 始末だ）から、そのつもりで聞くように。

④ すぐ治るけがだと言われたのに無理をしたため、手術（a. を余儀なくされた　b. を禁じえなかった）。

⑤ うちの娘は、ダイエットのしすぎで病気になり、（a. 入院する　b. 入院した）始末だ。

練習Ⅱ 下の語を並べ替えて正しい文を作りなさい。＿＿に数字を書きなさい。

⑥ 息子は ＿＿＿ ＿＿＿ ＿＿＿ ＿＿＿ あると学校の先生に指摘された。

　1 に欠ける　　2 慎重すぎて　　3 積極性　　4 きらいが

⑦ 彼は、＿＿＿ ＿＿＿ ＿＿＿ ＿＿＿ のか疑問である。

　1 始末で　　　　　　　　　　2 やる気がある
　3 遅刻してきたくせに　　　　4 早退したいと言い出す

▶答えは p.149、正解文の訳は別冊 p.33

---

p.145 の答え：Ⅰ－①a　②a　③b　④a　⑤b
　　　　　　　Ⅱ－⑥2→1→4→3　⑦2→4→3→1

きらい

第8週 5日目 結果はどうあれ、努力しよう   No.47

光栄の至り
こうえい　いた

学習日　　月　日（　）

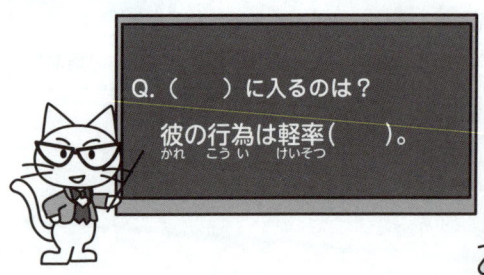

180　失礼極まる
しつれいきわ

彼の態度は**失礼極まる**。（＝これ以上ないほど失礼だ）
His attitude is rude in the extreme.
他的态度极其失礼。 그의 태도는 실례이기 그지없다.

昨日見た映画は、**平凡極まる**内容だった。（＝非常に平凡な）
The movie I watched yesterday was simply uninspired.
昨天看的电影，内容极其平凡。 어제 본 영화는 평범하기 그지없는 내용이었다.

結婚式で両親の言葉を聞いて、彼女は**感極まって**泣き出した。
（＝感情が最高に達して）
She was moved and started to cry as she listened to her parents speak at her wedding.
在结婚典礼上听了父母的话，她感激之至，不禁哭了。 결혼식에서 양친의 말을 듣고, 그녀는 감격한 나머지 울었다.

> na極まる
> ◆慣用句的表現
> れい　感極まる
> 　　　不愉快極まる
> 　　　退屈極まる
> 　　　卑劣極まる

181　無責任極まりない
むせきにんきわ

あの人は社長として、**無責任極まりない**。（＝これ以上ないほど無責任だ）
As president, he is totally irresponsible.
那个人作为社长，真是太不负责了。 저 사람은 사장으로서 무책임하기 그지없다.

あの発言は一国の首相として、**軽率なこと極まりない**。
（＝これ以上ないほど軽率だ）
As the Prime Minister of the country, that statement was totally inappropriate.
作为一个国家的首相，他的发言简直轻率至极。 저 발언은 한 나라의 수상으로서 경솔하기 그지없다.

> na（なこと）
> Aいこと　　極まりない
> ◆「極まる」と同じ意味
> 「極まりない」のほうがよく使われる

182　感激の極み
かんげききわ

優勝できて、**感激の極み**です。（＝最高に感激している）
I can't tell you how delighted I am that we've won the championship.
能够获胜，感激之至。 우승할 수 있어서 대단히 감격했습니다.

長時間の試合で、選手たちは**疲労の極み**に達していた。
（＝疲労の程度が最高の状態）
The players were totally exhausted during the long-lasting game.
由于长时间的比赛，选手们的疲劳程度达到了极点。 장시간의 시합으로 선수들은 피로가 극에 달해 있다.

> Nの極み
> ◆程度が最高
> れい　贅沢の極み
> 　　　残念の極み
> 　　　無知の極み

183 光栄の至り

こんなすばらしい賞をいただいて、光栄の至りです。
(＝これ以上ないほど光栄)

I am sincerely honored to receive such a prestigious award.
竟然得到这么了不起的奖，光荣之至。이렇게 멋진 상을 받아, 무척 영광스럽습니다.

若気の至りで、せっかく入った大学をやめてしまった。
(＝若いころの勢いが行きすぎた結果)

Due to the ignorance of youth, I quit the university which I entered with much trouble.
由于年轻气盛，好不容易考上了大学，却退学了。젊은 치기로 모처럼 들어간 대학을 그만 두어 버렸다.

Nの至り
◆慣用句的に使う／気持ちを表す
れい　感激の至り
　　　若気の至り
ダメ　疲労の至り

練習Ⅰ 正しいほうに○をつけなさい。

① 私は貧乏（a. 極まりない　b. の極み）環境で育ったので、外食などしたことがなかった。

② 戦争が長く続くその地域の人々の生活は、悲惨（a. 極みだ　b. 極まりない）。

③ テレビでは、その映画の残酷（a. 極まる　b. の至りの）シーンはカットされた。

④ あなたのような大スターとお会いできるなんて、感激の（a. 至り　b. 極まり）です。

⑤ あなたにとっては日常的なことかもしれませんが、私にとってはそれは贅沢（a. の極み　b. の極まり）です。

練習Ⅱ 下の語を並べ替えて正しい文を作りなさい。＿＿に数字を書きなさい。

⑥ ガソリンスタンドでタバコを吸う ＿＿ ＿＿ ＿＿ ＿＿ だ。
　1　極まりない　　2　など　　3　行為　　4　危険

⑦ 私の研究が ＿＿ ＿＿ ＿＿ 至りです。
　1　そのような　2　評価を受けた　3　感激の　4　ということは

▶答えはp.151、正解文の訳は別冊p.33～34

p.147の答え：Ⅰ－①a　②b　③a　④a　⑤a
　　　　　　Ⅱ－⑥2→3→1→4　⑦3→4→1→2

第8週 6日目 結果はどうあれ、努力しよう
子どもじゃあるまいし

No.48

学習日　月　日（　）

Q.（　）に入るのは？
結婚相手は（　　）きっと現れますよ。

遅くて早くて / 遅かれ早かれ / 遅いとも早いとも

早く現れてほしい！

184　遅かれ早かれ

この番組も、遅かれ早かれ視聴者に飽きられるだろう。
（＝その時期が遅いか早いかはわからないが）

People will sooner or later become tired of this program, too.
这个节目也早晚会被观众看腻。　이 프로그램도 늦든 빠르든 (언젠가) 시청자가 지루해 할 것이다.

若い女性なら、多かれ少なかれセクハラを経験したことがあるだろう。
（＝その人数が多いか少ないかはわからないが）

Every young woman has experienced sexual harassment of some sort.
年轻女性，多多少少都有过被性骚扰的经历。　젊은 여성이라면 많든 적든 성희롱을 경험한 적이 있을 것이다.

A₁かれA₂かれ
◆慣用句的表現
慣用句　遅かれ早かれ
　　　　多かれ少なかれ
　　　　良かれ悪しかれ

185　良きにつけ悪しきにつけ

良きにつけ悪しきにつけ、子どもは親の影響を受ける。
（＝良くても悪くても）

Children's good or bad behavior is affected by their parents' behavior.
不论是好是坏，孩子都会受到父母的影响。　좋든 나쁘든 아이는 부모의 영향을 받는다.

A₁につけ（A₂につけ）
◆慣用句的表現
OK　良きにつけ悪しきにつけ
　　　いいにつけ、悪いにつけ

186　周囲の反対をものともせずに

周囲の反対をものともせずに、二人は結婚した。
（＝周囲が反対しているのを全く気にしないで）

They were not bothered by the objections of others and got married anyway.
两人不顾周围的反对结婚了。　주위의 반대에 아랑곳하지 않고 두 사람은 결혼했다.

消防士たちは、危険をものともせずに、火の中に飛び込んで行った。（＝危険を全く恐れないで）

The firemen bravely went into the fire ignoring all risks.
消防队员们不顾危险，冲进了火海。　소방사들은 위험을 아랑곳하지 않고 불속으로 뛰어들었다.

Nをものともせずに
◆問題や困難に負けないで
れい　敵の攻撃をものともせずに
　　　嵐をものともせずに

187　子どもじゃあるまいし

子どもではあるまいし、泣くのはやめなさい。（＝子どもではないのだから）
Stop crying! You are not a child.
又不是孩子，別哭了。아이도 아니고, 우는 것은 그만둬라．

Nではあるまいし
Nじゃあるまいし

夏じゃあるまいし、この冬にTシャツ1枚で外出するなんて、頭がどうかしているよ。（＝夏ではないのだから）
You must be crazy going out in the middle of winter in a T-shirt. It's not summer, you know.
又不是夏天，冬天竟然穿着一件T恤就出去，真是脑子不正常。
여름도 아니고 이 겨울에 T셔츠 한 장으로 외출하다니, 머리가 어떻게 된 것 같아．

188　教師にあるまじき行為

学生を恐喝するとは、教師にあるまじき行為だ。
（＝教師という立場の人間にあってはならない）
It is totally unacceptable for a teacher to blackmail students.
竟然恐吓学生，是教师不应该有的行为。학생을 공갈하다니, 교사로서 있을 수 없는 행동이다．

N₁にあるまじきN₂
◆N₂＝こと／発言／行動／態度

練習 I　正しいほうに○をつけなさい。

① 昨日見た報道番組では、この世に（a. あるまい　b. あるまじき）光景が次々と流された。

② 野菜が体にいいのはわかるが、（a. 馬じゃあるまいし　b. 馬にはあるまいし）こんなにたくさんは食べられない。

③ 彼女は足の痛み（a. にあるまじき　b. をものともせずに）、マラソンを走り抜いた。

④ 弱い者をだまして金を取るなど、人に（a. あるまじき　b. あるまいし）行為だ。

⑤ 人は、（a. 多くにつけ少なくにつけ　b. 多かれ少なかれ）悩みはあるものです。

練習 II　下の語を並べ替えて正しい文を作りなさい。＿＿に数字を書きなさい。

⑥ それを食べた ＿＿ ＿＿ ＿＿ ＿＿ 、吐き出すなんて大げさすぎるよ。
　1　から　　　2　死ぬ　　　3　といって　　　4　わけじゃあるまいし

⑦ 子どもはいいに ＿＿ ＿＿ ＿＿ ＿＿ ながら成長している。
　1　につけ　　2　大人を見習い　3　悪い　　　4　つけ

▶答えはp.153、正解文の訳は別冊p.34

p.149の答え：I －①a　②b　③a　④a　⑤a
　　　　　　II －⑥2→4→1→3　⑦1→2→4→3

遅かれ早かれ

第8週 結果はどうあれ、努力しよう
7日目 復習＋接続詞④

学習日　月　日（　）

Q. 下線部を言い換える場合、a bのどちらが正しいですか。（答えは p.156）

1日目　▶p.140,141

1. **この話は今は取り上げないで**、教科書の80ページを見てください。
   a　この話はどうあれ　　b　この話はさておき

2. **外国についてはどうか知らないが**、それは我が国では法律で禁止されている。
   a　外国はいざ知らず　　b　外国はおろか

2日目　▶p.142,143

1. 試験に落ちたからといって、**嘆くほどのことではない**。
   a　嘆くにかたくない　　b　嘆くにはあたらない

2. 彼女に対するこの気持ちは、**愛以外のものではない**。
   a　愛でなくてどうだろう　　b　愛でなくてなんだろう

3日目　▶p.144,145

1. お返事は**明日でもかまいません**。
   a　明日でも差し支えません　　b　明日でも差し支えありません

2. 彼の欠点は**数えられないほど多い**。
   a　数えればきりがない　　b　数えてもきりがない

4日目　▶p.146,147

1. 彼の不幸な人生には、**同情しないではいられない**。
   a　同情を禁じ得ない　　b　同情を余儀なくされた

2. 彼は物事を少し**考えすぎる傾向がある**。
   a　考えすぎるきらいがある　　b　考えすぎる始末だ

5日目 ▶p.148,149

1. あの人は社長として、**これ以上ないほど無責任だ。**
   a　無責任極まりだ　　b　無責任極まりない

2. 長時間の試合で、**選手たちは疲労の程度が最高の状態**に達していた。
   a　疲労の至り　　b　疲労の極み

6日目 ▶p.150,151

1. この番組も、**その時期が遅いか早いかはわからないが**視聴者に飽きられるだろう。
   a　遅かれ早かれ　　b　遅いにつけ早いにつけ

2. **子どもではないのだから**、泣くのはやめなさい。
   a　子どもにはあるまいし　　b　子どもではあるまいし

あなたたちの合格を願ってやみません。

接続詞④　練習問題

【問い】正しいほうに○をつけなさい。（答えはp.156）

① 住民票の写しを請求する場合は、本人（a. ならびに　b. もしくは）同一世帯の方に限ります。

② 当会場は駐車場も駐輪場もありませんので、電車（a. ないしは　b. かつ）バスでお越しください。

③ エアコンの調子が悪い。（a. および　b. おまけに）洗濯機も壊れそうだ。

④ 結婚しない女性が増えている。（a. ちなみに　b. それゆえ）この課の女性社員の6割が独身である。

---

p.151の答え：Ⅰ－①b　②a　③b　④a　⑤b
　　　　　　　Ⅱ－⑥1→3→2→4　⑦4→3→1→2

第8週 7日目　結果はどうあれ、努力しよう

まとめの問題

制限時間：20分
1問4点×25問
答えはp.156、解説は別冊p.34〜35
点数　　/100

問題1 次の文の（　）に入れるのに最もよいものを、1・2・3・4から一つ選びなさい。

[1] 一見平和に見えるこの国だが、（　　　）ほどの問題を抱えている。
　1　数えるにこしたことがない　　　2　数えればきりがない
　3　数えるにはあたらない　　　　　4　数えるにかたくない

[2] 小学生（　　　）、大学生にもなってこんな簡単な算数がわからないとは情けない。
　1　ならいざ知らず　2　はおろか　3　に差し支えず　4　をものともせずに

[3] 私の隣に座っていた人は、コンサートの開始に遅れただけではなく、居眠り（　　　）。
　1　の至りだった　　　　　2　を禁じえなかった
　3　をする始末だった　　　4　を余儀なくされた

[4] 酔っていたとはいえ、失礼（　　　）態度を取ってしまい、誠に申し訳ありませんでした。
　1　きりがない　2　極まりない　3　あるまじき　4　の至りの

[5] 仲間が海で遭難した。彼らの無事を（　　　）。
　1　願ってやまない　2　願い極まる　3　願う始末だ　4　願うにかたくない

[6] 首相が辞任したのは、筋書き通りで（　　　）。
　1　驚くことにこしたことはなかった　　2　驚きにかたくなかった
　3　驚きを禁じ得なかった　　　　　　　4　驚くにはあたらなかった

[7] A社は昨今の不景気（　　　）、業績を伸ばしている。
　1　はおろか　2　をいざ知らず　3　はさておき　4　をものともせず

[8] 馬（　　　）、こんなにたくさんのニンジンは食べられませんよ。
　1　は何であれ　2　じゃあるまいし　3　はおろか　4　にあるまじきで

[9] 特に秘密にしているわけではないので、（　　　）。
　1　誰に話しても極まりません　　　　2　誰かに話すにはあたりません
　3　誰かに話すにこしたことはありません　4　誰に話しても差し支えありません

[10] 経営の危機に面して、社長はリストラの決断をしたが、彼の決断はいつも（　　　）。
　1　遅すぎるきらいがある　　　2　遅く極まりない
　3　遅いにこしたことはない　　4　遅くても差し支えない

11 偽造した硬貨を自動販売機などで使用する事件が相次いだため、その硬貨のデザインや材質の（　　　）。

1　変更を禁じえなかった　　　　　2　変更するにあたった
3　変更を余儀なくされた　　　　　4　変更をものともしなかった

12 若いときならいざ知らず、（　　　）。

1　年を取るのは避けられません　　2　年を取りたくないものです
3　今はそんなきつい運動はできません　4　今は運動がきつくても少しずつやっています

13 彼は自分の店はおろか、（　　　）。

1　自宅まで失ってしまった　　　　2　自宅まで自分で建てた
3　友人の店まで手伝っている　　　4　友人の店まで有名にした

14 自分の子どもを虐待するなど、（　　　）。

1　親にとって想像にあたらない　　2　親になれば想像に難くない
3　親として失礼極まる行為だ　　　4　親としてあるまじき行為だ

15 このような不当な判決には、怒りを禁じ得ません。（　　　）。

1　理由によっては、受け入れたいです　　2　まったく受け入れられなくはありません
3　断固、抗議するつもりです　　　　　　4　やはり、抗議せずにすむでしょう

問題2 次の文の ★ に入る最もよいものを、1・2・3・4から一つ選びなさい。

16 ＿＿＿　＿＿＿　★　＿＿＿　のは残念の極みです。

1　その制度が廃止される　　　　2　今までの活動が
3　無駄になる　　　　　　　　　4　理由はどうあれ

17 朝から晩まで好きな人のことばかりを考え ＿＿＿　＿＿＿　★　＿＿＿　なんだろう。

1　この状態は　　2　でなくて　　3　恋の病　　4　夜もなかなか寝られない

18 ＿＿＿　＿＿＿　★　＿＿＿　のは言うまでもないだろう。

1　にこしたことはない　　　　　2　簡単に治る病気
3　とはいえ　　　　　　　　　　4　そんな病気にならない

19 育った家庭環境を考えれば彼の行動は ＿＿＿　＿＿＿　★　＿＿＿　ものではない。

1　それで　　2　理解に難くない　　3　許される　　4　と言われるが

20 昨日見た映画は、映像技術は ＿＿＿　＿＿＿　★　＿＿＿　あたらない。

1　評価するには　　2　さておき　　3　ストーリーは　　4　ありふれたもので

問題3 次の文章を読んで、21 から 25 の中に入る最もよいものを、1・2・3・4から一つ選びなさい。

　いじめにあって学校へ行けなくなった生徒に事情を聞いた。首謀者は２人であったが、クラス全員に指示をして、皆で彼をいじめていたらしい。彼がとても苦しんでいたであろう事は、想像する 21 。首謀者のみならず、加担した他の生徒も、どのような 22 、いじめに加担した行為は許されることではない

　調査の結果、いじめは実際にあったらしく、担任教師は事実を知りつつも何の対処もしていなかったらしい。それどころか、いじめていた生徒の肩を持っていたような証言もある。これが事実なら 23 行為である。

　学校側は、この件が社会的な大きい事件となっていないということで、穏便に済ませようとしている。いじめの首謀者、加担者、担任教師に対して、口頭での注意だけという対処にとどめている始末だ。これは、無責任 24 ことで、学校側の信用にも関わることだ。事実を明らかにし、今後、このようなことがおこらないように学校全体で問題にあたることを願って 25 。

21　1　にこしたことはない　　　2　きらいがある
　　3　にあたらない　　　　　　4　にかたくない

22　1　理由はさておき　　　　　2　理由であれ
　　3　理由はおろか　　　　　　4　理由ならいざ知らず

23　1　教育者にあるまじき　　　2　教育者がきんじえない
　　3　教育者でなかろう者の　　4　教育者ごとくではない

24　1　きわめる　　2　きわみの　　3　きわまりない　　4　きわまらない

25　1　やまない　　2　きりがない　　3　すぎない　　4　たえない

復習（p.152〜153）の答え：
1日目　1.b　2.a　　2日目　1.b　2.b　　3日目　1.b　2.a
4日目　1.a　2.a　　5日目　1.b　2.b　　6日目　1.a　2.b

接続詞④（p.153）の答え：①b　②a　③b　④a

まとめの問題（p.154〜156）の答え：
問題1　1 2　2 1　3 3　4 2　5 1　6 4　7 4　8 2　9 4　10 1
　　　 11 3　12 3　13 1　14 4　15 3
問題2　16 2（1→4→2→3）　17 3（4→1→3→2）　18 4（2→3→4→1）
　　　 19 1（2→4→1→3）　20 4（2→3→4→1）
問題3　21 4　22 2　23 1　24 3　25 1

模擬試験
もぎしけん

- 第1回　p.158〜161

- 第2回　p.162〜165

答え・解説・訳は別冊にあります。
こた　かいせつ　やく　べっさつ

Answers, explanations and translations can be found in the separate booklet.
答案、解说和翻译在附录的别册里。
대답・해설・번역은 별책에 있습니다.

模擬試験 第1回

制限時間：25分
1問5点×20問
答えは別冊 p.35～36

問題1 次の文の（　）の中に入れるのに最もよいものを、1・2・3・4から一つ選びなさい。

1　周りがいくら（　　）、本人のやる気がないということが大問題だ。
　　1　励ますかたわら　　2　励まさずとも　　3　励ますこととて　　4　励まそうとも

2　（会社で）
　上司「今回の件は、中村さんの失敗ではあるが、上田さんの指導方法にも問題があるんじゃないかな。」
　上田「はい、自分自身の無力を痛感（　　）、彼女を責める気持ちはありません。」
　　1　によらず　　2　こそすれ　　3　ことなしに　　4　ともなると

3　通常は大家の（　　）、壁紙を張り替えることはできない。
　　1　了承いかんによっては　　　　2　了承なくして
　　3　了承とあれば　　　　　　　　4　了承といえども

4　（面接で）
　面接官「志望理由を簡潔に述べてください。」
　志願者「（　　）の観光学科には、初年度からある留学プログラムが充実しているからです。」
　　1　弊校　　2　御社　　3　御校　　4　貴社

5　もう一度（　　）。今後は、メールにてお知らせいたします。
　　1　来ていただかざるを得ません　　2　来ていただくには及びません
　　3　来ていただくにとどまりません　　4　来ていただくことに限りません

6　（契約書の一部）
　両者が協議を行うときは、当該協議の内容を書面に記録する（　　）。
　　1　こととみられる　　2　ことにされる　　3　ものとする　　4　ものにされる

7　相手チームは強豪だったが、我が国の選手たちは初出場とはいえ、落ち着いてプレーをしていた。相手の攻撃を（　　）、終始試合をリードし初戦を勝ち抜いた。
　　1　ものにして　　2　ものともせず　　3　おかずに　　4　およばず

8 Y県Z町で3日未明、乗用車が歩道に乗り上げて炎上する事故があり、車内から男性と（　　）遺体が見つかりました。

1　みられる　　　2　される　　　3　きている　　　4　なる

9 故郷が（　　）、だれでも過去の記憶はあり、それが思い出となる。不思議なことに、生まれる前の光景をも思い出として持っている場合がある。

1　あるにせよ　　　　　　　　2　ないのやら
3　ないながらに　　　　　　　4　あろうがなかろうが

10 卒業論文を来週までに（　　）、毎日のように徹夜が続いている。

1　完成するなりして　　　　　2　完成させんがために
3　完成させようとあれば　　　4　完成させようにも

問題2　次の文の　★　に入る最もよいものを、1・2・3・4から一つ選びなさい。

11 ぼくは人に指図されるのが大嫌いな　＿＿＿　＿＿＿　★　＿＿＿　母を悩ませたらしい。

1　怠け者な　　　　　　　　　2　どんな子になるのやらと
3　上に　　　　　　　　　　　4　もので

12 プロの歌手　＿＿＿　★　＿＿＿　＿＿＿　は緊張しない者はいないだろう。

1　いえども　　　2　大会場で　　　3　と　　　4　これほどの

13 友人から山登りに誘われた。中程度の山だが、30キロ　＿＿＿　★　＿＿＿　＿＿＿　と思い断った。

1　荷物を背負って歩くのは　　　2　荷が重い
3　の　　　　　　　　　　　　　4　から

14 アトピー性皮膚炎や花粉症などのアレルギー疾患は、　＿＿＿　＿＿＿　＿＿＿　★　が、現在、遺伝の問題だけでは説明がつかないほど患者が増えている。

1　遺伝的な傾向のある人が　　　2　とされていた
3　そのような症状になる　　　　4　アレルギー体質という

15 この法律を破ったものは　＿＿＿　＿＿＿　★　＿＿＿　ということだが、この法律自体の正当性を疑問に思うのは私だけであろうか。

1　ということになる　　　　　2　であれ
3　だれ　　　　　　　　　　　4　逮捕

問題3 次の文章を読んで、文章全体の趣旨を踏まえて、16 ～ 20 の中に入る最もよいものを、1・2・3・4から一つ選びなさい。

以下は、作家が書いたエッセイである。

うちの家族

父を六歳の時に亡くしたという事実が、女である私の成長過程で精神的にどのような影響を及ぼしてきたか、それは私にもわからない。

しかし、16 私も弟も、男の人がほんとうに怒ったときの怖さを知らぬまま大人になってしまった。

小さい頃、友達の家に泊まりにいくと、夕方そこの家のお父さんが帰宅した時と同時に、家の中の人がピリピリするそんな瞬間を感じたことがあった。お母さんはお父さんの背広を受け取り、いそいそと食事の用意を始め、子どもたちは今まではしゃいでいたのに皆少しおとなしくなった。こんな瞬間が父親のいないわが家にはなかった。

母は「母子家庭」という言葉を忌みきらう(注1)。うちは好き好んで母子家庭になったんじゃない―離婚して母子家庭を選んだ人と一緒にしないでほしいという強い思いが母の中にはあるようだ。

17 、私たちを育てる過程で、「あそこの家はお父さんがいないからあんなふうなのよ」というように、人からうしろ指をさされるようなことだけはない子どもたちに育てなければという気負い(注2)が母にはあったと思う。

私も弟もグレ(注3)こそしなかったが、節目節目(注4)には多かれ少なかれ 18 反抗期というものを迎えた。こんな時母親は、「あー、女親じゃ、やっぱりダメ。こういう時は男親にガツンと一発やってもらわないと」―といつも情けなさそうに言っていた。

そうは言っても、女親としては母はかなり厳しいほうだったと私は思っている。19 母は、本気で私たちを叱るときは容赦(注5)なく平手でパチンとやった。食事中についうっかりお膳の上のコップをひっくり返したりしたときも、「テレビのほうばっかり、よそ見しているからでしょ！」とゴツンとやられ、20 パチッとテレビを消された。そのゴツンが、かなり痛いゴツンだった。

（中井貴惠著『父の贈りもの』角川文庫による）〈一部改変〉

(注1) 忌みきらう：ひどくいやがる
(注2) 気負い：自分こそはという気持ち
(注3) グレる：不良になる
(注4) 節目：物事の区切り目
(注5) 容赦なく：手加減しないで

16　1　よいにつきわるいにつき
　　2　よかろうわるかろう
　　3　よいともわるいとも
　　4　よかれあしかれ

17　1　それどころか
　　2　ならびに
　　3　および
　　4　それゆえに

18　1　人なみに
　　2　人ならではの
　　3　人ゆえに
　　4　人のごとく

19　1　小さなことはおろか
　　2　小さいことじゃあるまいし
　　3　どんな小さいことにつき
　　4　どんな小さなことであれ

20　1　かつ
　　2　ないしは
　　3　もしくは
　　4　だが

模擬試験 第2回

制限時間：25分
1問5点×20問
答えは別冊 p.37〜38
点数／100

問題1 次の文の（　）の中に入れるのに最もよいものを、1・2・3・4から一つ選びなさい。

① 物は何もしないと増えるばかりである。不要な物をしまうことを考えるより、人にあげる（　　　）して、減らす努力をすべきである。

　1　ことなりして　　2　なりなんなり　　3　やらどうやら　　4　にせよ

② 私はカフェを経営する（　　　）、介護士の資格を取るために通信教育で勉強している。

　1　かたわら　　2　がてら　　3　そばから　　4　べく

③ 田中「来週、大型の台風が来るようですね。スポーツ大会は、どうなるでしょうか？」
　主催者「台風の状況（　　　）、延期する可能性も出てきます。」

　1　もさることながら　　2　にはおよばず　　3　にとどまらず　　4　いかんによっては

④ （家庭で）
　父親「あゆみ、まだ帰ってこないのか。最近、前（　　　）遅いじゃないか。」
　母親「あ、もうすぐ帰るって連絡が入ったけれど、本当にねえ。」

　1　にひきかえ　　2　ともあれば　　3　にもまして　　4　のようにせよ

⑤ （レストランでワインリストを見ながら）
　客「おすすめのワインはどれでしょうか？」
　接客係「これとこれなどは、間違いなく（　　　）と思います。」

　1　お気に召していただける
　2　お気に入りになられる
　3　お好きでいらっしゃれる
　4　お好きだと申される

⑥ 子どもの命が助かると（　　　）、どれほど高価な治療であっても受けさせたいと思うのが親の常であるが、経済的理由でその治療を断念しなければならないことが多々ある。

　1　なって　　2　あれば　　3　ふまえて　　4　と限って

⑦ 夫婦の収入を合算し、（　　　）、それぞれの給料が徐々にアップすることを前提とした住宅ローンを組むということに、当時は何の不安も抱かなかった。

　1　もしくは　　2　ないしは　　3　それゆえ　　4　なおかつ

[8] 今朝も起きようとしたら、めまいがした。(　　　)、このところよくめまいがする。病院で検査してもらったが、特に悪いところはない。かえって心配だ。

1　今日にかぎったことではなく　　2　今日というものの
3　今日だけかと思いきや　　　　　4　今日というまでもなく

[9] 中村「ね、新入部員の山田君、彼女いるのかな？」
田中「いるでしょ。彼、頭が良くてかっこいい（　　　）んだもの。」

1　としている　　2　ときている　　3　とみられてる　　4　とされている

[10] 一郎「お母さん、ぼく一人でブランコがこげるようになったよ。」
母親「へー、すごい。じゃ、あとで一緒に公園に行ったときに、(　　　)ね。」

1　やれるように　　2　やろうとあって　　3　やろうとして　　4　やってみせて

問題2　次の文の　★　に入る最もよいものを、1・2・3・4から一つ選びなさい。

[11] 桐のタンスは、＿＿＿　★　＿＿＿　＿＿＿　生まれ変わらせることができます。

1　古びてしまっても　　　　　2　まるで新品のように
3　何十年も使い続けて　　　　4　修理再生し

[12] その店の服は、デザインがいいけれど着にくいなどと　＿＿＿　★　＿＿＿　＿＿＿　庶民には縁がないものです。

1　いずれにせよ　　　　2　あるが
3　賛否両論　　　　　　4　高価すぎて

[13] 株式投資はリスクがあるのは言うまでもない。株価の暴落により　＿＿＿　★　＿＿＿　＿＿＿　しまう可能性もあるからである。

1　になって　　2　無一文　　3　にして　　4　一夜

[14] その選手は、地方の大会　＿＿＿　★　＿＿＿　＿＿＿　と次々とよい成績を残し、世界選手権でもメダルを期待されている。

1　アジア大会　　2　全日本大会　　3　にして　　4　を皮切り

[15] 先日、先輩が会社を辞めるらしいという話を聞き、驚いて本人に確かめた。それは　＿＿＿　★　＿＿＿　＿＿＿　と言われた。

1　取る　　2　に過ぎない　　3　に足りない　　4　うわさ話

問題3 次の文章を読んで、文章全体の趣旨を踏まえて、 16 ～ 20 の中に入る最もよいものを、1・2・3・4から一つ選びなさい。

以下は、塾の教師が書いた文章である。

教師という仕事

　私は、子どもが好きで小さい頃から小学校の教師になることを夢見ていた。ところが、大学時代、サークル活動と遊びに明け暮れ、教職課程の単位を取り損ねてしまった。若気の 16 。留年してでも教職の道を選ぼうかとも思ったが、 17 経済的にも気力もなく、大学を卒業したあと、就職せずアルバイトをして生活していた。あのとき、あの道をちゃんと歩いていたら、と後悔しても時すでに遅しであった。いろいろなアルバイトを転々としつつ、半ば自分の人生をあきらめていた。しかしながら、3年前に友人の紹介で、塾で子供たちを教えるという仕事に出会ってから、私の人生も少しずつ変わってきた。

　私も小学校5年生から塾に通った経験はあるが、塾の先生たちに特別な印象はない。自分たちを上手に叱咤激励してくれて成績を上げてくれた人というイメージである。学校、特に小学校では、人間と人間との交わりが大きい意味を持つだろう。それに対し、塾の場合は、同じく対人間 18 、勉強以外のことでの関わりはほとんどないように思う。私は、塾での仕事は淡々とこなせばいいだろうと思っていた。

　ところが、この仕事は初日から楽しいと思えるものだった。初めて受け持ったクラスが3年生のクラスだったこともあるのか、子どもたちが無邪気で可愛い。また、地域的なものもあるのか、その 19 大変フレンドリーで、彼らと交わす会話も思っていたよりも多い。ときには悩み相談のようなことも持ち掛けられる。授業の準備にかなりの時間を取られ、教え方に戸惑いを感じ、自己嫌悪に陥ることもしばしばあるが、そのたびに子どもたちとの関わりのおかげで立ち直ることができている。

　この仕事を始めてから3年目経った今、以前にも増して楽しいと感じている。私の人生は少し回り道はしたけれども、子どもたちによって 20 ことに感謝している。

(注1) 叱咤激励：大声で叱るように励まし、元気づけること
(注2) 淡々と：冷静にことを進めるようす

16　1　極みである
　　2　至りである
　　3　理由である
　　4　始末である

17　1　それはさておき
　　2　それにはあたらず
　　3　そうならないのに
　　4　そうしようにも

18　1　とはいえ
　　2　ともあり
　　3　ともなく
　　4　とあって

19　1　親たちにおいて
　　2　親たちともあろうが
　　3　親たちであろうにも
　　4　親たちにしても

20　1　笑顔とされている
　　2　笑顔とならされている
　　3　笑顔にさせようとしている
　　4　笑顔にさせられている

さくいん

太字＝ ■で紹介している表現　　細字＝ □の中や もっと！ で紹介している表現

あ
- 〜あっての ･････････････ 75

い
- 〜いかんで(は) ････････ 92
- 〜いかんにかかわらず
  (→〜のいかんにかかわらず) ･･･ 93
- 〜いかんによって(は)
  (→〜いかんでは) ･･････ 92
- 〜いかんによらず
  (→〜のいかんにかかわらず) ･･･ 93

う
- 〜うが〜うが ････････････ 34
- 〜うが(→[疑問詞]〜うが) 35
- 〜うか〜まいか ････････ 36
- 〜うが〜まいが
  (→〜うと〜まいと) ････ 36
- 〜うと〜うと(→〜うが〜うが) 34
- 〜うと〜まいと ････････ 36
- 〜うと(も)
  (→[疑問詞]〜うが) ････ 35
- 〜うにも〜れない ･･････ 89
- 〜うにも(→〜うにも〜れない) 89

お
- おまけに ････････････ 117
- および ･･････････････ 117
- 〜折に(は) ･･･････････ 115

か
- 〜限りだ ･････････････ 52
- 〜限りで(→〜を限りに) 52
- 〜がごとく(→〜ごとく) 90
- 〜が最後(→〜たが最後) 58
- 〜かたがた ･･･････････ 61
- 〜がために(→〜んがために) 110

- 〜がための(→〜んがために) 110
- 〜かたわら ･･･････････ 60
- かつ ････････････････ 117
- 〜がてら ････････････ 60
- 〜かと思いきや ････････ 59
- 〜が〜なら、〜も〜だ ･･････ 38
- 〜かのごとく(→〜ごとく) 90
- 〜が早いか ･･･････････ 58
- 〜がまま(に)(→〜ままに) 106
- 〜がゆえ(に)(→〜ゆえに) 110
- 〜がゆえの(→〜ゆえの) 110
- 〜からある(→〜からする) 76
- 〜から言わせれば(→に言わせれば)
   ････････････････････ 21
- 〜からする ･･･････････ 76
- 〜からというもの(→〜というもの)
   ････････････････････ 57
- 〜からの(→〜からする) 76
- 〜(が)〜られる ････････ 20
- 〜かれ〜かれ ････････ 150

き
- [疑問詞]〜うが ･･････ 35
- [疑問詞]〜うと(も)
  (→[疑問詞]〜うが) ････ 35
- [疑問詞]〜ことやら
  (→[疑問詞]〜のやら) ･･ 43
- [疑問詞]〜のやら ････ 43
- [疑問詞]〜ものやら
  (→[疑問詞]〜のやら) ･･ 43
- [疑問詞]〜やら
  (→[疑問詞]〜のやら) ･･ 43
- 〜嫌いがある ････････ 146
- 〜きりがない(→〜ばきりがない)
   ････････････････････ 145
- 〜極まりない ････････ 148

- 〜極まる ･･･････････ 148
- 〜極み(→〜の極み) ･･ 148

く
- 〜くらい/ぐらい なものだ
  (→〜ぐらいのものだ) ･･ 16
- 〜くらい/ぐらい のものだ ･･ 16
- 〜くらい/ぐらい なら ･･ 16
- 比べものにならない
  (→〜とは比べものにならない) ･･ 78
- 〜ぐるみ ･････････････ 72

こ
- 〜こそあるが(→〜こそあれ) 14
- 〜こそあれ ･･･････････ 14
- 〜こそ〜が ･･･････････ 15
- 〜こそ〜けれど…(→〜こそ〜が…)
   ････････････････････ 15
- 〜こそすれ ･･･････････ 14
- 〜ごとき ･････････････ 91
- 〜こと極まりない(→〜極まりない)
   ･･･････････････････ 148
- 〜ごとく ･････････････ 90
- 〜ことだから ････････ 18
- 〜ことだし(→〜ことだから) 18
- 〜こととて ･･････････ 125
- 〜ことなしに(は) ････ 18
- 〜ことにする(→〜たことにする) 19
- 〜ことになる(→〜たことにする) 19
- 〜ことのないよう(に) ･･ 18
- 〜ことやら(→[疑問詞]〜のやら) 43

さ
- 〜させられる ････････ 20
- 〜ざる ･･････････････ 132
- 〜ざるを得ない ･･････ 132

し

しかしながら･･････････････ 99
《自発の受身形》(→〜が〜られる)
　　　　　････････････････ 20
《自発の使役受身形》(→〜させられる)
　　　　　････････････････ 20
〜始末だ･･････････････････ 147
〜じゃあるまいし･････････ 151
〜じゃすまない(→〜だけではすまない)
　　　　　････････････････ 86

す

〜ずくめ･･････････････････ 72
〜ずじまい････････････････ 107
〜ずとも･･････････････････ 106
〜ずにすむ････････････････ 86
〜ずにはおかない･････････ 87
〜ずに(は)すまない･･･････ 86
〜すら････････････････････ 70

せ

〜前提で(→〜を前提として)････ 114

そ

〜そうにない(→〜そうもない)･･･ 88
〜そうもない･････････････ 88
〜そばから････････････････ 60
それゆえ･･････････････････ 99

た

〜たが最後････････････････ 58
〜だけではすまない･･･････ 86
〜たことにする･･･････････ 19
〜たことになる(→〜たことにする)
　　　　　････････････････ 19
〜た(という)ことにする
　(→〜たことにする)･･････ 19
〜たところで…ない･･･････ 24
〜だに････････････････････ 124
〜だの〜だの･････････････ 38
〜たらきりがない
　(→〜ばきりがない)･･････ 145
〜たら最後(→〜たが最後)･･･ 58

〜たら〜たで･････････････ 42
〜たりとも〜ない･････････ 76
〜たる(→〜ともあろう)･･･ 70

ち

ちなみに･･････････････････ 99

つ

〜ったらありはしない
〜ったらありゃしない
〜ったらない
　(→〜といったらない)････ 130
〜つ〜つ･･････････････････ 41
〜っぷり(→〜ぶり)･･･････ 127
〜つもりだ(→〜つもりで)･･ 106
〜つもりで････････････････ 106

て

〜であれ･･････････････････ 34
〜であれ〜であれ･････････ 34
〜であれ(→〜はどうあれ)･･ 140
〜てからというもの(→〜というもの)
　　　　　････････････････ 57
〜てこそ･･････････････････ 14
〜でこそあれ(→〜こそあれ)･･ 14
〜でこそあるが(→〜こそあれ)･･ 14
〜ですら(→〜すら)･･･････ 70
〜でなくてなんだろう･････ 143
〜ては････････････････････ 40
〜ては〜、(〜ては〜)･････ 40
〜ではあるまいし･････････ 151
〜ではすまない(→〜だけではすまない)
　　　　　････････････････ 86
〜手前････････････････････ 109
〜てまでも(→〜ないまでも)･･ 50
〜てみせる････････････････ 130
〜ても/でも差し支えない･･ 144
〜てやまない･････････････ 142

と

〜と相まって･････････････ 95
〜とあって････････････････ 74
〜とあれば････････････････ 74

〜といい〜といい･････････ 38
〜という･･････････････････ 123
〜というか〜というか･････ 36
〜(という)ことにする/なる
　(→〜たことにする)･･････ 19
〜というところだ･････････ 24
〜というもの･････････････ 57
〜といえども･････････････ 54
〜といったところだ
　(→〜というところだ)････ 24
〜といったらありはしない
〜といったらありゃしない
　(→〜といったらない)････ 130
〜といったらない･････････ 130
〜といわず〜といわず･････ 39
〜と言わんばかりに(→〜とばかりに)
　　　　　････････････････ 111
〜と(言わん)ばかりの
　(→〜とばかりに)･･･････ 111
〜と思いきや･････････････ 59
〜ときたら････････････････ 90
〜ときている･････････････ 90
〜ときりがない(→〜ばきりがない)
　　　　　････････････････ 145
〜ところだ(→〜というところだ)･･ 24
〜ところで(→〜としたところで)･･ 25
〜ところで…ない
　(→〜たところで…ない)･･ 24
〜ところを････････････････ 24
〜とされる････････････････ 20
〜としたって(→〜としたところで)
　　　　　････････････････ 25
〜としたところで･････････ 25
〜とすると(→〜とすれば)･･ 23
〜とすれば････････････････ 23
〜となったら(→〜ともなると)･･ 71
〜となると(→〜ともなると)･･ 71
〜となれば(→〜ともなると)･･ 71
〜との････････････････････ 55
〜とのことだ(→〜との)･･ 55
〜とは････････････････････ 54
〜とはいえ････････････････ 54
〜とばかりに･････････････ 111

さくいん

～とばかりの(→～とばかりに)‥111	‥‥‥‥‥‥‥‥‥‥‥‥‥32	～に(も)～れない‥‥‥‥‥‥89
～とは比べものにならない‥‥78	～なら(ば)～に越したことはない	～によらず‥‥‥‥‥‥‥‥‥94
～とみえて‥‥‥‥‥‥‥‥‥22	(→～に越したことはない)‥‥‥144	～に～を重ねて(→～に～)‥‥‥122
～とみえる(→～とみえて)‥‥‥22	ならびに‥‥‥‥‥‥‥‥‥117	
～とみられる‥‥‥‥‥‥‥‥22	～なり‥‥‥‥‥‥‥‥‥‥33	**の**
～とみると‥‥‥‥‥‥‥‥‥22	～なりとも‥‥‥‥‥‥‥‥76	～のいかんで(は)(→～いかんでは)
～ともあろう‥‥‥‥‥‥‥‥70	～なり～なり‥‥‥‥‥‥‥32	‥‥‥‥‥‥‥‥‥‥‥‥92
～とも～とも‥‥‥‥‥‥‥‥42	～なりに(→～なら～なりに)‥‥32	～のいかんにかかわらず
～ともなく‥‥‥‥‥‥‥‥‥68	～なりの(→～なら～なりに)‥‥32	(→～のいかんにかかわらず)‥‥‥93
～ともなしに(→～ともなく)‥‥68		～のいかんによって(は)
～ともなると‥‥‥‥‥‥‥‥71	**に**	(→～いかんでは)‥‥‥‥‥‥92
～ともなれば(→～ともなると)‥71	～に～‥‥‥‥‥‥‥‥‥‥122	～のいかんによらず
～と～を兼ねて‥‥‥‥‥‥‥113	～にあって(は)‥‥‥‥‥‥‥74	(→～のいかんにかかわらず)‥‥‥93
	～にあるまじき‥‥‥‥‥‥‥151	～の至り‥‥‥‥‥‥‥‥‥149
な	～に至って(は／も)	～のかたわら‥‥‥‥‥‥‥60
ないしは‥‥‥‥‥‥‥‥‥117	(→～に至る)‥‥‥‥‥‥‥92	～の極み‥‥‥‥‥‥‥‥‥148
～ないですむ(→～ずにすむ)‥‥86	～に至らず(→～に至る)‥‥‥92	～のごとき‥‥‥‥‥‥‥‥91
～ないではおかない	～に至る‥‥‥‥‥‥‥‥‥92	～のことだから‥‥‥‥‥‥18
(→～ずにはおかない)‥‥‥‥87	～に言わせれば‥‥‥‥‥‥21	～のないように
～ないで(は)すまない	～に限ったことではない‥‥‥53	(→～ことのないように)‥‥‥‥18
(→～ずにはすまない)‥‥‥‥86	～に限る‥‥‥‥‥‥‥‥‥52	～のやら(→[疑問詞] ～のやら)‥‥43
～ないまでも‥‥‥‥‥‥‥‥50	～に難くない‥‥‥‥‥‥‥142	～のやら～のやら‥‥‥‥‥42
～ないもの(だろう)か‥‥‥‥79	～に越したことはない‥‥‥144	
～ない(もの)でもない‥‥‥‥78	～に先駆けて‥‥‥‥‥‥‥104	**は**
なおかつ‥‥‥‥‥‥‥‥‥117	～にして‥‥‥‥‥‥‥‥‥70	～はいざ知らず
～ながら‥‥‥‥‥‥‥‥‥108	～にして(初めて)‥‥‥‥‥‥124	(→～ならいざ知らず)‥‥‥‥141
～ながらに‥‥‥‥‥‥‥‥108	～にしろ(～にしろ)	～はおろか～(も／まで／すら)140
～ながらにして‥‥‥‥‥‥‥108	(→～にせよ～にせよ)‥‥‥‥37	～ばかりに(→～とばかりに)‥‥111
～ながらの(→～ながらに)‥‥‥108	～にすら(→～すら)‥‥‥‥‥70	～ばかりに(→～んばかりに)‥‥110
～ながらも‥‥‥‥‥‥‥‥108	～にせよ(～にせよ)‥‥‥‥‥37	～ばかりの(→～とばかりに)‥‥111
～なくして…はない‥‥‥‥68	～に即した‥‥‥‥‥‥‥‥105	～ばかりの(→～んばかりに)‥‥110
～なくてすむ(→～ずにすむ)‥‥86	～に即して‥‥‥‥‥‥‥‥105	～ばきりがない‥‥‥‥‥‥145
～なくはない‥‥‥‥‥‥‥78	～に堪えない‥‥‥‥‥‥‥128	～はさておき‥‥‥‥‥‥‥140
～なくもない(→～なくはない)‥78	～に耐える／堪える‥‥‥‥128	～はどう(で)あれ‥‥‥‥‥140
～なしでは…ない	～に足りない‥‥‥‥‥‥‥129	～ば～に越したことはない
(→～なしに…ない)‥‥‥‥‥68	～に足る‥‥‥‥‥‥‥‥‥128	(→～に越したことはない)‥‥‥144
～なしに(は)…ない‥‥‥‥‥68	～につけ(～につけ)‥‥‥‥‥150	～ば～ものを‥‥‥‥‥‥‥69
～並み‥‥‥‥‥‥‥‥‥‥73	～にとどまらず(～も)‥‥‥‥94	
～ならいざ知らず‥‥‥‥‥141	～に(は)あたらない‥‥‥‥‥142	**ひ**
～なら～で(→～たら～たで)‥‥42	～に(は)及ばない‥‥‥‥‥‥132	～びた(→～びる)‥‥‥‥‥126
～ならでは‥‥‥‥‥‥‥‥77	～には及ばない‥‥‥‥‥‥133	～びて(→～びる)‥‥‥‥‥126
～なら～なりに‥‥‥‥‥‥32	～にひきかえ～は‥‥‥‥‥104	～びる‥‥‥‥‥‥‥‥‥‥126
～なら～なりの(→～なら～なりに)	～にも‥‥‥‥‥‥‥‥‥‥89	
	～にもまして‥‥‥‥‥‥‥104	

ふ
～ぶった(→～ぶる)・・・・・・ 126
～ぶって(→～ぶる)・・・・・・ 126
～ぶり・・・・・・・・・・・・・・・・・ 127
～ぶる・・・・・・・・・・・・・・・・・ 126

へ
～べからざる・・・・・・・・・・・・ 97
～べからず・・・・・・・・・・・・・・ 96
～べく・・・・・・・・・・・・・・・・・・ 96
～べくもない・・・・・・・・・・・・ 96

ま
～まいか(→～うか～まいか)・・・・・ 36
～まいが(→～うと～まいと)・・・・・ 36
～まいが～まいが
　(→～うと～まいと)・・・・・・・・・ 36
～まいと(→～うと～まいと)・・・・・ 36
～までだ・・・・・・・・・・・・・・・・ 50
～までのことだ(→～までだ)・・・・・ 50
～までも(→～ないまでも)・・・・・・・ 50
～までもない・・・・・・・・・・・・ 51
～まま(に)・・・・・・・・・・・・・ 106
～まみれ・・・・・・・・・・・・・・・・ 72

め
～めいた(→～めく)・・・・・・・・ 126
～めいて(→～めく)・・・・・・・・ 126
～めく・・・・・・・・・・・・・・・・・ 126

も
～も相まって(→～と相まって)・・・ 95
～も兼ねて(→～と～を兼ねて)・・・ 113
～もさることながら～も・・・・・・ 108
もしくは・・・・・・・・・・・・・・・ 117
～もしないで・・・・・・・・・・・・ 124
～も～なら、～も～だ
　(→～が～なら、～も～だ)・・・・・ 38
～もなんでもない
　(→～もなんともない)・・・・・・・・ 130
～もなんともない・・・・・・・・・ 130
～もの(だろう)か
　(→～ないものだろうか)・・・・・・・ 79
～ものでもない(→～ないものでもない)
　・・・・・・・・・・・・・・・・・・・・・・ 78
～ものとして・・・・・・・・・・・・ 16
～ものとする・・・・・・・・・・・・ 17
～ものやら(→[疑問詞]～のやら)・ 43
～ものを(→～ば～ものを)・・・・・ 69

や
～や・・・・・・・・・・・・・・・・・・ 122
～や(否や)・・・・・・・・・・・・・・ 58
～ゃしない／～やしない・・・・・・ 131
～やら(→[疑問詞]～のやら)・・・・ 43
～やら～やら(→～のやら～のやら)・ 42

ゆ
～ゆえ(に)・・・・・・・・・・・・・ 110
ゆえに・・・・・・・・・・・・・・・・・ 99
～ゆえの(→～ゆえに)・・・・・・・ 110

よ
～よう・・・・・・・・・・・・・・・・・ 88
～ようがない・・・・・・・・・・・・ 88
～ようが(→[疑問詞]～うが)・・・・ 35
～ようが～ようが(→～うが～うが)
　・・・・・・・・・・・・・・・・・・・・・・ 34
～ようと～まいと(→～うと～まいと)
　・・・・・・・・・・・・・・・・・・・・・・ 36
～ようと～ようと(→～うが～うが)
　・・・・・・・・・・・・・・・・・・・・・・ 34
～ようにも(→～ようにも～れない)
　・・・・・・・・・・・・・・・・・・・・・・ 89
～ようにも～れない・・・・・・・・ 89
～ようのない(→～ようがない)・・・ 88
～ようもない(→～ようがない)・・・ 88

ら
～られる(→～が～られる)・・・・・・ 20

を
～をおいて(ほかに)～ない・・・・ 112
～を限りに・・・・・・・・・・・・・・ 52
～を重ねて(→～に～)・・・・・・・ 122
～を兼ねて・・・・・・・・・・・・・ 113
～を皮切りとして(→～を皮切りに)
　・・・・・・・・・・・・・・・・・・・・・・ 56
～を皮切りに(して)・・・・・・・・ 56
～を機に(して)・・・・・・・・・・ 115
～を禁じ得ない・・・・・・・・・・ 146
～を境に(して)・・・・・・・・・・ 114
～を前提として・・・・・・・・・・ 114
～を前提に(して)
　(→～を前提として)・・・・・・・・・ 114
～を踏まえて・・・・・・・・・・・・ 114
～を経て・・・・・・・・・・・・・・・ 112
～をもって・・・・・・・・・・・・・・ 56
～をものともせずに・・・・・・・・ 150
～を余儀なくされる・・・・・・・・ 146
～をよそに・・・・・・・・・・・・・ 112

ん
～んがために・・・・・・・・・・・・ 110
～んがための(→～んがために)・・ 110
～んばかりに・・・・・・・・・・・・ 110
～んばかりの(→～んばかりに)・・ 110

イラスト	花色木綿
翻訳・翻訳校正	Hannah Rosszell／Rory Rosszell／石川慶子／株式会社アミット（英語）
	李煒／株式会社アミット（中国語）
	崔明淑／時事日本語社／株式会社アミット（韓国語）
ナレーション	谷口恵美／遠近孝一
編集協力・ＤＴＰ	株式会社明昌堂
装丁	岡崎裕樹
印刷・製本	日経印刷株式会社

「日本語能力試験」対策

日本語総まとめ N1 文法 [増補改訂版]

2010年4月10日　初版　第1刷発行
2022年5月25日　増補改訂版　第1刷発行
2025年2月12日　増補改訂版　第4刷発行

著　者	佐々木仁子・松本紀子
発　行	株式会社アスク
	〒162-8558　東京都新宿区下宮比町2-6
	TEL 03-3267-6864
発行人	天谷修身

許可なしに転載、複製することを禁じます。
©Hitoko Sasaki, Noriko Matsumoto 2022　Printed in Japan　ISBN 978-4-86639-486-2

アンケートにご協力ください

増補改訂版 「日本語能力試験」対策
日本語総まとめ

N1 文法
別冊

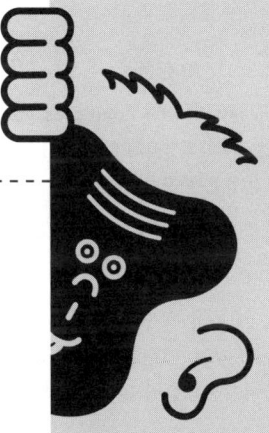

▷ 練習 [正解文＋訳]

▷ まとめの問題 [解説] または [正解文＋訳]

▷ 模擬試験 [答え]、[解説] または [正解文＋訳]

正解文のルビを隠しながら読む練習もできます。

第1週

1日目 練習 (p.15)

① その国で生活してこそ文化がわかるというものだ。

Only by living in a country can you understand its culture. / 只有在那个国家生活才能了解其文化。/ 그 나라에서 생활해봐야 비로소 문화를 이해할 수 있다.

② 程度の違いこそあれ、悪いことをしたのは皆同じだ。

To varying degrees, everyone was at fault. / 程度虽不同，但做了坏事都一样。/ 정도의 차이는 있을지언정, 나쁜 일을 한 것은 매한가지다.

③ 彼は字こそ汚いが、いい文章を書く。

His handwriting is messy, but he composes good sentences. / 他的字虽然很不好看，但写的文章很好。/ 그의 글씨는 엉망일지언정 좋은 문장을 쓴다.

④ ここは、不便でこそあれ、緑が多くていいところだ。

Although inconveniently located, this place is very green, which I like. / 这里虽然不方便，但是绿化很多，是个好地方。/ 여기는 불편할지언정 녹음이 많아서 좋은 곳이다.

⑤ 文章は理解されてこそ、意味がある。

A sentence is meaningful only if understood. / 文章只有被理解后才有意义。/ 문장은 이해되어야 비로소 의미가 있다.

⑥ 君のやったことは、ほめられこそすれ非難されるものではない。

Your actions are to be praised, not condemned. / 你所做的事情，只会被表扬，不会被批评。/ 네가 한 일은 칭찬받을지언정 비난받을 일이 아니다.

⑦ その２つの製品は名前こそ違うが、中身に大きな違いはない。

Those two products have different names, but there is little difference in their contents. / 那２种产品，虽然名称不同，但内容没有很大的差别。/ 그 두 제품은 이름은 다르지만, 내용물에는 큰 차이가 없다.

2日目 練習 (p.17)

① たぶん行けないと思うので、私はいないものとして話を進めてください。

I'm probably not going to be able to go, so proceed assuming I won't be there. / 我觉得我可能去不了，所以就请当我不在，继续谈。/ 아마도 못 갈 것 같으니 저는 빼고 이야기를 진행해주세요.

② 愛する人が病気で苦しむのを見るくらいなら、自分が病気になったほうがいい。

It's preferable to get sick than to see a loved one suffering from illness. / 与其看着所爱的人被病痛折磨，还不如自己生病。/ 사랑하는 사람이 병으로 고통받는 모습을 볼 바에는 내가 병이 걸리는 편이 낫다.

③ 転勤でそんな田舎に行かされるくらいなら、会社を辞めたほうがいい。

I'd rather quit my job than be transferred to such a rural area. / 与其被调到那样乡下的地方去工作，不如辞掉工作更好。/ 전근으로 그런 시골에 갈 바에는 회사를 그만두는 편이 낫다.

④ ぼくが買える家は、これぐらいのものだ。

This is the only house I can afford. / 我能买的房子，也就这个程度了。/ 내가 구매할 수 있는 집은 이 정도이다.

⑤ 契約の期限が来た場合には、新たに契約書を交わすものとする。

When the contract expires, a new contract will be signed. / 合同期满时，应重新签订合同。/ 계약 만기일이 다가왔을 때는 계약서를 새로 교환한다.

⑥ 昨日授業で教えたことは、わかったものとして次に進みます。

Assuming you understand what was taught in class yesterday, I will proceed to the next step. / 就当作昨天在课堂上所教的内容已被理解，将继续后面的内容。/ 어제 수업에서 가르친 내용은 이해한 것으로 알고 넘어가겠습니다.

⑦ そんなことをさせられるくらいなら、参加しないほうがましだ。

If you have to be forced to do something like this, it's better not to participate. / 如果要被迫做那样的事情的话，还是不参加的好。/ 그런 짓을 당할 바에는 참가하지 않

は編がいい．

3日目　練習 (p.19)

① お互いが助け合うことなしに、人間は生きていけない。
Humans cannot live without helping each other. / 不互相帮助，人类就无法生存下去。/ 서로 돕지 않으면 인간은 살아갈 수 없다.

② 明るい彼女のことだから、どこへ行ってもすぐ友達ができるだろう。
She's a cheerful person, so she'll be able to make friends right away wherever she goes. / 像她性格那么开朗，无论走到哪里都能马上交到朋友吧。/ 그녀의 밝은 성격으로 볼 때, 어디에 가더라도 곧바로 친구가 생길 것이다.

③ 兄が書いたレポートを、自分が書いたことにして提出した。
I submitted the report my brother had written, pretending that I'd written it myself. / 把哥哥写的报告当成自己写的提交了。/ 형이 작성한 리포트를 내가 작성한 것으로 해서 제출했다.

④ 道に迷うことのないように、前もって地図で場所を確かめておいた。
I checked the location on the map in advance so I wouldn't lose my way. / 为了不会迷路,事先在地图上确认了位置。/ 길을 잃어버리지 않도록 미리 지도로 위치를 확인해두었다.

⑤ 彼女は今まで苦労することなしに生きてきた。
Her life until now has been lived without hardship. / 她活到现在都没有受过苦。/ 그녀는 지금까지 고생하지 않고 살아왔다.

⑥ ケチで有名な彼のことだから、百円だって貸してくれないだろう。
He's famously stingy, so he probably won't even lend me a hundred yen. / 他是出了名的小气，所以一百日元也不会借的吧。/ 구두쇠로 유명한 그의 성격으로 볼 때, 백엔도 빌려주지 않을 것이다.

⑦ その２つの関連性を証明することなしに、解決するのは困難だ。
It's difficult to solve without proving the connection between the two. / 不证明这两者之间的关系，就难以解决。/ 그 두 가지의 관련성을 증명하지 않고서는 해결하기 어렵다.

4日目　練習 (p.21)

① 新しいロケットの完成が待たれます。
The new rocket is awaiting completion. / 新火箭的完成让人期待。/ 새로운 로켓의 완성이 기다려집니다.

② 彼は社会人として必要とされている知識に欠ける。
He lacks the knowledge required as a member of society. / 他缺乏作为社会成员所需的知识。/ 그는 사회인으로서 필요한 지식이 부족하다.

③ 我々の世代の人間に言わせれば、彼の行動は普通ではない。
By the standards of our generation, his behavior is unusual. / 要让我们这一代人来说的话,他的行为不寻常。/ 우리 세대가 볼 때, 그의 행동은 평범하지 않다.

④ それは、死について真剣に考えさせられる映画だった。
This movie made me think seriously about death. / 这是一部让人认真思考死亡的电影。/ 그것은 죽음을 진지하게 생각하게 되는 영화였다.

⑤ この新薬は、効果はあるが、副作用が強いとされている。
This new drug is effective, but has powerful side effects. / 这种新药被认为是虽有效,但副作用强。/ 이 신약은 효과는 있지만, 부작용이 강한 것으로 알려져 있다.

⑥ 若者の海外移住が増加していることで、その国の将来が案じられているそうだ。
The increasing number of young people emigrating overseas is making people concerned about the future of that country. / 移居海外的年轻人越来越多，由此可见，人们似乎在担心这个国家的将来。/ 젊은이들의 해외 이주가 증가하는 것을 보아 그 나라의 장래가 염려스럽다고 한다.

⑦ 彼の言葉からはやる気がないように感じられたが、私に言わせればただの甘えだ。
His words gave the impression he lacked motivation, but if you ask me, he was just acting spoiled. / 他的话虽然让

人觉得他没有干劲，但在我看来只是在撒娇。 / 그의 말로는 의욕이 없는 것처럼 느껴졌지만 내가 볼 때는 그저 어리광일 뿐이다．

5日目 練習 (p.23)

① もし車を買い換えるとすれば、次はドイツの車がほしい。

If I were to buy a new car, I'd want a German car next time. / 如果要换新车的话，下一辆想要德国车。 / 만약 자동차를 새로 바꾼다면, 다음에는 독일 차를 갖고 싶다．

② 彼女は苦労したとみえて、実際の年齢より老けて見える。

It seems she's had a hard life, so she looks older than her actual age. / 她似乎吃过苦，看起来比实际年龄要老。 / 그녀는 고생했는지 실제 나이보다 늙어 보인다．

③ 彼女の普段の成績から、合格は間違いないとみられている。

Given her usual grades, it seems there's no doubt she'll pass. / 从她平时的成绩来看，肯定会及格的。 / 그녀의 평소 성적으로 볼 때 합격은 확실시되고 있다．

④ 彼は、女性が地方出身だとみるとすぐに声をかける。

When he sees women who look country-born, he immediately approaches them. / 他只要觉得女性是来自外地的，就会立刻搭话。 / 그는 여성이 지방 출신으로 보이면 곧바로 말을 건다．

⑤ 彼が犯人だとすると、犯罪を犯した動機は何だろう。

If he's the criminal, what's his motive for committing the crime? / 如果他是犯人，那作案动机是什么呢？ / 그가 범인이라면 범행을 저지른 동기는 무엇일까．

⑥ 景気は回復しつつあるとみられているが、実感している人は少ないと思う。

The economy is apparently recovering, but I don't think many people realize it. / 虽然一般认为经济正在复苏，但很少有人实际感受到。 / 경기가 회복하고 있는 것으로 보이지만 실감하는 사람은 적다고 생각한다．

⑦ 傷が治ったとみえても菌はまだ残っている場合があるので、しばらくは薬を続けてください。

Even if the injury seems healed, some bacteria may still remain, so please continue taking the medicine for a while. / 即使伤口看上去已经愈合，但细菌可能仍然存在，所以请继续服药一段时间。 / 상처가 회복됐어도 균은 아직 남아있을 수 있으니 당분간은 약을 끊지 마세요．

6日目 練習 (p.25)

① どんなに走ったところで、絶対に間に合わないだろう。

No matter how you run, you'll never make it in time. / 不管怎么跑，都绝对赶不上吧。 / 아무리 열심히 달려도 절대로 시간 안에 도착하지 못할 것이다．

② お忙しいところをお集まりいただき、ありがとうございます。

Thank you all for coming here, despite your busy schedules. / 感谢各位在百忙之中，相聚在一起。 / 바쁘신 와중에도 모여주셔서 감사합니다．

③ A「毎日、何時間ぐらい寝るの？」
B「だいたい5時間というところだね。」

How many hours do you sleep each night? I'd say about 5 hours or so. / 每天睡几个小时？大概5小时左右吧。 / 매일 몇 시간 정도 자? 대략 5시간쯤 될 거야．

④ 彼の借金は、休みなく毎日働いたところで、返せるような額ではない。

Given the amount he owes, he could never pay it back even if he worked every day without a break. / 他的债务不是每天工作都不休息就能偿还的数额。 / 그의 빚은 쉬지 않고 매일 일한다고 해서 갚을 수 있는 금액이 아니다．

⑤ あの頑固な父にタバコをやめさせようとしたって、無駄だよ。

It's no use trying to get my stubborn father to quit smoking. / 就算想让那个固执的父亲戒烟，也是没有用的。 / 그 완고한 아버지에게 담배를 끊으라고 해봤자 헛수고다．

⑥ どんなにやったことを後悔したところで、過去を変えることはできない。

No matter how much you regret your actions, you cannot change the past. / 无论对做过的事情多么后悔，也无法改变过去。 / 아무리 지나간 일을 후회해봤자 과거는 바

꿈 수 없다.

⑦ トイレはもちろんキッチンもついていて、この車はまさに走る家といったところです。
Equipped with a bathroom and even a kitchen, this car is like a traveling house. ／ 不仅有厕所，还带有厨房，这辆车简直就是会跑的房子。／ 화장실은 물론 주방도 있는 이 자동차는 그야말로 달리는 집이라고 할 수 있습니다.

7日目　まとめの問題（p.28～30）

問題1

1 私から言わせれば（＝私の意見では）
2 まじめな彼女のことだから（＝彼女はまじめだからきっと）
3 減りこそすれ（＝減ることはあるが、決して）
4 無駄な道路工事をするくらいなら（＝無駄な道路工事はやめてほしい。それなら）
5 練習することなしに（＝練習しないで）
6 値上げはないとされている（＝値上げはないと言われている）
7 業績が悪いとみえて（＝業績が悪いようで）
8 月に2、3回というところ（＝だいたい月2、3回ぐらい）
9 形こそ悪いが（＝形は悪いけれど）
10 変えようとしたって（＝変えようとしても）
11 うちぐらいのものだ（＝うちしかいない）
12 渋滞するとみられている（＝渋滞すると考えられている）
13 保管するものとする（＝保管すると決める）
14 過ぎたものとして（＝もう過ぎたことと考えて）
15 寝ないでやったところで（＝たとえ寝ないでやっても）

問題2

16 外食したことにしてその分を貯めたとすれば、かなりの額になるだろう。
If you save what you spend on eating out, it'll come to a considerable amount. ／ 如果当作外出就餐，将这笔钱存起来的话，会是很可观的数目吧。／ 외식한 셈 치고 그 돈을 모았으면 상당한 금액이 됐을 것이다.

17 その政治家は、国民の信頼を裏切ったりすることのないように心がけることを約束した。
That politician promised to try hard not to betray the trust of the people. ／ 那名政治家承诺会铭记不背叛国民的信任。／ 그 정치인은 국민의 신뢰를 저버리는 일이 없도록 유념하겠다고 약속했다.

18 彼は簡単だと言うが、やったことがない私に言わせれば、不可能としか思えない。
He says it's simple, but as I've never done it, it seems impossible. ／ 虽然他说很容易，但让从未做过的我来说的话，是完全不可能的。／ 그는 간단하다고 말했지만, 한 번도 해본 적 없는 내가 보기에는 도저히 불가능해 보인다.

19 留学生の多くが、程度の違いこそあれ言葉の問題に悩まされているとみえる。
A lot of international students seem to be troubled by language problems to varying degrees. ／ 似乎很多留学生都不同程度地受到语言问题的困扰。／ 유학생 대부분이 정도의 차이는 있을지언정 언어 문제로 고민하는 것 같다.

20 うちの息子は天気が悪いとみると学校へ行く気が失せるようで困ったものだ。
I'm worried because whenever the weather looks bad, my son just loses all motivation to go to school. ／ 我儿子一看到天气不好，就不想去学校，真让人头疼。／ 우리 아들은 날씨가 나쁘다 싶으면 학교에 갈 마음이 사라지는 것 같아 곤란하다.

問題3

21 激しい稽古を積むことなしに（＝激しい稽古を積まないで）
22 わずか1割といったところだ（＝だいたいわずか1割だ）
23 関取になってこそ（＝関取になってはじめて）
24 下働きや苦労を何年もするくらいなら（＝下働きや苦労を何年もするのはいやだ。それなら）

25 本当に感心させられる（＝本当に感心する）

第2週

1日目 練習（p.33）

① 彼ったら、家に帰るなり、パソコンの前に座るんだから……。

As soon as he gets home, he sits in front of the computer ... / 他呀，一回家，就会坐在电脑前…… / 그는 집에 오자마자 컴퓨터 앞에 앉으니까…….

② 私は素人だが、この詩を自分なりに解釈してみた。

I'm not an expert, but I tried to interpret this poem in my own way. / 我虽然是个外行，但用我自己的方式解读了这首诗。 / 나는 아마추어지만 이 시를 나름대로 해석해 봤다.

③ 顔色が悪いですよ。座るなり横になるなり、楽にしてください。

You don't look so well. Please sit or lie down, and make yourself more comfortable. / 你脸色很不好哦。坐着也好，躺下也好，请放松一下。 / 안색이 안 좋습니다. 앉든지 눕든지 편하게 계십시오.

④ 窓を開けたとたん、変な虫が入ってきた。

As soon as I opened the window, a strange insect came in. / 刚打开窗户，一只奇怪的虫子就进来了。 / 창문을 열자마자 이상한 벌레가 들어왔다.

⑤ 最終電車に乗り遅れても、タクシーに乗るなり歩くなりして、必ず家に帰ってきなさい。

Even if you miss the last train, be sure to take a taxi or walk home. / 即使错过末班电车，无论坐出租车也好，步行回家也好，也务必要回家。 / 막차를 놓치더라도 택시를 타든 걸어서 오든 반드시 집에 돌아오세요.

⑥ 高得点を狙うなら、それなりの準備が必要だ。

If you're aiming for a high score, you need to prepare accordingly. / 如果想获得高分，就需要做相应的准备。 / 고득점을 노린다면 그만한 준비가 필요하다.

⑦ 雑用なりなんなり、必要ならお申し付けください。

If you need help with chores or anything else, please let me know. / 无论是杂事还是什么，如果有需要请告诉我。 / 허드렛일이든 뭐든 필요하면 말씀해주십시오.

2日目 練習（p.35）

① 彼は、早朝だろうが夜中だろうがかまわず電話をかけてくる。

He calls me regardless whether it's morning or the middle of the night. / 他不管是清晨还是半夜，都会打电话来。 / 그는 이른 아침이든 한밤중이든 개의치 않고 전화를 걸어온다.

② この部屋でどんなに騒ごうとも、外からは何も聞こえません。

No matter how much noise you make in this room, outside they won't hear a thing. / 无论在这个房间里发出多大的声音，外面都听不到任何声音。 / 이 방에서는 아무리 시끄럽게 떠들어도 밖에서는 아무것도 안 들립니다.

③ たとえ雨であろうと雪であろうと、明日の試合は予定どおり行います。

Even if it's raining or snowing, tomorrow's game will go ahead as planned. / 不管是下雨还是下雪，明天的比赛都会按计划进行。 / 설령 비가 내리고 눈이 내려도 내일 시합은 예정대로 시행합니다.

④ どの大学であれ、進学先が決まってほっとした。

I was just relieved to have it decided where I was headed next, no matter which university. / 无论哪所大学，升学的学校已确定，松了一口气。 / 어느 대학이든 간에 진학교가 정해져서 안심했다.

⑤ 何をしようと君の自由だが、他人に迷惑をかけることは許されない。

You're free to do whatever you want, but you're not permitted to bother others. / 想要做什么是你的自由，但不能给别人添麻烦。 / 무엇을 하든 네 자유지만, 타인에게 피해를 주는 것은 용납되지 않는다.

⑥ あの夫婦がどうなろうが知ったことではないが、子どもはかわいそうだと思う。

I don't care what happens to that couple, but I feel sorry for their child. / 虽然不知道那对夫妻会怎么样，但孩子很可怜。 / 그 부부가 어떻게 되든 알 바 아니지만, 아이는 불쌍하다고 생각한다.

⑦ 故意であろうとなかろうと、人を傷つけたことには変わりはない。

Whether intentional or not, it doesn't change the fact that

you hurt someone. / 无论故意还是无意，伤害了他人这件事不会改变。 / 고의든 아니든 사람을 다치게 한 것에는 변함이 없다．

3日目　練習 (p.37)

① あなたが反対しようとしまいと、私は一人で行くつもりです。

Whether you oppose it or not, I'm going to go by myself. / 不管你反对与否，我都打算一个人去。 / 당신이 반대하든 말든 저는 혼자서 갈 작정입니다．

② 大学院へ行こうか行くまいか悩んだ末、いい仕事が見つかったので就職することにした。

After struggling with whether or not to go to graduate school, I found a good job, so I decided to take it. / 在烦恼要不要读研究生之后，因为找到了一份好工作，所以就决定工作了。 / 대학원에 진학할지 말지 고민하다가, 좋은 직장을 구해서 취직하기로 했다．

③ 来週の会合に、来るにしろ来ないにしろ、必ず資料に目を通してください。

Whether or not you are coming to the meeting next week, please make sure you read through the documents. / 不管你来不来下周的集会，都请务必阅览材料。 / 다음 주 모임에 참석하든 말든 반드시 자료는 살펴보십시오．

④ 欠席するにせよ、連絡はしてください。

Even if you're going to be absent, please contact me. / 即使缺席，也请与我联系。 / 결석하더라도 연락은 해주십시오．

⑤ それは、面白いというか、珍しいというか、とにかく変わったものだ。

You might find it interesting or unusual, but it's just plain weird. / 这个说是有趣也好，稀奇也好，总之，很不寻常 / 그것은 흥미롭다고 할까 진귀하다고 할까, 아무튼 특이하다．

⑥ その新聞記者は、記事を掲載しようかすまいか悩んだあげく、掲載をやめた。

After struggling with whether or not to publish the article, in the end the newspaper reporter decided not to publish it. / 那名报社记者烦恼是否要刊登报道，但最后还是放弃了刊登。 / 그 신문기자는 기사를 올릴지 말지 고민한 끝에 게재를 그만뒀다．

⑦ もう社会人だから何をするにせよ自分の行動に責任を持たなければいけない。

I'm a grown adult, so no matter what I do, I have to take responsibility for my actions. / 因为已经走上社会了，所以无论做什么都必须要对自己的行为负责。 / 이제 사회인이니까 무엇을 하든 자신의 행동에 책임을 져야 한다．

4日目　練習 (p.39)

① 彼女はまだ若いけれど、経験といい能力といい申し分のない女性だ。

She's still young, but her experience and capabilities are ideal. / 她虽然还年轻，却是一个无论是经验，还是能力都完美无缺的女性。 / 그녀는 아직 젊지만, 경험도 능력도 나무랄 데 없는 여성이다．

② 猫に、顔といわず手といわず引っかかれてしまった。

The cat scratched me, not only on my face but also on my hands. / 脸也好，手也好，都被猫抓了。 / 고양이가 얼굴이고 손이고 할 것 없이 온통 할퀴었다．

③ こんなつまらない商品を、売るほうも売るほうなら買うほうも買うほうだ。

There's always someone selling a useless product like this, and someone who's going to buy it. / 这么无聊的商品，卖的一方够厉害，买的一方更是厉害。 / 이런 시시한 상품을 파는 사람도 문제지만 사는 사람도 문제이다．

④ 彼は、ガムだのあめだの、何かしら口に入れている。

He has some kind of gum or candy in his mouth. / 他嘴里总是有口香糖或糖果之类的东西。 / 그는 껌이라든가 사탕이라든가 무언가를 입에 넣고 있다．

⑤ A「あの人、田中さんのお母さんだよね。派手だね。」
B「娘が娘なら母親も母親だね。」

"That's Tanaka's mother, isn't it? Her outfit is so gaudy. Like mother, like daughter." / "那个人是田中的妈妈吧。真花哨。女儿那个样，母亲也是那个样呢。" / "저 사람이 다나카 씨의 어머니지? 화려하네. 그 엄마에 그 딸이"

⑥ 姉が、デザインが古いだの色が気に入らないだのといってくれたバッグをずっと使っている。

I've kept using the bag my sister gave me because she thought the design was old and she didn't like the color. / 姐姐把她说设计旧、颜色不喜欢的包给了我，我一直在用。 / 언니가 디자인이 낡았다느니 색이 마음에 안 든다느니 하면서 넘겨준 가방을 계속 쓰고 있다

⑦ 彼は、学校の成績といい容姿といいパッとしないから、女の子に全然もてない。
With his poor grades and mediocre appearance, he's not popular with girls at all. / 他不论是学校的成绩还是外表都不出色，所以完全不招女孩喜欢。 / 그는 학교 성적도 외모도 영 시원찮아서 여자에게 전혀 인기가 없다.

5日目　練習（p.41）

① 今朝から雪が降ってはやみ、降ってはやみを繰り返している。
Since this morning, it's been snowing and clearing, snowing and clearing, repeatedly. / 从今早开始，雪下了又停，下了又停，一直反复。 / 오늘 아침부터 눈이 내렸다 그쳤다 내렸다 그쳤다를 반복하고 있다.

② 彼と私は、学生時代、抜きつ抜かれつ成績を争ったものだ。
When we were students, he and I used to compete with each other for grades. / 他和我在学生时代你追我赶地竞争成绩。 / 그와 나는 학창 시절에 엎치락뒤치락 성적을 다퉜다.

③ 若いころは、お酒を飲んでは踊ったものだ。
When I was young, I used to drink and dance. / 年轻时，喝了酒就跳舞。 / 젊을 때는 술을 마시면 춤을 추곤 했다.

④ 学んだことを覚えては忘れ、覚えては忘れを繰り返している。
I learned and forgot, then remembered and forgot it all over again. / 学过的事情记住了又忘，记住了又忘，一直反复。 / 배운 것을 외웠다 잊어버렸다 외웠다 잊어버렸다를 반복하고 있다.

⑤ 遅刻したと言っても、電車の事故では仕方がない。
You might say I'm late, but the train accident means it was unavoidable. / 即使说是迟到了，发生了电车事故，这也没有办法。 / 지각했다고 해도 전철 사고 때문이면 어쩔 수 없다.

⑥ この作文、ひどいね。間違いがこんなに多くては、少しぐらい直してもよくならないよ。
This composition is terrible. It contains so many mistakes that just fixing it up a bit won't really help. / 这篇作文，真糟糕。出了这么多错误，就算稍微修改一下也改不好。 / 이 작문은 심각해. 실수가 이렇게 잦으면 조금 수정한 정도로는 좋아지지 않을 거야.

⑦ バーゲン会場は、押しつ押されつの大混雑で息苦しくなるほどだった。
The sales hall was so crowded with people pushing each other that it was hard to breathe. / 大减价会场挤来挤去，拥挤得气都喘不过来。 / 할인 매장은 밀치락달치락 북새통이라 숨이 막힐 지경이었다.

6日目　練習（p.43）

① 仕事がないので毎日友達と遊んでいる。暇なのやら忙しいのやら。
I'm not working, so I hang out with my friends every day. Would I say I'm free or busy? / 因为没有工作，所以每天都在和朋友玩。也不知道是闲还是忙。 / 일이 없어서 매일 친구와 논다. 한가한 건지 바쁜 건지.

② ペットは、いたらいたで大変だけれど、ペットのいない生活は考えられない。
It can be tough to keep pets, but I can't imagine my life without them. / 有宠物的话虽然很辛苦，但无法想象没有宠物的生活。 / 반려동물이 있으면 있는 대로 힘들지만, 반려동물이 없는 생활은 생각할 수 없다.

③ 会社が倒産しそうだ。どうなることやら……。
My company is about to go bankrupt. I wonder what will happen to me ... / 公司可能会破产。会变成什么样呢…… / 회사가 도산할 것 같다. 어떻게 되는지….

④ 彼はおとなしいとも消極的だとも言えるが、とにかく口数が少ない。
You could describe him as quiet or passive, but anyway, he doesn't talk much. / 他可以说是沉稳，也可以说是消极，总之很少说话。 / 그는 얌전하다고도 소극적이라고도 말할 수 있지만, 아무튼 말수가 적다.

⑤ いやならいやで、はっきり言ってください。
If you don't like it, please just say so. / 不愿意就不愿意，请说清楚。 / 싫으면 싫다고 확실하게 말해주세요.

⑥ ピザ屋のチラシ、どこにある？ 捨てたら捨てたでいいのだけど。
"Where's the leaflet from the pizza place? If you threw it away, just say you threw it away." / "比萨店的传单在哪？要是扔了就算了。" / "피자 가게 전단지, 어디 있어? 버렸으면 어쩔 수 없지만."

⑦ この仕事は、いつになったら終わることやら見当もつかない。
I have no idea when this job will be finished. / 这项工作没法估计到底什么时候结束。 / 이 일은 언제쯤 끝날지 짐작도 가지 않는다.

7日目 まとめの問題 (p.46～48)

問題1

1 掃除が大変だのキッチンが使いにくいだのと（=「掃除が大変だ」とか「キッチンが使いにくい」とか）

2 追いつ追われつ（=追ったり追われたり）

3 社長であれ社員であれ（=社長でも社員でもいいから、だれかが）

4 窓からの眺めといい、料理といい（=窓からの眺めも料理も）

5 どこに苦情を言っていいものやら（=どこに苦情を言ったらいいのか）

6 何と言おうが（=何と言っても）

7 金持ちであろうとなかろうと（=金持ちでも、金持ちじゃなくても）

8 どの駅に行くにせよ（=どの駅に行く場合でも）

9 書いては消し書いては消ししている（=書いてすぐ消すのをくり返している）

10 煮るなり焼くなりしてください（=煮るとか焼くとか、どうにかしてください）

11 小さいなら小さいなりの（=小さい範囲での）

12 壁といわず天井といわず（=壁も天井も、部屋中）

13 自分でやるにせよ人に頼むにせよ（=自分でやる場合も、人に頼む場合も）

14 子どもが子どもなら親も親だ（=子どもも親も両方よくない）

15 来ようが来まいが（=来ても来なくても）

問題2

16 練習がどんなにつらかろうとも、欠かさず続けることが大切だ。
No matter how hard the practice, it's important to continue without fail. / 无论练习多么辛苦，坚持不懈很重要。 / 연습이 아무리 힘들어도 빠지지 않고 꾸준히 하는 것이 중요하다.

17 留学しようかすまいか迷うこと自体、働かなければならない者から見れば幸せなことだと思う。
For people who have to work, being able to think about whether or not to study abroad seems like a wonderful thing. / 犹豫要不要留学这件事，从不得不工作的人的角度来看，是一件幸福的事情。 / 유학할지 말지 망설이는 것 자체가 일해야 하는 사람이 보기에는 행복한 고민이라고 생각한다.

18 家が広かったら広かったで、電気代だの何だのと維持費がかかって大変だ。
The bigger your house is, the more trouble you have with electricity costs, maintenance costs, and so on. / 房子大也有大的烦恼，又要花电费又要花维护费。 / 집이 넓으면 넓은 대로 전기세니 뭐니 유지비가 많이 들어서 힘들다.

19 授業をサボっては先生にしかられたりしたあの頃のことが、懐かしく思われる。
I miss the days when I used to skip class and get chastised by the teacher. / 逃课被老师骂的那段时光真让人怀念。 / 수업을 빼먹어서 선생님께 혼나곤 했던 그 시절이 그립다.

20 彼は、質問に対する肯定とも否定ともとれる返事がうまい。
He's good at answering in a way that could be either affirmative or negative. / 他对于问题的回答很巧妙，既像肯定又像否定。 / 그는 질문에 긍정으로도 부정으로도 보일 수 있는 대답을 잘한다.

問題3

21 出席しようかするまいか（＝出席しようか、出席しないか）

22 電話するなりメールするなりして（＝電話するか、メールするか、何かの方法で）

23 席に着くなり（＝着くのと同時に／着いたとたんに）

24 かわいそうというか悲しいというか（＝かわいそうとも言えるし、悲しいとも言えるし、とにかく）

25 何であれ（＝どういう方法でも）

第3週

1日目 練習（p.51）

① 来たくなければ来なくてもいい。ただ君が損をするまでだ。

If you don't want to come, you don't have to. It's your loss. ／ 不想来，不来也行。只不过也就你吃亏而已。／ 오기 싫으면 안 와도 좋다. 어차피 너만 손해다.

② 親が出るまでもなく、子どもたちだけでその問題を解決した。

The children solved the problem by themselves, without needing their parents. ／ 用不着父母出面，光孩子们就把问题解决了。／ 부모님이 나설 것도 없이 아이들끼리 그 문제를 해결했다.

③ あの人とは話はしないまでも、挨拶ぐらいはしますよ。

Even if I don't talk to that person, I will at least say hello. ／ 即使不和那个人说话，招呼还是会打的。／ 그 사람과 대화를 나누지는 않지만, 인사 정도는 합니다.

④ いくらお金を稼いでも、死んでしまえばそれまでだ。

No matter how much money you make, when you die, it's all over. ／ 不管赚多少钱，死了的话就没有意义了。／ 아무리 돈을 많이 벌어도 죽으면 그만이다.

⑤ これくらいの故障、修理を頼むまでもない。僕が直してあげるよ。

You don't need to ask someone to repair such a minor problem. I'll fix it for you. ／ 这种程度的故障没有必要找人维修。我来帮你修吧。／ 이 정도 고장은 수리를 맡길 것도 없다. 내가 고쳐줄게.

⑥ 上手になりたければ、ひたすら練習するまでのことだ。

If you want to be good at something, all you have to do is practice. ／ 想要变得熟练，就要拼命练习。／ 실력을 높이고 싶다면 오로지 연습밖에 없다.

⑦ 彼の行為は、法律を持ち出すまでもなく犯罪と言えるだろう。

His actions are criminal, not to mention what the law says. ／ 他的行为，不用搬出法律，都可以说是犯罪吧。／ 그의 행동은 법을 들먹일 필요도 없이 범죄라고 할 수 있다.

2日目 練習（p.53）

① 応援していたチームが試合に負けてしまって、残念な限りだ。

It's a pity that the team I was supporting lost the game. ／ 我支持的队伍输掉了比赛，真是遗憾极了。／ 응원하는 팀이 시합에 져서 매우 아쉽다.

② 新築の一戸建てを買った。今月を限りにこのマンションともお別れだ。

I bought a new house. This month, I'm going to say farewell to this apartment. ／ 买了刚建好的独栋住宅。到这个月为止将和这个公寓告别。／ 신축 단독주택을 샀다. 이번 달을 끝으로 이 아파트와도 이별이다.

③ 風邪をひいたときは、薬など飲むよりゆっくり寝るに限る。

If you have a cold, get plenty of sleep rather than taking medicine. ／ 感冒的时候，比起喝药之类，最好是好好睡觉。／ 감기에 걸렸을 때는 약 같은 걸 먹는 것보다 푹 자는 것이 제일이다.

④ 朝の電車が混んでいるのは、今日に限ったことではない。

It's not only today that the morning train is crowded. ／ 早上的电车拥挤，并不仅限于今天。／ 아침에 전철이 붐비는 것은 어제오늘 일이 아니다.

⑤ 宝くじに当たったなんて、なんともうらやましい限りだ。

I'm so incredibly jealous of their lottery win. ／ 居然中了彩票，真是令人羡慕不已。／ 복권에 당첨되다니 부럽기 그지없다.

⑥ そのドラマは、視聴率が伸びず10回目を限りに打ち切られることになった。

That drama was cancelled after only the tenth episode, due to lack of viewer interest. ／ 这部电视剧的收视率上不去，将在第10集结束后停播。／ 그 드라마는 시청률이 오르지 않아 10화를 끝으로 막을 내리게 됐다.

⑦ 漢字が書けなくなったのは、最近に限ったことではなくパソコンを使うようになってからずっとだ。

I can't write Chinese characters anymore; not just recently, but ever since I started using computers. ／ 变得不会汉字不是最近的事情，从开始使用电脑时就一直都是。／ 한자를 쓸 수 없게 된 것은 요즘만의 일이 아니라 컴퓨터를 사용한 후로 쭉 그러했다.

3日目　練習（p.55）

① 近所の人の話では、昨夜あの家でだれかが亡くなったとのことだ。

According to a neighbor, someone died at that house last night. ／ 据邻居说，昨晚那家有人死了。／ 동네 사람의 말에 따르면 어젯밤 그 집에서 누군가가 죽었다고 한다.

② 入社したばかりとはいえ、もう少しまともな挨拶ができないのだろうか。

I know he just joined the company, but couldn't he greet people in a more decent manner? ／ 虽然才刚进公司，但打招呼就不能再像样点吗？／ 아무리 갓 입사했어도 좀 더 똑바로 인사할 수 없는 걸까.

③ 親といえども、子どもをしかるのに暴力はいけない。

Even parents scolding their children should avoid violence. ／ 即使是父母，也不应该在教训孩子时使用暴力。／ 아무리 부모라도 아이를 혼낼 때 폭력을 쓰면 안 된다.

④ 鈴木さんから、今日は風邪で休むとの電話がありました。

Mr. Suzuki called to say that he'd be absent today, due to a cold. ／ 铃木打电话来说，他今天感冒，所以休息。／ 스즈키 씨가 오늘은 감기로 쉰다고 전화했습니다.

⑤ あんなに女らしく美しく見える人が、実は男だったとは……。

That person, who seemed so feminine and beautiful, was actually a man ... ／ 那么有女人味又漂亮的人，居然其实是个男人……／ 그렇게 여성스럽고 아름다워 보이는 사람이 실은 남자였을 줄이야……….

⑥ 知らなかったこととはいえ、失礼なことをしてしまい、大変申し訳ありませんでした。

Although it was something I didn't know about, I'm very sorry for being so rude. ／ 虽然原来不知道，但还是非常抱歉做了失礼的事情。／ 아무리 몰랐다고 해도 무례를 저질러서 대단히 죄송합니다.

⑦ 生活のため、休日といえども休まずに働かなくてはならない。

To make a living, even on my so-called days off, I have to work. ／ 为了生活，即使是假日也要工作不能休息。／ 생활을 위해서라고 할지라도 휴일에 쉬지 않고 일해야 한다.

4日目　練習（p.57）

① あの先生は僕が何を尋ねても、いつも誠意をもって答えてくれる。

No matter what I ask, that teacher always answers sincerely. ／ 无论我问什么，那位老师总是真诚地回答。／ 그 선생님은 내가 무슨 질문을 해도 언제나 성의 있게 대답해준다.

② 私の父は定年退職してからというもの、一日中テレビばかり見ている。

Ever since my father retired, all he does is watch TV all day long. ／ 我父亲自从退休后，整天都在看电视。／ 우리 아버지는 정년퇴직을 한 후로 온종일 TV만 본다.

③ 当選者の発表は、商品の発送をもって代えさせていただきます。

The shipment of items will also serve to announce the winners. ／ 将以发送商品的形式来代替获奖者的公布。／ 당첨자 발표는 상품 발송으로 대신합니다.

④ 一人暮らしを始めてからというもの、まともな

食事をしたことがない。
I haven't had a decent meal since I started living alone. / 自从开始一个人生活以来，就没有吃过一顿像样的饭菜。 / 자취를 시작한 후로 제대로 된 식사를 한 적이 없다．

⑤ 昨日の会議では、彼の発言を皮切りに反対意見が次々と出た。
At yesterday's meeting, there were a lot of opposing opinions, starting with his comment. / 昨天的会议上，他发言之后，反对意见层出不穷。 / 어제 회의에서는 그의 발언을 시작으로 반대 의견이 쏟아졌다．

⑥ あの歌手は人気が出てからというもの、態度が大きくなっているようだ。
That singer's attitude seems to have grown more arrogant since she became popular. / 那名歌手自从走红以后，态度好像就变得很傲慢。 / 그 가수는 인기를 얻고 나서부터 태도가 건방져지고 있는 것 같다．

⑦ 最新技術をもってすれば、その開発も難しくないだろう。
With the latest technology, it won't be difficult to develop it. / 以最新的技术来看，这项开发也不难吧。 / 최신 기술을 쓰면 그 개발도 어렵지 않을 것이다．

5日目 練習 (p.59)

① あの人はいつも電車に乗り込むが早いか、席を確保しようとする。
That guy always gets on the train early, trying to secure a seat. / 那个人总是一上电车就试图抢座位。 / 그 사람은 언제나 전철에 타자마자 자리를 차지하려고 한다．

② 彼女は家に入るや、いきなりトイレに駆け込んだ。
As soon as she entered the house, she immediately rushed to the bathroom. / 她一进家门，就突然冲进了厕所。 / 그녀는 집에 들어오자마자 갑자기 화장실로 뛰어들었다．

③ やっと富士山の頂上に着いたと思いきや、まだ8合目だった。
I thought I'd finally reached the top of Mt. Fuji, but it was only the 8th station. / 以为终于到达了富士山的山顶，没想到还只是8合目。 / 간신히 후지산 정상에 도착한 줄 알았는데 아직 8부 능선이었다．

④ 119番の通報を受けるが早いか、救急車は出動した。
The ambulance was dispatched as soon as the 119 call was received. / 一接到119报警，救护车就出动了。 / 119 신고를 받자마자 구급차가 출동했다．

⑤ 彼は普段はとてもおとなしいが、ひとたび怒ったら最後暴れて手がつけられなくなる。
He's usually very quiet, but once he gets angry, he gets wild and loses control. / 虽然他平时很沉稳，但一旦生气就会发狂到不可收拾。 / 그는 평소에는 매우 친절하지만, 한번 화나면 난동을 부려서 손을 쓸 수 없다．

⑥ 年賀状の最後の1枚を書き終わったかと思いきや、まだ20枚も残っていた。
I thought I'd finished writing the last of the New Year's cards, but there were still 20 left. / 原以为已经写完了最后1张贺年卡，居然还剩下20张。 / 마지막 남은 1장의 연하장을 다 작성한 줄 알았는데 아직 20장이나 남아있었다．

⑦ 彼のブログは、更新するや、反響が相次ぐ。
As soon as it's updated, his blog receives a lot of feedback. / 他的博客一更新就反响不断。 / 그의 블로그는 업데이트하면 반향이 줄을 잇는다．

6日目 練習 (p.61)

① 食べるそばから次の料理がどんどん運ばれて、ゆっくり味わえなかった。
As soon as I'd finished, the next dishes were brought in, one after another, so I couldn't savor them properly. / 刚开始吃，后面的菜就不断被送过来，没能细细品尝。 / 음식을 먹는 족족 다음 요리가 나와서 느긋하게 맛을 음미할 수 없었다．

② 今日は先日のご報告かたがた、部下の紹介に参りました。
I'm here today to report on the other day, and to introduce my junior colleague. / 今天是来进行上次的报告，顺便介绍一下部下。 / 오늘은 요전번의 보고를 드리는 김에 부하를 소개하러 왔습니다．

③ 散歩がてら立ち寄った美術館は、とてもすいていた。
As I was taking a walk, I dropped by the museum, which

was very empty. ／ 散歩时顺便参观的美术馆非常空。／ 산책할 겸 들른 미술관은 텅 비어 있었다.

④ その小説家は執筆のかたわら、趣味でピアノを弾いている。

In addition to writing, that novelist plays the piano as a hobby. ／ 这位小说家在执笔之余，还爱好弹钢琴。／ 그 소설가는 글을 집필하면서 취미로 피아노를 연주한다.

⑤ その商品は、並べるそばから飛ぶように売れていった。

As soon as they were put on the shelves, those items sold like hotcakes. ／ 这个商品刚陈列出来就卖得飞快。／ 그 상품은 진열하는 족족 날개 돋친 듯 팔렸다.

⑥ 忘年会の下見がてら飲みに行った居酒屋は、あまりよくなかった。

The izakaya I went to check out for our end-of-year party was not so good. ／ 查看年会场地时顺便去的居酒屋不是很好。／ 송년회 사전답사를 할 겸 들른 이자카야는 별로였다.

⑦ 本日は、先日のお詫びかたがたお伺いした次第です。

I've come here today to apologize for the other day. ／ 今天是来对上次的事情进行道歉，顺便访问的。／ 오늘은 요전번의 사과를 드릴 겸 찾아뵈었습니다.

7日目　まとめの問題（p.64～66）

問題1

1 損をしてまでも（＝損をして、それでも）
2 シンプルで丈夫なのに限る（＝シンプルで丈夫なのが一番だ）
3 病気とはいえ（＝病気なのだが、それでも）
4 ヒットしたのを皮切りに（＝ヒットしたのがきっかけになって）
5 ご挨拶かたがた（＝挨拶を兼ねて）
6 明日をもって（＝明日で）
7 開店するが早いか（＝開店するのとほとんど同時に）
8 書くまでもない（＝書く必要がない）
9 覚えたと思ったそばから（＝覚えたと思ってもすぐに）
10 この3週間というもの（＝この3週間の間、ずっと）
11 あきらめるまでのことだ（＝あきらめるしかない）
12 うらやましい限りだ（＝とてもうらやましい）
13 遊びがてら（＝遊ぶついでに／遊ぶのを兼ねて）
14 子どもを育てるかたわら（＝子どもを育てながら）
15 負けたといえども（＝負けたけれど）

問題2

16 息子は頑固で、いったん言い出したら最後、だれの言うことにも耳を傾けない。

My son is so stubborn that once he starts talking, he won't listen to anyone. ／ 我儿子很頑固，话一旦说出口，就谁的话都不会听。／ 아들은 고집이 세서 일단 말을 꺼내면 누구의 말도 귀담아듣지 않는다.

17 友人が入院したとの連絡を受けたが、そんなに悪かったとは、夢にも思わなかった。

I was told that my friend was in hospital, but I never dreamed it was so bad. ／ 虽然之前收到了朋友住院的消息，但做梦也没想到有这么严重。／ 친구가 입원했다는 연락을 받았지만 그렇게 심각한 상태일 줄은 꿈에도 몰랐다.

18 彼は電車を降りるやいなや走り出したが、どうやら乗り換えの電車に間に合わなかったようだ。

He started running as soon as he got off the train, but apparently he didn't make it in time to catch the connecting train. ／ 他一下电车就开始跑，但好像没赶上换乘的电车。／ 그는 전철에서 내리자마자 뛰어갔지만 아무래도 환승할 전철을 놓친 것 같다.

19 あなたの実力をもってすれば合格は可能だとはいえ、油断してはいけません。

Even though you can pass the exam, given your ability, you shouldn't be careless. ／ 以你的实力来看，虽然可能合格，但不能掉以轻心。／ 당신의 실력을 볼 때 합격은

가능하지만, 방심해서는 안 됩니다.

20 その国はオリンピックを開催してからというもの目覚ましい進歩をとげている。
That country has made remarkable progress since it hosted the Olympic Games. / 那个国家自从举办奥运会以来，取得了显著进步。 / 그 나라는 올림픽을 개최하고 나서 눈부신 진보를 이룩하고 있다.

問題3

21 私に限ったことではないだろう（＝私だけではないだろう）

22 今日を限りにやめよう（＝今日で終わりにして、やめよう）

23 言うまでもない（＝言わなくてもみんなが知っている）

24 理想の体重になったと思いきや（＝一時的に理想の体重になったと思っても）

25 毎日とはいかないまでも（＝毎日じゃなくても）

第4週

1日目　練習（p.69）

① 何を買うともなく、デパートの中をぶらぶらしていたら、友人に会った。
I was wandering around a department store without buying anything when I met a friend. / 没准备要买什么，在百货公司闲逛着，就遇到了朋友。 / 아무것도 구입하지 않고 백화점을 돌아다니다가 친구와 마주쳤다.

② 黙っていればいいものを、つい余計なことを言ってしまった。
Although I should have kept quiet, I said something uncalled-for. / 原本没必要说的，却不小心说了多余的话。 / 잠자코 있으면 좋았을 것을 무심코 쓸데없는 말을 해버렸다.

③ 健康な体なくしては、どんなにお金があっても幸せとは言えない。
No matter how much money you have, without physical health you can't be happy. / 没有健康的身体，不管多有钱，都称不上幸福。 / 건강한 몸이 없으면 아무리 돈이 많아도 행복하다고 할 수 없다.

④ この小説は、涙なしに読むことができない。
You can't read this novel without crying. / 读这本小说没法不流泪。 / 이 소설은 눈물 없이는 읽을 수 없다.

⑤ 駅を降りたら、どこからともなくおいしそうないい匂いがしてきた。
When I got off at the station, a delicious smell hit me out of nowhere. / 一下车站，不知道从哪里传来了好像很好吃的香味。 / 역에서 내리자 어디선가 맛있는 냄새가 났다.

⑥ どこからともなく聞こえてくるピアノの音が気になって、勉強に集中できない。
I can't concentrate on studying because I'm bothered by the noise of a piano coming from somewhere. / 被不知从哪里传来的钢琴声吸引，无法专心学习。 / 어디선가 들려오는 피아노 소리가 신경 쓰여서 공부에 집중할 수 없다.

⑦ 五分早く家を出ればよかったものを、のんびりしていて電車に乗り遅れてしまった。
I should have left the house five minutes earlier, but I was taking it easy and I missed the train. / 要是提前五分钟离开家就好了，因为太悠闲，没赶上电车。 / 5분 일찍 집을 나서면 좋았을 것을 여유를 부리다가 전철을 놓치고 말았다.

2日目　練習（p.71）

① 彼はとてもいい人だ。でも結婚となると、ちょっと頼りない気がする。
He's a very nice person. But when it comes to marriage, he seems a little unreliable. / 他是一个很好的人。但要是结婚的话，觉得有点靠不住。 / 그는 아주 좋은 사람이다. 하지만 결혼 상대로는 조금 못 미더운 것 같다.

② 親たる者は、子どもが悪いことをしたときに、きちんとしかるべきだ。
As a parent, it's important to punish children when they do something wrong. / 做父母的，在孩子做坏事时，应该好好指责。 / 부모 된 자는 자녀가 나쁜 짓을 했을 때 똑바로 혼내야 한다.

③ あのような一流レストランともなると、男性は

ネクタイが必要だ。
In a prestigious restaurant like that, men need to wear a tie. / 要是那种一流的餐厅，男性就必须打领带。 / 그런 일류 레스토랑쯤 되면 남성은 넥타이가 필요하다.

④ 結婚なんてとんでもない。私は男の人と話したことすらないのです。
The notion of marriage is ridiculous. I haven't even talked to any men. / 怎么可能结婚。我甚至没有和男人说过话。 / 결혼이라니 터무니없다. 나는 남자와 말을 섞은 적도 없다.

⑤ 盗みが悪いことであるのは、小さい子どもですら知っている。
Even small children know that stealing is bad. / 偷东西是坏事，连小孩子也知道。 / 도둑질이 나쁜 짓이라는 것은 어린애도 안다.

⑥ 若い私たちですらつらいのだから、老人にはこの暑さは厳しいだろう。
It's even hard on younger people, so this heat will be severe for older people. / 我们年轻人都受不了这个热度，对老年人来说会很难受吧。 / 젊은 우리들도 힘들 정도니까 노인에게 이 더위는 가혹할 것이다.

⑦ 内科の医者ともあろう者が、栄養のことを気にかけないのは理解できない。
I can't understand why someone who is a doctor of internal medicine doesn't care about nutrition. / 身为内科医生的人居然不注意营养，让人无法理解。 / 내과 의사라는 사람이 영양에 신경 쓰지 않는 것은 이해할 수 없다.

3日目 練習 (p.73)

① 旅行をしている間ずっと、ごちそうずくめで、少し太ってしまいました。
I've gained a little weight because I've been eating a lot of food during the trip. / 在旅行中，净是吃好吃的，稍微有点胖了。 / 여행하는 동안 줄곧 잘 먹기만 했더니 살이 조금 쪘습니다.

② 初めてのスキーでは転んでばかりで、雪まみれになってしまった。
When I tried skiing for the first time, I kept falling over and got covered in snow. / 第一次滑雪，老是摔倒，弄得浑身都是雪。 / 처음 스키를 탈 때는 넘어지기만 하다가 눈투성이가 됐다.

③ その企業が会社ぐるみで脱税をしていたのが、発覚した。
It was discovered that the entire company had been evading tax. / 那个企业被发现整个公司都偷税漏税。 / 그 기업은 회사 차원에서 탈세한 것이 적발됐다.

④ カラスは人間並みの知能があるといわれています。
Crows are said to be as intelligent as humans. / 据说乌鸦有着和人一样的智慧。 / 까마귀는 인간 수준의 지능을 가졌다고 합니다.

⑤ 夏の海岸で砂まみれになって遊んだ。
I played on the beach in summer, covered with sand. / 在夏天的海岸上玩得浑身都是沙子。 / 여름의 해안에서 모래투성이로 놀았다.

⑥ 彼は借金まみれになったあげく、破産してしまった。
He went bankrupt after drowning in debt. / 他负债累累，最后破产了。 / 그는 빚더미에 오른 끝에 파산하고 말았다.

⑦ 彼女は、俳優としては十人並みの容姿をしている。
For an actor, she looks fairly unremarkable. / 作为一个艺人，她的颜值倒是很一般。 / 그녀는 배우로서는 평범한 외모이다.

4日目 練習 (p.75)

① 僕の幸せは家族あってのものだ。みんな病気をせず元気でいてほしい。
My happiness comes from my family. I want everyone to be healthy and free from illness. / 我的幸福来自于家人。我希望他们都保持健康，不会生病。 / 가족이 없으면 내 행복도 없다. 다들 아프지 않고 건강했으면 좋겠다.

② 父は、たとえ日曜であっても、仕事とあればどこへでも行く。
My father will go anywhere if there's work to be done, even on Sundays. / 我父亲即使是星期天，只要有工作，哪里都去。 / 아버지는 비록 일요일이라도 일 때문이면 어디든지 간다.

③ 事業の成功は、皆さんの協力あってのものと感謝しています。
I'd like to thank everyone for their support in making our business a success. / 事业成功是因为有大家的帮助, 非常感谢。 / 사업의 성공은 여러분의 협력 덕분에 가능했기에 감사드립니다.

④ 決勝戦とあって、その試合の入場券はすぐに売り切れた。
As it was the final game, the tickets for the game sold out immediately. / 由于是决赛, 那场比赛的入场券立即售罄了。 / 결승전이라서 그 시합의 입장권은 곧바로 매진됐다.

⑤ 情報が氾濫する時代にあって、必要なものを選択するのは難しい。
In this era of information overload, it's difficult to choose what you need. / 在信息泛滥的时代, 很难选择需要的东西。 / 정보가 범람하는 시대에 필요한 것을 선택하기란 어렵다.

⑥ 我が子のためとあれば、どんな苦労も我慢できるものだ。
If it's for my child, I can endure any hardship. / 如果是为了自己孩子, 多大的辛苦都能忍受。 / 우리 아이를 위해서라면 어떤 고생도 감내할 수 있다.

⑦ 困難な状況にあっても、あきらめないで努力をする彼には頭が下がる。
I admire him for not giving up and making an effort, even in difficult circumstances. / 即使在困难的情况下, 他也继续努力, 永不言弃, 令人钦佩。 / 어려운 상황에서도 포기하지 않고 노력하는 그에게는 고개가 숙여진다.

5日目 練習 (p.77)

① 「鈴木」なんていう名前、この町に千からあるんだよ。どうやって彼を探すんだよ。
There must be a thousand people named Suzuki in this town. How will you find him? / "铃木"这个名字, 在这个地区有一千人以上呢。你怎么找他啊? / '스즈키'라는 이름을 가진 이가 이 마을에 천 명이나 있어. 어떻게 그를 찾겠다는 거야.

② 300枚からあるDVDの置き場に困っている。
I have 300 or more DVDs, which I'm having trouble finding somewhere to store. / 300 多张 DVD 不知道应该放哪里。 / DVD 가 300 장이나 있어서 보관할 장소가 마땅하지 않다.

③ お米一粒たりとも粗末にするなと、よく祖母から言われたものだ。
My grandmother used to tell me not to waste even a grain of rice. / 祖母经常说, 即使是一粒米, 也不要浪费。 / 쌀 한 톨도 허투루 하지 말라고 할머니께서 자주 말씀하셨다.

④ 桜の木の下で酒を飲んで歌を歌う。日本ならではのお花見の風景だ。
Drinking sake and singing songs under the cherry blossom tree; it's a style of cherry blossom viewing unique to Japan. / 在樱花树下喝酒唱歌。这是日本独有的赏樱风景。 / 벚나무 밑에서 술을 마시고 노래를 부른다. 이는 일본 특유의 꽃놀이 풍경이다.

⑤ その若者と話してみて、多少なりとも共感できることがあった。
When I talked to that young person, I could sympathize to some extent. / 和那个年轻人试着交谈后, 多少有了点能够产生共鸣的事情。 / 그 젊은이와 이야기해보니 다소 공감할 수 있는 부분이 있었다.

⑥ 新作の映画の見どころは、CGならではの迫力のある映像です。
The highlight of the new movie is the powerful imagery that only computer graphics can produce. / 新电影的看点在于只有计算机图形才能表现的具有冲击力的画面。 / 신작 영화의 볼거리는 컴퓨터 그래픽 특유의 박진감 넘치는 영상입니다.

⑦ その犬は、飼い主の行くところはどこへなりともついていくそうだ。
Apparently, the dog follows wherever its owner goes. / 那只狗好像只要主人走到哪里, 就跟到哪里。 / 그 개는 주인이 가는 곳은 어디든지 따라간다고 한다.

6日目 練習 (p.79)

① お金と時間をかければ、私にだってそれはできないものでもない。

If I spend enough money and time, it's not impossible, even for me. / 只要花钱和时间，我也不是做不了那个的。 / 돈과 시간을 들이면 나에게도 그것이 불가능한 일은 아니다.

② 字がきれいに書ける方法はないものだろうか。
Isn't there some way to write the characters more neatly? / 难道就没有办法让字写得好看吗？ / 글자를 예쁘게 쓰는 방법은 없을까.

③ 彼女が腹を立てるのもわからなくはないが、そんなに怒らなくてもいいだろう。
I can understand why she's upset, but there's no need to be so angry. / 虽然能理解她会生气，但也没必要那样发怒。 / 그녀가 화내는 심정을 모르는 것도 아니지만, 그렇게 화낼 필요는 없을 것 같다.

④ 彼女の声の大きいのは、もう少しどうにかならないものだろうか。
Can't she do something about that loud voice of hers? / 她的声音太大了，就没法稍微轻一点吗？ / 그녀의 큰 목소리는 어떻게 좀 안 되는 걸까.

⑤ 彼の練習量は、ほかの選手と比べものにならないくらい多い。
He practices so much you can't even compare him to the other players. / 他的练习量之多，是其他选手无法相提并论的。 / 그의 연습량은 다른 선수와 비교도 할 수 없을 정도로 많다.

⑥ このパソコンは高いが性能がいいので、値引き率によっては買わないものでもない。
This computer is expensive but has great performance, so it's not something I wouldn't buy, depending on the discount. / 这台电脑虽然贵，但性能不错，所以只要折扣率好，也不是不会购买。 / 이 컴퓨터는 비싸지만 성능이 좋아서 할인율에 따라서는 사지 않을 것도 없다.

⑦ これは、ほかのとはくらべものにならないほど品質がいいですよ。
This one is of incomparably better quality than the others. / 这个质量很好，是其他产品无法相提并论的。 / 이것은 다른 것과 비교도 되지 않을 정도로 품질이 좋습니다.

7日目　まとめの問題（p.82〜84）

問題1

1 医者たる者（＝医者の立場にある人が）
2 高校生ともなると（＝高校生ぐらいの年になったら）
3 家で楽しく運動できるとあれば（＝家で楽しく運動できるなら）
4 魚あっての漁業（＝魚がいて初めてできる漁業）
5 不安もなくはない（＝不安も少しはある）
6 多少なりとも（＝多少でも／少しは）
7 一言たりとも（＝たとえ一言であっても）
8 私に責任がないものでもない（＝もしかしたら、私に責任があるかもしれない）
9 住民の協力なくして（＝住民の協力がなかったら）
10 異例ずくめ（＝異例なことばかり）
11 国際化の時代にあって（＝国際化の時代においては）
12 泥まみれ（＝体中に泥がついた状態）
13 大企業にして（＝大企業でも）
14 100万円からする（＝100万円もする）
15 プロなみ（＝プロとほどんど同じ程度）

問題2

16 相談してくれれば何とかしたものを、今頃何とかしてくれと言われても困る。
Don't talk to me now about something I could have done something about if you'd consulted me earlier. / 原来只要跟我商量，肯定会解决的事情，但到现在才叫我帮忙，我也没办法。 / 미리 의논했으면 어떻게든 됐겠지만, 이제 와서 어떻게 해달라고 해도 곤란하다.

17 君の気持ちはわからなくないが、この状況にあって言いすぎたことは認めたほうがいいだろう。
It's not that I don't understand how you feel, but I think

you should admit that you said too much in this situation. / 不是不明白你的感受，但在这种情况下，你还是承认说过头了比较好吧。 / 너의 심정을 모르는 것은 아니지만, 지금 상황에 말이 지나쳤던 것은 인정하는 편이 좋다

18 その映画は、アカデミー賞候補とあって涙なしには見られない素晴らしい作品だった。

The movie was so wonderful it was nominated for an Academy Award, and I couldn't watch it without crying. / 这部电影获得了奥斯卡提名，是一部让人不得不流泪的精彩作品。 / 그 영화는 아카데미상 후보이고 눈물 없이는 볼 수 없는 훌륭한 작품이었다.

19 人のことと違って、いざ自分のこととなると冷静な見方ができないものだ。

When it comes to yourself, it's harder to see things clearly than it is with other people. / 不同于别人的事，一旦轮到自己，就没办法冷静看待。 / 남의 일과 달리 자기 일이 되면 냉정한 평가를 할 수 없다.

20 ここの通勤ラッシュはひどいといえども、東京とはくらべものにならないと思う。

Even though the commuter rush hour is terrible here, I don't think it's comparable to Tokyo. / 虽然这里的通勤高峰期很糟糕，但我觉得和东京是不能比的。 / 이곳의 러시아워가 심하다고 할지라도, 도쿄와는 비교도 안 된다고 생각한다.

問題3

21 なんとかならないものだろうかと思う（＝解決する方法は何かあるだろうかと思う）
22 何をするともなく（＝何をしようという目的もなく）
23 当社ならではの（＝当社だけの）
24 1日たりとも（＝1日も）
25 不況下とあって（＝不況だから）

第5週

1日目 練習 (p.87)

① 帰りが遅くなってしまった。父にしかられないではすまないだろう。

I was late getting home. I don't think I'll be able to avoid my dad yelling at me. / 回来晚了。不被父亲骂是不可能的吧。 / 귀가가 너무 늦어졌다. 틀림없이 아버지에게 혼날 것이다.

② その劇は、見る者全員に感動を与えずにはおかないほどすばらしかった。

The play was so wonderful that everyone who saw it couldn't help but be impressed. / 这出戏非常精彩，它必然会给所有观众留下深刻的印象。 / 그 연극은 모든 관객에게 감동을 주지 않을 수 없을 정도로 훌륭했다.

③ それは法に触れる行為です。知らなかったではすまないですよ。

Such behavior is against the law. It's not enough to say that you didn't know. / 这是触犯法律的行为。不知道并不代表无罪。 / 그것은 법에 저촉되는 행위입니다. 몰랐다고 해서 끝날 일이 아닙니다.

④ 父が脳梗塞で倒れて入院したが、手術せずにすんでよかった。

My father had a stroke and was hospitalized, but I'm glad he didn't have to have surgery. / 父亲虽然因脑梗塞昏倒住院，但幸好不用手术。 / 아버지가 뇌경색으로 쓰러져서 입원했지만, 수술까지는 안 가서 다행이다.

⑤ 税金は払いたくないが、払わずにはすまない。

I don't want to pay taxes, but I can't avoid paying them. / 虽然不想交税，但不交不行。 / 세금을 내고 싶지 않지만, 내지 않을 수 없다.

⑥ 知らなかったとはいえ、迷惑をかけたのだから謝らずにはすまないだろう。

Even though I didn't know it, I caused trouble, so I guess I should apologize. / 虽然原来不知道，但毕竟带来了麻烦，不道歉不行吧。 / 몰랐다고 해도 피해를 줬으니 사과하지 않고 넘어갈 수 없을 것이다.

⑦ 学校側は、危険性が高いバイク通学を禁止せずにはおかないだろう。

I guess the school will have to ban students from riding motorcycles to school because it's so risky. / 骑摩托车上下学非常危险，校方肯定会禁止的吧。 / 학교 측은 위험성이 높은 오토바이 통학을 금지하지 않을 수 없을 것이다.

2日目 練習 (p.89)

① 最終電車が行ってしまって、タクシーに乗ろうにもお金が足りなかった。

I missed the last train, and even if I wanted to take a cab, I didn't have enough money. / 末班电车开走了，想坐出租车也没有足够的钱。 / 막차가 떠나서 택시를 타려고 해도 돈이 부족했다.

② できる限りやさしく言葉の意味を教えた。もうこれ以上、説明のしようがない。

I explained the meaning of the word as kindly as I could. There was no better way to explain. / 尽可能简单地教了单词的意思。已经无法更简单地解释了。 / 최대한 친절하게 단어의 뜻을 가르쳐줬다. 이 이상은 설명할 도리가 없다.

③ この雨はしばらくやみそうもない。

It seems this rain is not going to stop for a while. / 这场雨看来暂时不会停。 / 이 비는 당분간 그칠 것 같지 않다.

④ 台風で川の水があふれ、橋を渡ろうにも渡れない。

The typhoon has flooded the river, making it impossible to cross the bridge. / 台风导致河水泛滥，想要过桥都过不了。 / 태풍으로 강물이 넘쳐서 다리를 건너려고 해도 건널 수 없다.

⑤ 飛び出してきた自転車を避けようがなく、ひいてしまった。

There was no way to avoid the bicycle that flew out in front of me, and I ran into it. / 没法避开突然冲出来的自行车，结果撞到了。 / 갑자기 나타난 자전거를 피할 도리가 없어서 치고 말았다.

⑥ あの人とは、いくら話し合ったとしてもわかり合えそうにないと思う。

No matter how much we talk, I don't think we'll ever understand each other. / 我觉得无论和那个人怎么谈，都无法理解对方。 / 그 사람과는 아무리 이야기를 나눠도 이해할 수 있을 것 같지 않다.

⑦ 彼女の異常な痛がりようは普通ではないから、救急車を呼んだほうがいいよ。

It's not normal for her to have such unusual pain, so you should call an ambulance. / 她看起来痛得异常，这不正常，叫救护车比较好。 / 그녀가 아파하는 모습이 심상치 않으니까 구급차를 부르는 게 좋겠다.

3日目 練習 (p.91)

① 最近のテレビ番組ときたら、コマーシャルが多すぎる。

There are too many commercials on TV these days. / 说起最近的电视节目，广告太多了。 / 최근의 TV 프로그램은 광고가 너무 많다.

② グラフに示したごとく、わが社の営業成績は伸びています。

As the graph shows, our company's business performance is increasing. / 如图表所示，我公司的销售成绩正在增长。 / 그래프에 나타낸 바와 같이 우리 회사의 영업 실적은 증가하고 있습니다.

③ その難問が小学生ごときに解けるわけがない。

There's no way someone like an elementary school student can solve such a difficult problem. / 像小学生那样的怎么能解决那个难题。 / 그 어려운 문제를 초등학생이 풀 수 있을 리 없다.

④ 酒好きの父ときたら、毎晩ひどく酔っ払って帰ってくるので困る。

My father is a big drinker and he comes home drunk every night, which is a problem. / 说起爱喝酒的父亲，他每天晚上都会喝醉后回家，真头疼。 / 술을 좋아하는 아버지는 매일 밤 만취 상태로 귀가해서 골치 아프다.

⑤ 子どものけんかごときに警察を呼ぶとは、大げさだ。

Calling the police over a small matter like a children's quarrel is just too much. / 孩子式的打架还要报警，太夸张了。 / 고작 아이들 싸움에 경찰을 부르다니 호들갑이 심하다.

⑥ その大統領夫人は、派手好きで湯水のごとくお金を使ったそうだ。

I heard that the president's wife was a flamboyant woman who spends money like it's water. / 那位总统夫人好像喜欢花哨，花钱如流水。 / 그 영부인은 화려한 것을 좋아해서 돈을 펑펑 썼다고 한다.

⑦ 彼女は美人の上にお金持ちときているから、み

んなにうらやましがられるのは当然だろう。

She's not only rich but beautiful, so it's natural that everyone envies her. / 她不仅是个美人，还听说很有钱，所以大家都自然很羡慕她。 / 그녀는 미인에다가 부자라고 했으니 남들이 부러워하는 것이 당연하다.

4日目　練習（p.93）

① 親として情けないことだが、今にいたるまで娘の非行に気づかなかった。

As a parent, I feel ashamed that I didn't notice my daughter's misconduct before now. / 作为父母很惭愧，到现在为止才发现女儿的不正当行为。 / 부모로서 한심한 일이지만, 지금까지 딸의 비행을 눈치채지 못했다.

② 理由のいかんによらず、試験開始後の入室は認めません。

No one will be allowed to enter the room after the exam has started, regardless of the reason. / 无论什么原因，考试开始后都不允许进入教室。 / 이유를 불문하고, 시험이 시작한 후에는 입실이 허용되지 않습니다.

③ 次の試験の成績いかんでは、進級もできなくなるので頑張るように。

Depending on the results of the next exam, you may not be admitted to the next grade, so please do your best. / 根据下一次考试的成绩，可能会无法升级，所以要加油。 / 다음 시험 성적에 따라 진급도 어려울 수 있으니 분발하도록.

④ 今度の面接の結果いかんで、合格か不合格かが決まる。

The results of the next interview will determine whether you pass or fail. / 根据这次面试的结果，决定是否合格。 / 이번 면접 결과에 따라 합격인지 불합격인지 결정된다.

⑤ 昨夜のホテル火災は大惨事に至らずに済んだ。

The fire at the hotel last night ended up not causing a major catastrophe. / 昨晚酒店火灾没有酿成大祸。 / 어젯밤의 호텔 화재는 대참사로 이어지지 않았다.

⑥ 高層マンションの建設は、住民の反対で計画段階のまま今日に至っている。

Construction of the high-rise apartment building is still in the planning stage, due to opposition by residents. / 高层公寓的建设，因居民反对，至今仍处于规划阶段。 / 고층 아파트 건설은 주민의 반대로 지금까지 계획 단계에 머물고 있다.

⑦ 弁護士から、Ａ社が努力のかいなく倒産に至った経緯についての説明があった。

The lawyer explained how Company A went bankrupt despite its best efforts. / 律师解释了A公司的努力没有结果，最后破产的经过。 / 변호사는 A사가 노력한 보람도 없이 도산한 경위에 대해 설명했다.

5日目　練習（p.95）

① その歌手の人気は日本だけにとどまらず、アジアの国々にも広まった。

That singer's popularity is not limited to Japan, but has spread to other Asian countries. / 那名歌手的人气不仅限于日本，还传到了亚洲各国。 / 그 가수의 인기는 일본에 그치지 않고, 아시아 각국에도 퍼졌다.

② 昨日は休日と久しぶりの晴天があいまって、遊園地はとても混んでいた。

The amusement park was very crowded yesterday due to the national holiday and the first sunny day in a long time. / 昨天赶上了假期和久违的晴天，游乐园非常拥挤。 / 어제는 휴일인 데다가 오랜만의 맑은 날씨라서 유원지가 매우 혼잡했다.

③ 株の暴落は、その年だけにとどまらず年が明けても続いた。

The stock market crash didn't stop at that year, but continued into the new year. / 股市暴跌不仅限于那一年，新的一年也在继续。 / 주가 폭락은 그해에 그치지 않고, 해가 바뀌어도 계속됐다.

④ あの映画は、主題歌の人気と相まって大ヒットした。

The movie was a big hit, coupled with the popularity of its theme song. / 加上主题曲的人气度,那部电影倍受欢迎。 / 그 영화는 주제가의 인기와 더불어 크게 히트했다.

⑤ 駅前のそば屋は、古くてみすぼらしい外観によらずおいしいと評判だ。

The soba noodle store by the station has a reputation for

being delicious despite its shabby, old appearance. / 车站前的荞麦面店，虽然外观又旧又破，却以美味著称。 / 역 앞의 소바 가게는 낡고 허름한 외관과 관계없이 맛있다고 평판이 좋다.

⑥ 消費税のアップと不景気が相まって、落ち込んだ個人消費の回復は困難だと言われている。
Apparently, it will be difficult to recover from the decline in personal consumption caused by the recession coupled with the increase in the consumption tax. / 据说，由于消费税上调再加上经济衰退，低落的个人消费难以恢复。 / 소비세 상승과 불경기가 겹쳐서 침체된 개인 소비의 회복은 힘들 것이라고 한다.

⑦ ボーナスがなしになるにとどまらず、給料までカットされることになり、ショックだ。
I was shocked to hear that not only my bonus would be lost, but my salary would also be cut. / 不仅奖金没了，工资也被削减了，真受打击。 / 상여금이 없어지는 데 그치지 않고, 월급까지 깎이다니 충격이다.

6日目 練習 (p.97)

① 妻は職場に復帰すべく、1歳になる子どもの預け先を探している。
My wife is looking for somewhere to mind our one-year-old child so that she can return to work. / 妻子为了重返工作岗位，正在寻找可以照顾1岁孩子的地方。 / 아내의 직장 복귀를 위해 1살이 되는 아이를 맡길 곳을 찾고 있다.

② 人殺しの道具を作るなど、許すべからざることだ。
Making tools to murder people is unforgivable. / 制造杀人工具这种事是不能允许的。 / 살인 도구를 만들다니 용서할 수 없는 일이다.

③ 「芝生に入るべからず！」という立て札が立ててあった。
There was a sign reading, "Keep off the lawn!" / 竖着写有"禁止进入草坪！"的告示牌。 / 잔디에 들어가지 말라는 팻말이 세워져 있었다.

④ 戦争での体験は、だれにとっても忘るべからざる悲惨な出来事だ。
The experience of war is a tragic event that no one should forget. / 战争的经历，对任何人来说都是不能忘记的悲

惨事件。 / 전쟁에서의 경험은 누구든지 잊을 수 없는 참혹한 사건이다.

⑤ 日本語能力試験のN1に合格するべく、日夜勉強をしています。
I'm studying day and night to pass the Japanese-Language Proficiency Test at level N1. / 为了通过日本语能力考试N1，在日以继夜地学习着。 / 일본어능력시험 N1에 합격하기 위해 밤낮으로 공부하고 있습니다.

⑥ 今、夏なのに雪が降るといったあるべからざる現象が起こっている地域がある。
Unexpected phenomena, such as snowfall in summer, are occurring in some areas. / 现在，有的地区发生了明明是夏天却下雪等不应该有的现象。 / 지금은 여름인데 눈이 내리는 것과 같이 있을 수 없는 현상이 일어나는 지역이 있다.

⑦ 弁護士になるべく懸命に続けた努力が実り、試験に合格した。
My hard work to become a lawyer paid off, and I passed the exam. / 为了成为律师而拼命付出的努力获得了结果，通过了考试。 / 변호사가 되기 위해 열심히 노력을 이어온 것이 결실을 보아 시험에 합격했다.

7日目 まとめの問題 (p.100～102)

問題1

1 両親の喜びようは（＝両親が喜んだ様子は）
2 ラーメンに至るまで（＝ラーメンまで）
3 たとえようのない恐ろしさ（＝たとえる方法がない恐ろしさ）
4 美人の上にお金持ちときているので（＝美人でお金持ちなので当然）
5 見かけによらず（＝見た目には関係なく）
6 忘れようにも（＝忘れようとしても）
7 買わずにすんで（＝買う必要がなく問題が解決して）
8 「わからない」ではすまない（＝「わからない」では許されない）
9 払わずにはすまない（＝払わなければならない）
10 建て直したかのごとく（＝まるで建て直したよ

うに）
11 渡るべからず（＝渡るな）
12 感動を与えずにはおかなかった（＝自然と感動させた）
13 疑うべくもない（＝疑うことは考えられない）
14 晴天と相まって（＝天気がよかったせいもあって）
15 結果のいかんにかかわらず（＝結果がどうかに関係なく）
＊ベストを尽くす：持っている力をすべて出して頑張る

問題2

16 近頃の若い連中ときたら、ろくに挨拶もできない者が多い。
Many young people these days can't even offer proper greetings. / 提起现在的年轻人，有很多连打招呼都不会好好打。/ 요즘 젊은이 중에는 인사도 제대로 못 하는 사람이 많다．

17 保険金の支給に至るまでは、様々な手続きがあるので、その流れをきちんと把握しておきましょう。
There are various procedures before the insurance money is paid out, so make sure you understand the process. / 领到保险金前，会有各种手续，所以请好好了解流程。/ 보험금 지급에 이르기까지 여러 가지 절차가 있으니 그 흐름을 제대로 파악해둡시다．

18 私は定職につかずにいるので、働かざる者食うべからずと説教されることがある。
I'm unemployed, and sometimes people preach to me, saying "He who does not work, neither shall he eat." / 因为我没有固定的工作，所以有时会被说教"不劳者，不得食"。/ 나는 일정한 직업이 없어서 일하지 않는 자는 먹지도 말라는 잔소리를 듣는다．

19 おいしいものを食べるべく並ぶのはわかるが、ラーメンごときで3時間も待つとは理解できない。
I understand waiting in line for something delicious, but I don't understand waiting for three hours for just a bowl of ramen. / 虽然明白为了吃好吃的应该排队，但我无法理解像拉面这种居然要等3个小时。/ 맛있는 음식을 먹기 위해 줄을 서는 것이겠지만, 고작 라멘 때문에 3 시간이나 기다리는 것은 이해할 수 없다．

20 パーティー会場は、中に入ろうにも入れないほど超満員だった。
The party hall was so packed that I couldn't even get in. / 派对会场的人多到想进都进不去。/ 파티장은 안에 들어가고 싶어도 못 들어갈 정도로 초만원이었다．

問題3

21 日本国内にとどまらず（＝日本国内だけでなく）
22 できそうもない（＝できる可能性は低い）
23 世界一の販売額を達成するに至っただけに（＝とうとう世界一の販売額を達成したのに）
24 これからの対応いかんでは（＝これからの対応によっては／対応次第で）
25 販売額の減少だけではすまない問題（＝販売額が減少すること以外の問題）

第6週

1日目　練習（p.105）

① 去年の夏も雨が少なかったけれど、今年の水不足は、去年にもまして深刻だ。
There wasn't much rain last summer, but this year's water shortage is even more serious than last year. / 虽然去年夏天雨也很少，但今年的缺水情况比去年更加严重。/ 작년 여름에도 비가 적게 내렸지만, 올해의 물 부족은 작년보다도 심각하다．

② 映画の公開に先駆けて、出演者たちによるイベントが行われた。
An event was held by the performers prior to the release of the movie. / 电影上映前，举办了一场由参演演员们带来的活动。/ 영화 개봉에 앞서 출연자들의 이벤트가 열렸다．

③ 音楽祭でのあの女性歌手の衣装は、前回にもまして派手になっていた。

The costume of the female singer at the music festival was even more flamboyant than last time. ／那名女歌手在音乐节上的服装比上次更华丽了。／음악제에서 그 여성 가수의 의상은 지난번보다 화려해졌다.

④ 友人の息子の優秀なのにひきかえ、なんとうちの子の出来の悪いことか。

Compared to how well my friend's son is doing, my own son's performance is so poor. ／朋友的儿子很优秀, 而我的孩子却不太行。／친구의 아들은 뛰어난데 반대로 우리 아이는 이토록 못났다니.

⑤ 時代に即した考え方をしないと、若者には受け入れられない。

If you don't adapt your approach to the times, young people won't accept it. ／如果不改为符合时代的想法, 是不会被年轻人接受的。／시대에 걸맞은 사고를 하지 않으면 젊은이들은 받아들이지 않는다.

⑥ これは全国販売に先駆けて、当店のみの先行販売でお届けする商品です。

This product is available for advance sale only in our store before it is released nationwide. ／这是率先于全国销售, 仅在本店进行提前销售的商品。／이것은 전국 판매에 앞서 저희 매장에서만 선행 판매하는 상품입니다.

⑦ しっかり者の兄にひきかえ、弟のほうはいいかげんで困る。

I'm having difficulties, because while the older brother is reliable, the younger brother is quite careless. ／哥哥很可靠, 而弟弟却很马虎, 让人头疼。／야무진 형과 달리 남동생은 덜렁거려서 곤란하다.

2日目　練習（p.107）

① 忙しかったので、あとでお昼を食べようと思っていたが、結局、食べずじまいで、夕食の時間になった。

I was busy, so I thought I'd have lunch later, but in the end, I hadn't eaten and it was already time for dinner. ／因为很忙, 所以原来打算晚点吃午饭, 结果没吃就到了晚饭时间。／바빠서 나중에 점심을 먹으려고 했는데, 결국 먹지 못한 채 저녁 시간이 됐다.

② 感想を思うままにアンケートに書いてください。

Please write your impressions in the questionnaire however you like. ／请在问卷中填写真实感受。／소감을 자유롭게 설문지에 작성하십시오.

③ 彼は目が見えずともすばらしい演奏をして、観客に感動を与えた。

Even though he can't see, he gave a wonderful performance and impressed the audience. ／他即使看不见也演奏得出色, 让观众很感动。／그는 앞이 보이지 않는데도 훌륭한 연주로 관객에게 감동을 줬다.

④ 店員に勧められるままに、高いテレビを買ってしまった。

I just followed the salesperson's recommendation and bought the expensive TV. ／照着店员的推荐, 结果买了一台昂贵的电视机。／직원이 추천하는 대로 값비싼 TV를 샀다.

⑤ 待ち合わせ場所を間違えたらしく、結局彼女とは会えずじまいだった。

I think I made a mistake about where to meet, and in the end I wasn't able to meet my girlfriend. ／好像把集合地点搞错了, 结果还是没能见到她。／약속 장소를 잘못 알았는지 끝내 그녀를 만나지 못했다.

⑥ 検査の結果を医師にもう少し詳しく聞こうと思いながらも、看護師に促されるまま診察室を後にした。

I left the doctor's office as urged by the nurse, even though I wanted to ask the doctor about the test results in more detail. ／虽然还想再向医生问更详细的检查结果, 但被护士催促着就离开了诊察室。／검사 결과를 의사에게 더 자세히 물어보려고 했는데, 간호사가 재촉하는 대로 진료실을 나왔다.

⑦ 今日こそは早く帰るつもりでいたのに、誘われるまま飲みに来てしまった。

I was planning to go home early today, but when invited, I went out for a drink. ／原来想着今天要早点回家的, 却因为被邀请, 还是来喝酒了。／오늘은 꼭 일찍 돌아가려고 했는데 권유하는 대로 한잔하러 왔다.

3日目　練習（p.109）

① 人は外見より中身が重要であると思いながらも、

つい外見のよさに目を奪われてしまう。

Although I believe that what's inside a person is more important than external appearance, I can't help being captivated by external appearances. / 人们虽然觉得内在比外表更重要，却总是因为外表好而被吸引。/ 사람은 외모보다 성격이 중요하다고 생각하면서도, 무심코 아름다운 외모에 시선을 뺏긴다.

② この映画は、話の内容もさることながら、映像の美しさも評判がいい。

This movie was well-reviewed for its beautiful imagery as well as its story. / 这部电影不仅在故事的内容上，而且在画面的美感上也受到好评。/ 이 영화는 이야기 내용은 물론이거니와 영상의 아름다움도 평판이 좋다.

③ 彼は転びそうになりながらも急斜面をスキーで滑り降りた。

Although it seemed like he was about to fall, he skied down the steep slope. / 他在即将跌倒时从陡坡上滑雪而下。/ 그는 넘어질 뻔하면서도 스키를 타고 급경사면을 내려왔다.

④ 約束した手前、たとえ雪が降っても行かないわけにはいかない。

Having made a promise, I can't not go, even if it's snowing. / 因为已经约好了，所以就算下雪也不得不去。/ 약속 직전에 비록 눈이 내리더라도 가지 않을 수 없다.

⑤ 8歳になる息子が、子どもながらに一生懸命お金を貯めて買ってくれた誕生日プレゼントは、一生の宝物だ。

Even though he's just a child, my eight-year-old son saved up all his money to buy me a birthday present, which I will treasure forever. / 将要8岁的儿子虽然还是孩子，却努力存钱给我买了生日礼物，这是我一辈子的宝贝。/ 8살이 된 아들이 그 어린 나이에 나름대로 돈을 모아서 사 준 생일선물은 평생의 보물이다.

⑥ 日本チームは苦戦しながらも、かろうじて銅メダルを手に入れることができた。

Although it wasn't easy, the Japanese team managed to win the bronze medal. / 日本队比赛打得很辛苦，但还是好不容易拿到了铜牌。/ 일본팀은 고전하면서도 간신히 동메달을 손에 넣었다.

⑦ 彼のスピーチは、内容もさることながら表現力や迫力があり、聞く者を感動させずにはおかなかった。

His speech was so expressive and powerful, not to mention its content, that it moved everyone who heard it. / 他的演讲不仅内容好，而且富有表现力和冲击力，让听众不禁感动。/ 그의 연설은 내용도 물론이거니와 표현력과 박력이 있어서, 듣는 사람은 감동할 수밖에 없었다.

4日目　練習 (p.111)

① 心を込めて作った料理なのに、子どもたちはまずいとばかりに顔をゆがめた。

I put my heart and soul into cooking this meal, but the children's faces contorted in disgust. / 用心烹调的菜肴，孩子们却拉着脸，好像在说难吃。/ 정성껏 만든 음식인데 아이들은 맛이 없다는 듯 얼굴을 찌푸렸다.

② うちの犬は僕を見ると、飛びつかんばかりの勢いで走ってきた。

When my dog saw me, he ran at me like he was going to jump. / 我的狗一看到我，就几乎要扑上来似的跑了过来。/ 우리 집 개는 나를 보자 덤벼들 듯이 달려왔다.

③ 彼女は疲れたとばかりに、部屋に入るなりベッドに倒れ込んだ。

She was so tired that she fell into bed as soon as she entered the room. / 她好像很累，一进房间就倒在床上。/ 그녀는 피곤한 듯이 방에 들어서자마자 침대에 쓰러졌다.

④ 彼は技術を極めんがために、夜も眠らずに努力している。

He is working tirelessly at night to master his craft. / 他为了磨练技术而在努力，连晚上都不睡。/ 그는 기술을 터득하기 위해 밤잠도 안 자면서 노력하고 있다.

⑤ その病気に関する人々の知識のなさゆえに、彼らは迫害された。

They were persecuted due to people's lack of knowledge about the illness. / 因为人们缺乏和那种疾病相关的知识，导致他们受到了迫害。/ 그 병에 관한 사람들의 지식 부재로 인해 그들은 박해받았다.

⑥ その国のあふれんばかりの笑顔に満ちた子どもたちに接し、私の人生観は変わった。

My outlook on life changed when I came in contact with the abundant smiles of the children of that country. / 接触了那个国家溢满了笑容的孩子们后，我的人生观改变了。 / 그 나라의 넘치는 듯한 미소로 가득한 아이들을 만나서 내 인생관이 바뀌었다．

⑦ 彼は重い罪を犯したが、事件当時、判断力が未熟とされる未成年者であったがゆえ、社会に復帰することができた。
He committed a serious crime, but because he was a minor lacking capacity for judgment at the time of the incident, he was able to return to society. / 他虽然犯了重罪，但由于事件当时，他是判断力还未成熟的未成年人，所以能够重返社会。 / 그는 무거운 죄를 지었지만, 사건 당시에 판단력이 미숙한 미성년자였기 때문에 사회에 복귀할 수 있었다．

5日目 練習 (p.113)

① この仕事をおいて、彼にふさわしい仕事はほかにないでしょう。
There is no other job more suitable for him than this one. / 除了这份工作，就没有其他适合他的工作了吧。 / 이 일을 제외하면，그에게 어울리는 일은 달리 없을 것이다．

② 彼女は自分の失敗をよそに、他人の批判ばかりしている。
Despite her own failures, she is always criticizing others. / 她不顾自己的失败，净是批评别人。 / 그녀는 자신의 실수는 뒷전이고 다른 사람의 비판만 하고 있다．

③ 観光をかねてオーストラリアへ研修に行った。
I went to Australia for training and to do some sightseeing. / 去澳大利亚培训，顺带观光。 / 관광을 겸해서 호주로 연수를 갔다．

④ 近隣の住民の反対をよそに、高層マンションが建設されてしまった。
A high-rise apartment building has been built in the neighborhood despite objections by residents. / 不顾附近居民的反对，高层公寓造了起来。 / 인근 주민의 반대를 뒤로하고 고층 아파트가 세워졌다．

⑤ 彼女は結婚、出産を経て、また競技に復帰した。
She got married, had a baby, and returned to competition. / 她经历结婚生子后，又重返比赛了。 / 그녀는 결혼，출산을 거친 후 다시 시합에 복귀했다．

⑥ その企業は、不景気による他社の業績の低迷をよそに、売り上げを伸ばしている。
Despite the sluggish performance of other companies caused by the recession, that company's sales are increasing. / 尽管其他公司因经济衰退导致业绩低迷，但那个公司的销售额在增加。 / 그 기업은 불경기로 인한 다른 회사의 실적 부진은 남의 일이라는 듯 매출이 오르고 있다．

⑦ 今年の年賀状は、引っ越しの報告も兼ねていたゆえに、例年より多い数になった。
We sent more New Year's cards this year than usual, because we had to tell people we'd moved too. / 今年的贺年卡因为还兼有搬家通知的作用，所以数量比往年多。 / 올해 연하장은 이사 소식을 알리는 역할도 겸하고 있어서 예년보다 숫자가 많아졌다．

6日目 練習 (p.115)

① その大地震を機に、各地で地震対策が見直されている。
In the wake of the earthquake, many places are reconsidering their earthquake countermeasures. / 以这次大地震为契机，各地正在重新审议地震对策。 / 그 대지진을 계기로 각지에서 지진 대책이 재검토되고 있다．

② お近くにお越しの折りには、是非お立ち寄りください。
If you're ever in the neighborhood, please stop by. / 当您路过附近时，请务必顺道来访。 / 근처에 오셨을 때는 꼭 한번 들러주십시오．

③ 今までの意見を踏まえて、この案を採用するかの決定を出したいと思います。
Based on the opinions so far, I would like to make a decision on whether to adopt this proposal. / 想要根据至今为止的意见，决定是否采纳这个方案。 / 지금까지의 의견을 바탕으로 이 안건을 채택할지 결정하고 싶습니다．

④ 結婚を機に、彼女は会社を退職した。
She retired from the company when she got married. / 趁着结婚，她从公司离职了。 / 결혼을 계기로 그녀는 회사를 퇴사했다．

⑤ 人は40歳を境に急に老化が進むそうです。

It is said that people age rapidly after the age of 40. / 人以40岁为界, 好像就会突然变老。 / 사람은 40세를 경계로 노화가 급격히 진행된다고 합니다.

⑥ 彼は、子どもが生まれたのを境に、これまでの生活態度を改め、まじめに働くようになった。

After his child was born, he changed his outlook on life and began to work diligently. / 他自从孩子出生后, 就改变了至今为止的生活态度, 开始认真工作了。 / 그는 아이가 태어난 것을 경계로 지금까지의 생활습관을 바꾸고 성실하게 일하게 됐다.

⑦ この自転車は身長160センチ以上の人の使用を前提として作られています。

This bicycle is designed for people at least 160 centimeters in height. / 这辆自行车是以身高160厘米以上的人使用为前提而制造的。 / 이 자전거는 160cm 이상인 사람이 사용하는 것을 전제로 만들어졌습니다.

7日目　まとめの問題 (p.118～120)

問題1

1. 10年の月日を経て（＝10年という月日が過ぎて）
2. 促されるまま（＝促されて抵抗せずに）
3. 助けんがために（＝助けるために）
4. 本番のつもりで（＝本番だという気持ちで）
5. 生徒たちの手前（＝教師という立場で生徒たちの前で）
6. うるさいと言わんばかりに（＝「うるさい」と口では言わないがそう言いたい様子で）
7. その事件を機に（＝その事件を機会として）
8. 今にも咲き出さんばかりに（＝今にも咲きそうな状態で）
9. 貧しいながらも楽しい我が家（＝貧しいけれど、楽しい私の家）
10. あなたに出会った日を境にして（＝あなたに出会った日から）
11. 運動を兼ねて（＝運動も目的として）
12. 貧困ゆえに（＝貧困が理由で）
13. 時代に即した（＝時代にちょうど合った）
14. 日々の散歩の折に（＝日常的な散歩のときに）
15. 苦しんでいるのをよそに（＝苦しんでいることを気にしないで）

問題2

16. 自宅に居ながらにして、予備校の有名講師の授業が受けられるそのシステムの評判は、なかなかいい。

The system allows students to take classes from well-known prep school instructors without leaving their homes, and has quite a good reputation. / 在自己家中就能接受预备学校名师授课的那一制度, 评价很不错。 / 자택에 있으면서 입시 학원 유명 강사의 수업을 들을 수 있는 그 시스템은 상당히 평판이 좋다.

17. 春の京都もいいが、それにもまして紅葉の季節が素晴らしい。

Kyoto in spring is nice, but in the season of autumn leaves, it's even more wonderful. / 虽然春天的京都也很好, 但红叶的季节更美妙。 / 봄의 교토도 좋지만, 그 이상으로 단풍의 계절이 근사하다.

18. 昨日がこの冬一番の寒さだったのにひきかえ、今日はコートもいらないくらい暖かかった。

Yesterday was the coldest day this winter, but today it was so warm that I didn't even need a coat. / 昨天明明是这个冬天最冷的一天, 而今天却暖和得连外套都不需要。 / 어제는 올겨울 들어 가장 추웠던 반면에 오늘은 코트도 필요 없을 정도로 따뜻했다.

19. 12月は目の回るほどの忙しさで、クリスマスカードも出さずじまいだった。

I was so busy in December that I couldn't even send out Christmas cards. / 12月忙得头晕眼花, 圣诞贺卡都没寄就结束了。 / 12월은 눈코 뜰 새 없이 바빠서 크리스마스 카드도 보내지 못했다.

20. この仕事を任せられるのは君をおいてほかにいないと言われた手前、断れなくなってしまった。

They said that no one else but me could be trusted with this job, so I couldn't refuse. / 因为被说 "这份工作除了

你没有其他人能胜任",结果就无法拒绝了。／이번 일을 맡길 수 있는 사람은 너 말고는 없다고 말하는 바람에 거절할 수 없었다.

問題3

21 世界に先駆けて（＝世界で一番早く）
22 世界各国での販売を前提として（＝世界各国で販売することを考えて）
23 軽さもさることながら（＝軽いことも優れているが）
24 軽量ゆえに（＝軽いのが原因で）
25 我が社をおいてほかにない（＝我が社しかない）

第7週

1日目　練習（p.123）

① 家に変なにおいがこもったので、窓という窓を全部開けた。
There was a strange smell in the house, so I opened all the windows. ／家里有一股怪味，所以把所有的窗户都打开了。／집에 이상한 냄새가 가득해서 창이라는 창은 전부 열었다.

② 1回や2回の練習でギターは弾けるようにならないよ。
You can't learn to play the guitar just by practicing once or twice. ／练习一两次是弹不会吉他的哦。／한두 번의 연습으로는 기타를 연주할 수 없어.

③ 彼は努力に努力を重ねて、念願の弁護士になった。
He put in a lot of effort and became a lawyer, which was always his dream. ／他不断努力，成为了渴望已久的律师。／그는 노력에 노력을 거듭해서 염원하던 변호사가 됐다.

④ 娘はおなかがすいていたらしく、食べに食べていた。
My daughter seemed to be hungry; she just ate and ate. ／女儿好像肚子饿了，吃了很多。／딸은 배고팠는지 먹고 또 먹었다.

⑤ 私は朝食はいつもコーヒーにパンです。
I always have coffee and bread for breakfast. ／我的早餐总是咖啡配面包。／제 아침 메뉴는 항상 커피와 빵입니다.

⑥ 彼は練習に練習を重ねて、ついにピアニストになった。
He practiced and practiced, and finally became a pianist. ／他不断练习，终于成为了钢琴家。／그는 연습에 연습을 거듭해서 마침내 피아니스트가 됐다.

⑦ 彼女は学校の規則をよそに、爪という爪すべてを真っ赤に塗っていた。
She painted all her nails bright red, despite the school's rules. ／她不顾校规,把所有的指甲都涂成鲜红色。／그녀는 학교 교칙은 아랑곳하지 않고 손톱이라는 손톱은 전부 빨갛게 칠했다.

2日目　練習（p.125）

① まだ検討中のこととて、はっきりとしたお返事はできません。
I can't give you a definite answer because I'm still considering the matter. ／因为仍在考虑中，所以无法给出明确的答复。／아직 검토 중인 사안이라 확답해드릴 수 없습니다.

② あんな大きい会社の倒産は、誰もが想像だにしなかった。
No one could have imagined that such a big company would go bankrupt. ／那么大的公司破产，谁都没有想象过。／그렇게 큰 회사의 도산은 아무도 상상하지 못했다.

③ これほどの安売りは、現金取引にして初めて可能になることだ。
Such low prices can only be achieved through cash transactions. ／如此低价销售，只有通过现金交易才能实现。／이 정도의 염가 판매는 현금거래이기에 비로소 가능한 것이다.

④ 彼は、授業に遅れてきたのに、謝りもしないで席に着いた。
He was late for class, and took his seat without even apologizing. ／他上课迟到了,却一句道歉也没有就坐下。／그는 수업에 늦었으면서 사과도 없이 자리에 앉았다.

⑤ 外国人と結婚するなんて、夢だに思わなかった。
I never dreamed that I would marry a foreigner. ／做梦都

没想过会和外国人结婚。／ 외국인과 결혼할 줄은 꿈에도 몰랐다．

⑥ その俳優は、彼女に声をかけたファンに見向きもしないで行ってしまった。

The actor left without even glancing at the fan who had approached her. ／ 那位女艺人看都没有看跟她打招呼的粉丝就走了。／ 그 배우는 자기에게 말을 거는 팬들을 거들떠보지도 않고 가버렸다．

⑦ 彼女はまだ初心者のこととて、多少の失敗は大目に見てやってください。

She's still a beginner, so please put up with some mistakes. ／ 因为她还是个初学者，所以稍微有些失败的话，请宽待一下。／ 그는 아직 초보자니까 약간의 실수는 너그럽게 봐주세요．

3日目 練習（p.127）

① 彼は中学生になったとたん、大人びたことを言うようになった。

As soon as he became a junior high school student, he started to speak in a more mature way. ／ 他一上初中，就开始说老成的话了。／ 그는 중학생이 되자마자 어른스러운 말을 하게 됐다．

② 若者ぶって薄着などするから、風邪をひくんですよ。

You caught a cold because you went out so lightly dressed, like a youngster. ／ 假装年轻穿单薄衣服之类，所以才感冒。／ 젊은 사람인 척 얇은 옷을 입으니까 감기에 걸리는 거야．

③ 親切ぶって近づいてくる人には気をつけてください。

Be wary of people who approach you with an air of kindness. ／ 请注意假装亲切来接近你的人。／ 친절한 척하면서 다가오는 사람을 조심하세요．

④ 犯行現場には謎めいた言葉が書かれていた。

Mysterious words were written at the crime scene. ／ 犯罪现场写着谜一般的单词。／ 범행 현장에 수수께끼 같은 말이 적혀 있었다．

⑤ 選手の活躍ぶりがテレビで紹介されていた。

The achievements of the players were introduced on TV. ／ 电视上介绍了选手们的活跃情况。／ 선수의 활약상이 TV에 소개됐다．

⑥ 彼は常連ぶってその店の話をしていたが、実は一度も行ったことがなかったらしい。

He talked about the restaurant as if he were a regular customer, but in fact he'd never been there. ／ 他假装像常客一样在聊那家店，但其实好像从来没去过。／ 그는 단골인 척 그 가게에 대해 이야기했지만, 사실 한 번도 가 본 적이 없는 것 같다．

⑦ その記事に対する反論めいたメールが大量に出版社に届いた。

The publisher received a large number of emails arguing against the article. ／ 出版社收到了大量对那篇文章带有反驳意见的电子邮件。／ 그 기사에 대한 반박 메일이 출판사에 대량으로 도착했다．

4日目 練習（p.129）

① 電車の中で、酔っ払いが聞くにたえない言葉を大声で言っていた。

A drunk man on the train was shouting, using unbearable language. ／ 电车上，醉汉大声说着让人听不下去的话语。／ 전철 안에서 술주정뱅이가 차마 들을 수 없는 말을 큰 소리로 떠들었다．

② 学生生活のいい思い出は、信頼するにたる友人に出会えたということだ。

One good memory of my student life is meeting a friend whom I could trust. ／ 遇到了值得信任的朋友，是学生生活的美好回忆。／ 학창 생활의 좋은 추억은 신뢰할 만한 친구를 만난 것이다．

③ このシャツは、毎日の洗濯にたえる素材で作られています。

This shirt is made of fabric that can stand up to daily washing. ／ 这件衬衫是由适合每天洗涤的材料制成。／ 이 셔츠는 매일 세탁해도 상하지 않는 소재로 만들었습니다．

④ 交通事故の現場写真は、見るにたえないものばかりだ。

This shirt is made of fabric that can stand up to daily washing. ／ 交通事故的现场照片，都是目不忍睹的内容。

／ 교통사고의 현장 사진은 차마 볼 수 없는 것뿐이다.

⑤ この本は、子どもたちに推薦するに足るいい内容だ。

This book is good enough to recommend to children. ／这本书的内容不错，值得推荐给孩子。／ 이 책은 아이들에게 추천할 만한 좋은 내용이다.

⑥ 信ずるに足る情報なくして、はっきりしたことは言えない。

It's impossible to say anything definite without credible information. ／没有值得信任的信息，就没法明确地说明。／ 충분히 믿을 만한 정보가 없으면 확실하게 말할 수 없다.

⑦ 彼女の演技は、失敗続きでとても見るにたえないものだった。

Her performance was a series of failures and completely unwatchable. ／她的演技不断有失误，非常让人看不下去。／ 그녀의 연기는 실패의 연속으로 차마 눈 뜨고 볼 수 없었다.

5日目 練習 (p.131)

① 最近の若い人の服装は、私から見ると、見苦しいといったらありゃしない。

In my opinion, the way young people dress these days is unsightly. ／最近的年轻人的服装，在我看来别提有多难看了。／ 요즘 젊은 사람의 복장은 내가 보기에는 볼썽사납기 짝이 없다.

② 昨日のパーティーでの彼の態度は、失礼といったらなかった。

His attitude at the party yesterday was nothing short of rude. ／他昨天在聚会上的态度真是太失礼了。／ 어제 파티에서 그의 태도는 무례하기 짝이 없었다.

③ 自分の子がこんな罪を犯すとは、情けないといったらない。

I felt wretched that my own child would commit such a crime. ／自己孩子犯了这样的罪，真是太可耻了。／ 내 자식이 이런 죄를 저지르다니 한심하기 짝이 없다.

④ 何度誘われたって、僕はそんなところに行きやしないよ。

No matter how many times I'm invited, I won't go to a place like that. ／不管被邀请多少次，那种地方我可不会去。／ 몇 번을 권유해도 나는 그런 곳에는 가지 않을 거야.

⑤ 夏までに10キロやせてみせるよ。

I'll show you—I'll lose 10 kilograms by summer. ／到夏天为止，我一定要瘦10公斤。／ 여름까지 살을 10kg 뺄 것이다.

⑥ それを知って相当ショックだったらしく、彼のあわてようといったらなかった。

He seemed quite shocked to hear it, nothing short of panicked. ／他知道那件事后似乎相当震惊，慌张得不得了。／ 그것을 알고 상당히 충격이 컸는지 그는 너무나도 당황했다.

⑦ 先日の試合は、負けても惜しくもなんともないくらい点に開きがあった。

The gap between the scores in the game the other day was so great that even if we'd lost, I wouldn't regret a thing. ／前几天的比赛，比分差距之大让人无从惋惜败局。／ 지난번 시합은 졌지만 아쉬움도 느껴지지 않을 정도로 점수 차가 컸다.

6日目 練習 (p.133)

① 面接の結果は電話で連絡しますので、こちらに来るには及びません。

We will notify you of the interview result by phone, so you don't have to come in. ／面试结果会电话通知，没有必要来这里。／ 면접 결과는 전화로 알려드리니 여기에 올 필요는 없습니다.

② この交通事故に関しては、歩行者側の不注意と言わざるをえない。

I have to say that this traffic accident was the result of carelessness by the pedestrian. ／关于这起交通事故，不得不说是行人的疏忽大意。／ 이번 교통사고에 관해서는 보행자의 부주의라고 하지 않을 수 없다.

③ その映画では、主人公が見えざる敵と戦う姿が印象的だった。

In the movie, the main character's fight against an invisible enemy was impressive. ／在那部电影中，主人公和看不见的敌人战斗的形象令人印象深刻。／ 그 영화는 주인공이 보이지 않는 적과 싸우는 모습이 인상적이었다.

④ 京都にはおよばないが、この町にもお寺がたくさんあります。

There are a lot of temples in this town, though not as many as in Kyoto. ／ 虽然不如京都，但这个城市里也有很多寺庙。／ 교토만큼은 아니지만, 이 마을에도 절이 많습니다.

⑤ 彼の言うことは間違っていないので、納得せざるを得ないだろう。

What he's saying is not wrong, and I have to agree with him. ／ 他说的没有错，所以不得不信服。／ 그의 말이 틀리지 않으므로 수긍할 수밖에 없을 것이다.

⑥ レオナルド・ダ・ビンチは、絵画や彫刻は言うにおよばず、哲学や思想、自然科学の分野においても後世に多くの影響を残した。

Leonardo da Vinci heavily influenced future generations in the fields of philosophy, thinking, and natural science, not to mention painting and sculpture. ／ 列奥纳多·达·芬奇在绘画和雕刻方面自不待言，就连在哲学、思想和自然科学领域，都给后世留下了许多影响。／ 레오나르도 다 빈치는 회화나 조각은 두말할 것 없고 철학과 사상, 자연 과학 분야에서도 후세에 많은 영향을 남겼다.

⑦ 私は、自分の意に反しながらも、決定したことに納得せざるを得なかった。

I had no choice but to agree with the decision, even though it was contrary to my will. ／ 虽然与我自己的意愿相反，但已经决定的事情就不得不接受。／ 나는 자신의 뜻에 어긋나면서도 결정한 것에 수긍하지 않을 수 없었다.

7日目 まとめの問題 (p.136〜138)

問題1

1 我慢に我慢を重ねていたが（＝我慢し続けていたが）

2 できもしないで（＝できないのに）

3 春めく（＝春を感じられる）

4 見るにたえない（＝見るのが我慢できないほどひどい）

5 一度や二度（＝一度か二度）

6 認めざるを得ない（＝認めなければならない）

7 塀という塀（＝すべての塀）

8 先輩ぶった（＝意識して先輩らしくした）

9 思い浮かべるだに（＝思い浮かべるだけで）

10 不慣れなこととて（＝不慣れなので／慣れないから）

11 わかりゃしない（＝全然わからない）

12 恐れるに足りない（＝恐れる必要はない）

13 ご心配には及びません（＝心配するレベルではありません／心配しなくていいです）

14 幸せにしてみせます（＝幸せにすることを約束します）

15 うらやましくもなんともない（＝全然うらやましくない）

問題2

16 結婚10年目にしてやっと妊娠したときの夫の喜びようといったらなかった。

When I finally became pregnant after ten years of marriage, my husband's joy was overwhelming. ／ 结婚第10年终于怀上孕时，丈夫高兴不得了。／ 결혼 10년 만에 겨우 임신했을 때, 남편의 기쁨은 이루 말할 수 없었다.

17 さまざまな知られざる世界の情報が得られるこの番組を楽しみにしている。

I'm looking forward to this program, which offers information on all kinds of worlds unknown to me. ／ 这个节目可以看到各种世界上不为人知的信息，我很期待。／ 알려지지 않은 다양한 세계의 정보를 얻을 수 있는 이 방송을 기대하고 있다.

18 久しぶりに姪に会ったところ、スーツ姿だった。いつもジーンズにスニーカーだった服装もさることながら話し方が大人びていたので、少々驚いた。

I met with my niece for the first time in a long time, and she was wearing a suit. She'd always dressed in jeans and sneakers before, and she has a more mature way of speaking now, so I was a little surprised. ／ 好久没见的侄女居然穿着西装。以前都是穿牛仔裤配运动鞋的。不仅是服装，连说话方式都像大人了，让我有些吃惊。／ 오

랜만에 조카를 만났는데 정장 차림이었다. 평소에 청바지와 운동화 복장이었던 것도 그렇지만 말투가 어른스러워서 조금 놀랐다.

19 その数値が信頼に足るものかどうか、調査の余地がまだまだ残っている。

There is still a lot of scope for research to see whether those figures can be trusted. / 这个数值是否可靠仍有调查的余地。/ 그 수치가 신뢰하기에 충분한지 아닌지 조사의 여지가 아직 남아있다.

20 修理できないものなら新しいのを買わざるを得ないが、それには及ばないだろう。

If it can't be repaired, I'll have to buy a new one, but it won't come to that. / 虽然修不好的东西只能买新的, 但还不至于如此吧。/ 수리가 불가능하면 새것을 사야겠지만 그것보다는 못 할 것이다.

問題3

21 15年目にして（＝15年目でやっと、初めて）
22 650度の温度での使用に耐える（＝650度の温度でも十分に使用できる）
23 しかしながら（＝しかし）
24 G30という繊維には及ばなかった（＝G30という名前の繊維のレベルには達しなかった）
25 落胆ぶり（＝がっかりする様子）

第8週

1日目 練習（p.141）

① 幼稚園のころの友達の、名前はおろか顔さえ忘れてしまった。

I've even forgotten the face, let alone the name, of my friend from kindergarten. / 幼儿园时候的朋友, 别说名字了, 连长相都不记得了。/ 유치원 시절 친구의 이름은커녕 얼굴조차 잊어버렸다.

② 昔ならいざしらず、今そんな迷信を信じる人はいないだろう。

I don't know how it was in the past, but nowadays no one would believe in such superstitions. / 以前的话不得而知, 但现在没有人会相信这种迷信吧。/ 옛날이라면 몰라도, 지금 그런 미신을 믿는 사람은 없을 것이다.

③ 仕事の話はさておき、今日は思いきり楽しみましょうよ。

Let's not talk about work, and instead enjoy today as much as we can. / 工作的事暂且不说, 今天尽情享受吧。/ 일 이야기는 제쳐두고 오늘은 마음껏 즐깁시다.

④ 近所に泥棒が入り、現金はおろか冷蔵庫の中のものまで盗まれたそうだ。

I heard that a thief broke into my neighbor's place and stole not only cash but also things from the refrigerator. / 听说附近遭贼了, 不光是现金, 连冰箱里的东西都被偷了。/ 이웃집에 도둑이 들어서 현금은 물론 냉장고 안에 있는 것까지 도둑맞았다고 한다.

⑤ どんな理由であれ、入会金の返金は認められません。

The admission fee will not be refunded for any reason. / 无论什么理由, 入会费都不予以退还。/ 어떤 이유로든 입회금 환불은 불가합니다.

⑥ 最近の大学生の中には、論文はおろかレポートの書き方すら知らない者がいる。

Some college students these days don't even know how to write a report, let alone a dissertation. / 在最近的大学生中, 有些人别说论文了, 连报告都不会写。/ 요즘 대학생 중에는 논문은커녕 리포트도 쓸 줄 모르는 자가 있다.

⑦ 難しい問題はさておき、すぐに解決できそうなものから手をつけよう。

Let's put the difficult problems aside, and start with the things that we can resolve right away. / 困难的问题暂且不说, 先从可以立即解决的问题开始着手吧。/ 어려운 문제는 제쳐두고 곧바로 해결할 수 있는 것부터 손을 대자.

2日目 練習（p.143）

① 状況から判断して、彼が犯人であることは想像にかたくない。

Judging from the circumstances, it's not hard to imagine that he is the culprit. / 从情况来判断, 不难想象他是犯人。/ 정황으로 판단할 때, 그가 범인인 것을 상상하기 어렵지 않다.

② 課長が会社を辞めたとしても、驚くにはあたらない。

I wouldn't be surprised if the section manager quit the company. / 即使课长从公司辞职，也不足为奇。 / 과장님이 회사를 그만둔다고 해도 놀랄 일은 아니다.

③ 彼は裁判で無罪を主張しているが、彼のやったことは殺人でなくてなんだろう。

He's insisting upon his innocence in court, but what he did was nothing short of murder. / 他在审判中坚称无罪，但他所做的不是杀人又是什么呢？ / 그는 재판에서 무죄를 주장하지만, 그가 한 짓이 살인이 아니라면 무엇일까.

④ 母が死んで10年以上たつのに、父はまだ母を愛してやまない。

My father still loves my mother, even though she's been dead for more than ten years. / 即使妈妈已经死了十多年，爸爸还是依然爱着妈妈。 / 어머니가 돌아가신 지 10년이 지났는데도 아버지는 아직 어머니를 사랑하신다.

⑤ 両親を亡くした彼女の気持ちは、察するにかたくない。

It's not hard to imagine how she feels after the death of her parents. / 不难谅察她失去父母后的感受。 / 부모를 잃은 그녀의 심정은 짐작하기 어렵지 않다.

⑥ 5分ぐらい遅れたからといって、怒るにはあたらないだろう。

I don't think anybody will get angry if you're only five minutes late. / 迟到5分钟左右，也不必生气吧。 / 5분 정도 늦었다고 해도 화낼 것까지는 없다.

⑦ 子どものために病気になるまで働くとは、親の愛でなくてなんだろう。

If working until you're sick for the sake of your child isn't parental love, what is it? / 为孩子工作到生病，这不是父母的爱又是什么呢。 / 아이를 위해 아플 때까지 일하는 것이 부모의 사랑이 아니라면 무엇일까.

3日目 練習 (p.145)

① 勝ち負けは気にしないと言っても、やはり勝つに越したことはない。

You may claim not to care about winning or losing, but it's still better to win. / 虽然说不在乎输赢，但赢是再好不过的了。 / 승패에 연연하지 않는다고 해도 역시 이기는 것이 좋다.

② 欲を言えばきりがないから、このマンションに決めよう。

If we start talking about everything we want, there will be no end to it, so let's just choose this apartment. / 要说欲望的话是无止尽的，就决定这个公寓吧。 / 욕심을 부리자면 끝이 없으니 이 아파트로 정하자.

③ 性能が同じなら、価格が安いに越したことはない。

If the performance is the same, nothing beats a lower price. / 如果性能相同，那就没有比价格便宜更好的了。 / 성능이 같으면 가격이 저렴한 것이 제일이다.

④ この場所なら、喫煙しても差し支えありません。

In a place like this, I don't object to you smoking. / 在这个地方的话，即使吸烟也没问题。 / 여기서는 담배를 피워도 무방합니다.

⑤ 不満を言うときりがないけれど、今の会社を辞めるわけにはいかない。

Although I'm endlessly dissatisfied, I can't quit my current job. / 要说抱怨的话，多得无止尽，但我不能离开现在的公司。 / 불만을 말하면 끝이 없지만, 지금 회사를 그만둘 수는 없다.

⑥ 資格を持っていると就職に有利だ。持っていれば持っているに越したことはないから、取れるなら取っておこう。

The more qualifications you have, the better for finding employment. Nothing's better than being qualified, so get qualified if you can. / 有资格证书就有利于就业。有的话是最好的了，所以如果能拿到，就拿吧。 / 자격증을 가지고 있으면 취직에 유리하다. 많이 갖고 있어서 손해 볼 것은 없으니 딸 수 있으면 따놓자.

⑦ 経験がなくても差し支えないというので応募したところ、ほかの応募者は全員経験者だった。

I applied for the job because the listing stated no experience was required, but all the other applicants had experience. / 因为说是没有经验也没关系，所以就申请了，结果其他申请人都是有经验的。 / 경험이 없어도 상관없다고 해서 지원했는데 다른 지원자들은 전부 경험자였다.

4日目 練習 (p.147)

① 政治家の汚職を見るにつけ、怒りを禁じ得ない。
When I witness the corruption of politicians, I cannot help but get angry. / 每当看到政客的腐败，就不禁生气。 / 정치인의 비리를 볼 때마다 분노를 금할 수 없다.

② 昨日の彼らのコンサートでは、興奮のあまり気を失う少女が出る始末だった。
At their concert yesterday, a girl was so excited that she fainted. / 昨天在他们的演唱会上，最终有少女兴奋过度晕了过去。 / 어제 그들의 콘서트에서는 흥분한 나머지 실신하는 소녀가 나왔다.

③ 彼女は大げさに言うきらいがあるから、そのつもりで聞くように。
She tends to exaggerate, so keep that in mind when listening to her. / 她有夸大其词的倾向，所以就做好这个准备听吧。 / 그녀는 과장해서 말하는 경향이 있으니 감안해서 들어라.

④ すぐ治るけがだと言われたのに無理をしたため、手術を余儀なくされた。
I was told my injury would heal quickly, but I pushed myself too hard and had to have surgery. / 明明说是马上就能愈合的伤，却因为做了身体承受不了的事情而不得不动了手术。 / 금방 낫는 부상이라고 했는데 무리하는 바람에 부득이하게 수술했다.

⑤ うちの娘は、ダイエットのしすぎで病気になり、入院する始末だ。
My daughter got sick from excessive dieting and ended up in the hospital. / 我女儿因减肥过度而生病，最终住院了。 / 우리 딸은 무리한 다이어트로 아파서 입원했다.

⑥ 息子は慎重すぎて積極性に欠けるきらいがあると学校の先生に指摘された。
The teacher pointed out that my son was often too cautious and lacked assertiveness. / 学校老师指出儿子有着过于谨慎，缺乏积极性的倾向。 / 아들은 지나치게 신중해서 적극성이 부족한 경향이 있다고 학교 선생님께 지적받았다.

⑦ 彼は、遅刻してきたくせに早退したいと言い出す始末で、やる気があるのか疑問である。
Even though he was late for school, he wanted to leave early, which made me wonder whether he lacked motivation. / 他明明迟到了结果却说想早退，让人怀疑他是否有干劲。 / 그는 지각한 주제에 조퇴하고 싶다는 말을 꺼내는 꼴을 보니 의욕이 있는지 의문스럽다.

5日目 練習 (p.149)

① 私は貧乏極まりない環境で育ったので、外食などしたことがなかった。
I was raised in extremely poor circumstances, so I'd never even eaten at a restaurant. / 我由于是在极其贫困的环境中长大的，所以没有在外用餐的经验。 / 나는 가난하기 짝이 없는 환경에서 자라서, 외식 같은 것은 해본 적이 없었다.

② 戦争が長く続くその地域の人々の生活は、悲惨極まりない。
The lives of people in that area, which endured long periods of continuous war, are extremely miserable. / 战争长期持续，那个地区的人们的生活极其悲惨。 / 전쟁이 오랫동안 이어진 그 지역 사람들의 생활은 비참하기 짝이 없다.

③ テレビでは、その映画の残酷極まるシーンはカットされた。
The scenes of extreme cruelty in that movie were cut on TV. / 在电视上，那部电影中极其残酷的场景被剪掉了。 / 텔레비전에서는 그 영화의 잔혹하기 짝이 없는 장면은 삭제됐다.

④ あなたのような大スターとお会いできるなんて、感激の至りです。
It's a great pleasure to be able to meet a big star like you. / 竟然能遇到像你这样的大明星，真是无比感动。 / 당신 같은 대스타를 만나다니 감격스럽기 그지없습니다.

⑤ あなたにとっては日常的なことかもしれませんが、私にとっては、それは贅沢の極みです。
It may be an everyday thing for you, but for me, it is the height of luxury. / 对你来说可能是日常，但对我来说是极其奢侈的。 / 당신에게는 일상적인 일일지 몰라도, 나에게 그것은 사치의 극치입니다.

⑥ ガソリンスタンドでタバコを吸うなど危険極まりない行為だ。

Smoking at a gas station is extremely dangerous behavior. / 在加油站吸烟等是极其危险的行为。 / 주유소에서 담배를 피우는 것은 위험하기 짝이 없는 행위이다.

⑦ 私の研究がそのような評価を受けたということは、感激の至りです。
I'm thrilled that my research has received such recognition. / 我的研究能得到这样的评价，非常感激。 / 제 연구가 그런 평가를 받았다니 감격스럽기 그지없습니다.

6日目　練習（p.151）

① 昨日見た報道番組では、この世にあるまじき光景が次々と流された。
The news program I saw yesterday showed a series of scenes that shouldn't exist in this world. / 昨天看的新闻节目中，接连播放了这个世界不该有的景象。 / 어제 본 시사 프로그램에서는 이 세상에 있어서는 안 될 광경이 잇달아 방송됐다.

② 野菜が体にいいのはわかるが、馬じゃあるまいしこんなにたくさんは食べられない。
I know that vegetables are good for health, but I can't eat so many—I'm not a horse, you know. / 虽然知道蔬菜对身体有好处，但我不是马，吃不了这么多。 / 채소가 몸에 좋은 것은 알고 있지만, 말도 아니고 이렇게 많이는 못 먹는다.

③ 彼女は足の痛みをものともせずに、マラソンを走り抜いた。
Completely ignoring the pain in her legs, she completed the marathon. / 她不顾脚的伤痛，跑完了马拉松。 / 그녀는 다리의 통증에도 아랑곳하지 않고 마라톤을 완주했다.

④ 弱い者をだまして金を取るなど、人にあるまじき行為だ。
Cheating vulnerable people out of their money is unbecoming of a human being. / 欺骗弱者的钱等是人不应该做的行为。 / 약한 사람을 속여서 돈을 빼앗다니 인간으로서 해서는 안 될 행위다.

⑤ 人は、多かれ少なかれ悩みはあるものです。
We all have troubles, whether greater or lesser. / 人或多或少都有烦恼。 / 사람은 많든 적든 고민을 갖고 있다.

⑥ それを食べたからといって死ぬわけじゃあるまいし、吐き出すなんて大げさすぎるよ。
It's not like you're going to die from eating it. Spitting it out is just too much. / 吃了那个又不会死，吐出来也太夸张了。 / 그것을 먹었다고 해서 죽는 것도 아닌데 뱉어내다니 너무 야단스럽다.

⑦ 子どもはいいにつけ悪いにつけ、大人を見習いながら成長している。
Children learn and grow by watching adults, for better or worse. / 孩子好也罢，坏也罢，都是学着大人长大的。 / 아이는 좋든 싫든 어른을 본받으면서 성장한다.

7日目　まとめの問題（p.154～156）

問題1

1 数えればきりがない（＝数えられないほど多い）
2 小学生ならいざ知らず（＝小学生についてはわからないが／小学生ならわかるが）
3 居眠りをする始末だった（＝居眠りしてしまうというひどい状態だった）
4 失礼極まりない態度（＝これ以上ないほど失礼な態度）
5 願ってやまない（＝強く願っている）
6 驚くにはあたらなかった（＝驚くほどのことではなかった）
7 不景気をものともせず（＝不景気に負けずに）
8 馬じゃあるまいし（＝馬ではないのだから）
9 話しても差し支えありません（＝話しても問題ありません）
10 遅すぎるきらいがある（＝遅いという悪い傾向がある）
11 デザインや材質の変更を余儀なくされた（＝デザインや材質を仕方なく変更した）
12 若いときならいざ知らず（＝若いときならどうかわからないが）

＊若ければできたかもしれない／いいかもしれないが、今はそうではないので、という内容が

続く。

13 自分の店はおろか、自宅まで（＝自分の店は当然として、さらに自宅まで）

14 親としてあるまじき行為（＝親としてあってはならない行為）

15 怒りを禁じ得ません（＝怒らずにはいられません／怒る気持ちを止められません）

問題2

16 その制度が廃止される理由はどうあれ、今までの活動が無駄になるのは残念の極みです。
Regardless of why the system is going to be abolished, it's a shame that all the work we've done so far is going to waste. ／ 不管是什么原因废除了那个制度，至今为止的活动都白费了，极其可惜。／ 그 제도가 폐지되는 이유야 어쨌든 지금까지의 활동이 물거품이 되는 것은 지극히 유감스럽습니다.

17 朝から晩まで好きな人のことばかりを考え夜もなかなか寝られないこの状態は、恋の病でなくてなんだろう。
I can't sleep at night because from morning till night, I can't stop thinking about the person I love. What is this condition if not love-sickness? ／ 早晚都只想着喜欢的人，晚上也很难睡着，这种情况不是相思病又是什么呢。／ 아침부터 저녁까지 좋아하는 사람만 생각나고 밤에도 좀처럼 잠들지 못하는 이 상태가 상사병이 아니면 무엇일까.

18 簡単に治る病気とはいえ、そんな病気にならないにこしたことはないのは言うまでもないだろう。
It goes without saying that even though this illness can be easily cured, it's better to avoid such an illness in the first place. ／ 虽然说是很容易治愈的疾病，但不得病是最好的，这个不用说也明白吧。／ 쉽게 낫는 병이라고 해도 애초에 병에 걸리지 않는 것이 제일인 것은 두말할 필요도 없다.

19 育った家庭環境を考えれば彼の行動は理解に難くないと言われるが、それで許されるものではない。
You could argue that his behavior is not hard to understand, considering the family environment he grew up in, but that does not excuse it. ／ 虽然说考虑到他成长的家庭环境，就不难理解他的行为，但并不是说这样就能被饶恕。／ 성장한 가정환경을 생각하면 그의 행동은 이해하기 어렵지 않다지만, 그렇다고 용서받을 수 있는 것은 아니다.

20 昨日見た映画は、映像技術はさておきストーリーはありふれたもので評価するにはあたらない。
The movie I saw yesterday, regardless of its visual technology, had a mundane story not worth watching. ／ 昨天看的电影，视频技术暂且不提，故事很普通，不值得给予评价。／ 어제 본 영화는 영상 기술은 제쳐두고 스토리가 평범해서 평가할 가치가 없다.

問題3

21 想像するにかたくない（＝簡単に想像できる）

22 どのような理由であれ（＝どんな理由であっても）

23 教育者にあるまじき（＝教育者という立場の人間にあってはならない）

24 無責任きわまりない（＝これ以上ないほど無責任だ）

25 願ってやまない（＝とても強く願っている）

模擬試験 第1回

答え

問題1	1 4	2 2	3 2	4 3	5 2
	6 3	7 2	8 1	9 4	10 2
問題2	11 4	12 1	13 3	14 2	15 4
問題3	16 4	17 4	18 1	19 4	20 1

答え・訳

1 周りがいくら励まそうとも（＝周りがいくら励ましても）(p.35)

2 痛感こそすれ（＝痛感するけど）(p.14)

3 大家の了承なくして（＝大家の了解がなかっ

たら）(p.68)

4 御校の観光学科には（＝あなたの学校の観光学科には）(p.27)

5 来ていただくには及びません（＝来ていただく必要はありません）(p.132)

6 記録するものとする（＝記録する、と決める）(p.17)

7 ものともせず（＝全く恐れないで）(p.150)

8 男性とみられる（＝男性と思われる）(p.22)

9 故郷があろうがなかろうが（＝故郷があってもなくても）(p.34)

10 完成させんがために（＝完成するために）(p.110)

11 3→1→4→2
ぼくは人に指図されるのが大嫌いな上に怠け者だったもので、どんな子になるのやらと母を悩ませたらしい。(p.43)
I always hated being told what to do, and I was lazy too, so my mother worried about what kind of person I would become. / 我最讨厌被人指使，而且又懒，所以似乎曾经让母亲很担心我会成为什么样的孩子。/ 나는 남에게 지시받는 것을 싫어하고 게을러서, 어떤 아이가 될지 어머니가 고민했다고 한다.

12 3→1→4→2
プロの歌手といえども、これほどの大会場では緊張しない者はいないだろう。(p.54)
Who wouldn't be nervous on such a large stage, even a professional singer? / 即使是专业歌手，在这么大的会场，也没有不紧张的人吧。/ 프로 가수라고 해도 이만한 대회장에서 긴장하지 않는 사람은 없을 것이다.

13 4→3→1→2
友人から山登りに誘われた。中程度の山だが、３０キロからの荷物を背負って歩くのは荷が重いと思い断った。(p.76)
A friend invited me to go hiking. It was only a moderate hike, but I declined because I thought walking with 30 kilograms or more on my back would be too much. / 朋友邀请我去爬山。虽然是中等程度的山，但我觉得带着30公斤以上的行李走路会很重，就拒绝了。/ 친구가 등산을 추천했다. 중간 정도 높이의 산이지만 30kg 이나 되는 짐을 짊어지고 걷기는 힘들 것 같아서 거절했다.

14 4→1→3→2
アトピー性皮膚炎や花粉症などのアレルギー疾患は、アレルギー体質という遺伝的な傾向のある人がそのような症状になるとされていたが、現在、遺伝の問題だけでは説明がつかないほど患者が増えている。(p.20)
Previously, it was believed that allergic diseases such as atopic dermatitis and hay fever were caused by a genetic tendency to be allergic, but the number of cases has now increased to the extent that they cannot be explained by genetic problems alone. / 特应性皮炎、花粉症等过敏性疾病曾被认为是有过敏体质这一遗传性倾向的人才会出现这种症状，但目前，患者已经多到仅靠遗传问题无法解释。/ 아토피 피부염이나 화분증 같은 알레르기 질환은 알레르기 체질이라는 유전적인 성향이 있는 사람에게 나타나는 증상으로 여겨졌지만, 현재는 유전적인 문제만으로는 설명할 수 없을 정도로 환자가 늘어나고 있다.

15 3→2→4→1
この法律を破ったものはだれであれ逮捕ということになるということだが、この法律自体の正当性を疑問に思うのは私だけであろうか。(p.34)
Anyone who violates this law is arrested, but am I the only one who questions the legitimacy of this law itself? / 任何违反这条法律的人都会被逮捕，但只有我怀疑这条法律本身的正当性吗？/ 이 법을 어긴 자는 누구든지 체포된다고 하는데, 이 법 자체의 정당성에 의문을 가진 사람은 나 하나뿐일까?

16 よかれあしかれ（＝いいことか悪いことかよくわからないが）(p.150)

17 それゆえに（＝だから）(p.99)

18 人並みに（＝他の人と同じように）(p.73)

19 どんな小さなことであれ（＝どんなに小さなことでも）(p.140)

20 かつ（＝そのうえ）(p.117)

模擬試験 第2回

答え

問題1 ① 2　② 1　③ 4　④ 3　⑤ 1
　　　　 ⑥ 2　⑦ 4　⑧ 1　⑨ 2　⑩ 4

問題2 ⑪ 1　⑫ 2　⑬ 3　⑭ 4　⑮ 3

問題3 ⑯ 2　⑰ 4　⑱ 1　⑲ 4　⑳ 4

答え・訳

① 人にあげるなりなんなりして（＝人にあげたりして）(p.32)

② カフェを経営するかたわら（＝カフェを経営しながら）(p.60)

③ 台風の状況いかんによっては（＝台風の状況によっては）(p.92)

④ 前にもまして遅い（＝前も遅かったが、前よりもっと遅い）(p.104)

⑤ 間違いなくお気に召していただける（＝必ず気に入っていただける）(p.63)

⑥ 子どもの命が助かるとあれば（＝子どもの命が助かるなら）(p.74)

⑦ 夫婦の収入を合算し、なおかつ（＝夫婦の収入を合算して、そのうえ）(p.117)

⑧ 今日に限ったことではなく（＝今日だけのことではなく）(p.53)

⑨ 頭が良くてかっこいいときている（＝頭が良い上にかっこいいから当然）(p.90)

⑩ やってみせて（＝やってみて）(p.130)

⑪ 3→1→4→2

桐のタンスは、何十年も使い続けて古びてしまっても、修理再生しまるで新品のように生まれ変わらせることができます。(p.126)

Paulownia chests can be repaired and renovated almost as if new, even if they have deteriorated after decades of use. / 桐木衣柜即使一直使用几十年，变旧以后也可以被修复再生，就像新品一样重生。/ 오동나무 옷장은 수십 년이나 사용해서 낡았지만, 수리와 리모델링을 하면 마치 새것처럼 다시 태어날 수 있습니다.

⑫ 3→2→1→4

その店の服は、デザインがいいけれど着にくいなどと賛否両論あるが、いずれにせよ高価すぎて庶民には縁がないものです。(p.37)

The clothes in that store have their pros and cons—the designs are great, although difficult to wear—but in any case, they are too expensive for regular people. / 人们说那家店的衣服虽然设计好，但很难穿等，对它褒贬不一，但无论怎么样都太贵了，和平民百姓无缘。/ 그 가게의 옷은 디자인은 좋아도 입기 어렵다는 등의 찬반양론이 있지만 어쨌든 엄청난 고가라서 서민과는 인연이 없습니다.

⑬ 4→3→2→1

株式投資はリスクがあるのは言うまでもない。株価の暴落により、一夜にして無一文になってしまう可能性もあるからである。(p.70)

Needless to say, investing in stocks is risky. A stock market crash can leave you penniless overnight. / 不言而喻，股票投资是有风险的。这是因为有可能会因为股价暴跌，一夜之间身无分文。/ 주식 투자에 리스크가 있는 것은 두말할 나위도 없다. 주가 폭락으로 하루아침에 빈털터리가 될 수도 있기 때문이다.

⑭ 4→3→2→1

その選手は、地方の大会を皮切りにして全日本大会、アジア大会と次々とよい成績を残し、世界選手権でもメダルを期待されている。(p.56)

The athlete, who started in local competitions, went on to perform well at the All-Japan and Asian competitions, and is expected to win a medal at the World Championships. / 那名选手从地区大赛开始，在全日本大赛、亚洲大赛中相继取得好成绩，人们期待他在世锦赛上也能获得奖牌。/ 그 선수는 지방 대회를 시작으로 일본 전국 대회, 아시아 대회에서 잇달아 좋은 성적을 거두며 세계선수권에서도 메달이 기대되고 있다.

⑮ 1→3→4→2

先日、先輩が会社を辞めるらしいという話を聞き、驚いて先輩に確かめた。それは取るに足りないうわさ話に過ぎないと言われた。(p.129)

The other day, I was surprised to hear that a senior

colleague was going to quit the firm. When I asked him about it, he told me it was nothing more than a baseless rumor. ／ 前几天，听说前辈好像要离开公司，我很惊讶就和前辈确认了一下。他说这只是不值一提的小道消息。／ 얼마 전, 선배가 회사를 그만둔다는 이야기를 듣고 놀라서 선배에게 확인했다. 그것은 시시한 소문에 불과하다고 말했다.

16 若気の至り（＝若いころの勢いが行き過ぎた結果）(p.149)
17 そうしようにも（＝そうしたくても）(p.89)
18 対人間とはいえ（＝対人間ではあるが、それでも）(p.54)
19 親たちにしても（＝親たちの場合でも）(p.70)
20 子どもたちによって笑顔にさせられている（＝子どもたちのおかげで笑顔になっている）(p.20)